당신은 무슨 일로 고민하고 계십니까

당신의 궁금증을 풀어주는

래 정 법
來 情 法

– 사주 대가가 알기 쉽게 풀어 쓴 인생이야기 –

당신의 궁금증을 풀어주는
래 정 법

초판 1쇄 인쇄　2012년 4월 20일
초판 1쇄 발행　2012년 4월 25일

지 은 이　한길수
펴 낸 이　방은순
펴 낸 곳　도서출판 프로방스
북디자인　DesignDidot 디자인디도
마 케 팅　최진섭

주　　소　경기도 고양시 일산동구 백석2동 1330번지
　　　　　브라운스톤일산 102동 913호
전　　화　031-925-5366~7
팩　　스　031-925-5368
E - mail　Provence70@naver.com
등록번호　제313-제10-1975호
등　　록　2009년 6월 9일
I S B N　978-89-89239-66-6 (13720)

값 28,000원
파본은 구입처나 본사에서 교환해드립니다.

당신은 무슨 일로 고민하고 계십니까

당신의 궁금증을 풀어주는

래 정 법
來 情 法

- 사주 대가가 알기 쉽게 풀어 쓴 인생이야기 -

한길수 지음

_머릿말 래정법(來情法)은 이렇게 썼다.

필자는,
韓吉洙 四柱學 講義書 第1卷 四柱學 基本論,
韓吉洙 四柱學 講義書 第2卷 四柱學 基本論,
韓吉洙 四柱學 講義書 第3卷 四柱學 氣象論,
韓吉洙 四柱學 講義書 第4卷 四柱學 天干·地支와 日主論
韓吉洙 四柱學 講義書 第5卷 四柱 通辯術
韓吉洙 四柱學 講義書 第6卷 四柱 通辯術에 이어 이번에 7번째로, 韓吉洙의 辛卯年 來情法을 출판하게 되었는데, 앞으로 11년에 걸쳐서 12띠에 대한 래정법을 모두 쓸 예정이기 때문에 이 래정법은 12권중 1권에 해당한다.

사람들은 철학원에 상담을 받기 위해서 방문할 때는 드물게는 재미삼아 방문하는 경우도 있지만, 대부분은 마음속에 무엇인가 궁금한 점이 있기 때문에 그 의문을 풀기 위해서 방문하게 되는데,
이때, 손님이 역술인에게 고민사항을 말하기 전에 역술인이 먼저 손님의 고민사항을 알아내는 것을 래정법이라고 하는데, 이 래정법은 래방한 당사자의 사주에서만 적용되기 때문에 당사자에 대한 래정법만을 실었고,

가족관계에서 각 가정의 사정에 따라, 왜, 이러한 일들이 발생하는 가에 대하여 증명을 하기 위해서 가족단위로 엮었다.

또한, 공부를 하시고 계시는 도반들에게는 학문적인 이론을 제시하기 위해서 구체적인 논리로 설명했으며, 일반인들도 쉽게 흥미와 관심을 가질 수 있도록 한자 토를 달았고, 부가적인 설명을 넣어서 알기 쉽도록 썼다.
이 세상의 어느 학문도 완전무결한 것이 없듯이 이 래정법도 100% 다 맞는 것은 아니지만, 필자의 방식대로는 대단히 적중율이 높다.

필자는 그동안 손님이 무슨 문점사를 가지고 방문했을까 하는 점에 대하여 많은 연구를 한 결과, 적중률이 90% 이상인 이론을 정립하게 되었는데, 이 이론은 필자가 개발한 이론이며, 철저한 검증을 거쳐서 사주학계에서 최초로 발표하게 되었고, 일반인도 사주의 내용을 쉽게 이해하도록 풀어서 엮었다.

이 책에 씌여있는 사례들은 모두 필자가 직접 상담한 내용을 가지고 사실그대로를 현실감있게 썼을 뿐 단 하나의 사례도 다른 자료들을 인용했거나 조작한 것이 없으며, 다만, 사례자의 신상정보를 보호해주기 위해서 사는 곳이라든가 직업 같은 것을 변형했을 뿐이며, 사례자분들의 행운을 빈다.

2012. 2. 4. 立春 大吉日.
한길수 작명 · 철학원장

_목 차

쥐띠 생(子年生) 사주

1. 유명한 남자배우 사주 _14
2. 사주가 태왕하면 밀어붙이는 형이다 _18

소띠 생(丑年生) 사주

1. 커피숍을 하려고 하는데, 돈을 벌수 있겠습니까? _28
2. 사업을 하려고 하는데, 금년운이 어떻습니까? _35
3. 올해 일을 시작해도 되겠습니까? _40
4. 남편과 이혼하고 싶고, 장사를 하고도 싶다 _47
5. 辛卯年에 39세 여자가 결혼문제와 진로문제로 래방했다 _52
6. 자식 사주를 보고 부모의 사정을 안다 _56
7. 지점장 부인이 辛卯年에 무슨 일로 래방했나? _65

범띠 생(寅年生) 사주

1. 말없이 눈물만 흘리는 여인 _72
2. 50세 여인이 돈을 벌어볼 생각으로 왔다 _78
3. 이 여인은 이혼소송문제로 왔다 _81

토끼띠 생(卯年生) 사주

1. 기획부동산에 걸려들어 망해서 소송중이다 _86
2. 모 증권사 지점장이 직장문제로 래방했다 _88
3. 전남 광주에서 서울까지 무슨 일로 왔는가? _91
4. 연애 한 번 해보고 싶습니다 _100
5. 성공학 강의한다 _107

용띠 생(辰年生) 사주

1. 돈과 문서문제가 궁금해서 왔습니다 _114
2. 똑똑한 것 같지만 운이 없다 _119

뱀띠 생(巳年生) 사주

1. 47세 여인이 장사(돈 투자) 문제로 래방했다 _124
2. 47세 여인이 자식과 남편문제로 래방했다 _126
3. 59세 男命이 사업문제로 래방했다 _134
4. 멀리 강원도에서 왔으니 잘 좀 봐주세요 _139
5. 86세 남편이 이혼을 하자고 하는데, 황혼이혼을 해야합니까? _142

말띠 생(午年生) 사주

1. 엄마는 왜 사주를 보려고 왔는가? _156
2. 46세 여자 사업가가 무슨 일로 왔나? _161
3. 식상도화(食傷桃花)를 가지면 바람둥이다 _171
4. 올해 사업을 시작해도 되겠습니까? _174

양띠 생(未年生) 사주

1. 45세 은행원이 부부 및 사귀는 여자 문제로 래방했다 _182
2. 못키울 나무라서 목(木, 남편)이 거추장스럽다 _186
3. 45세 언니한테는 辛卯年에 무슨 일이 생기는가? _193
4. 래정법과 일치하지 않는 경우도 있다? _198

원숭이띠 생(申年生) 사주

1. 자식이 많은 사주 _206
2. 56세 미모의 여인이 무슨 일로 래방했나? _208
3. 교육자가 자식문제로 래방했다 _218
4. 생년월일을 잘모르는 남자가 무슨 일로 래방했나? _227
5. 56세 남자가 문서문제로 래방했다 _235
6. 경인년(庚寅年, 2010년)에 식신(食神)을 충(沖)하므로 유방확대수술을 했다 _238
7. 68세 재미교포 여인이 무슨 일로 래방했나? _243
8. 이 남자는 가게를 계약(문서)하기 위해서 래방했다 _252
9. 당신은 재혼하거나 애인두고 살 팔자입니다 _260
10. 여자 팔자에 식상(食傷)이 발달하면 남자 복이 없다 _265
11. 이혼을 해야 좋을까요? 말아야 좋을까요? _269

닭띠 생(酉年生) 사주

1. 선생님, 우리 남편 사주 좀 봐 주이소? _276
2. 두 번째 만난 남자도 원수다 _282
3. 남편하고 이혼 재판중입니다 _288
4. 문서문제로 고민입니다 _292
5. 종교에 만취해 있는 여자 _298
6. 우리 아들 운좀 봐주세요? _306

개띠 생(戌年生) 사주

1. 손님사주에는 남편이 도망가려고 합니다 _312
2. 30세 여자가 辛卯年에 무슨 일로 왔나? _326
3. 못키울 나무는 베어내야 한다 _331
4. 54세 여자가 자식과 일문제로 래방했다 _335
5. 모 대학 석좌교수가 무슨 일로 왔나? _341
6. 壬辰일주는 부부관계가 나쁘다 _345
7. 세 배 자식 키우는 남자 _350
8. 인성(印星)이 용신이라서 영어학원 차리는 게 꿈이란다 _361
9. 능력있는 집안 _365
10. 임진(壬辰)일주(日主) 여자로 태어나면 남편 덕이 없다 _374
11. 결혼할 남자 고르기가 너무 어렵다 _384
12. 다자무자(多者無者)는 없는 것과 같다 _388
13. 월지(月支)를 충(沖)하므로 집을 팔려고 한다 _392
14. 여자사주에 식상(食傷)이 많으면 남편과 살지 못한다 _398

돼지띠 생(亥年生) 사주

1. 41세 여인이 남편과 직업문제로 래방했다 _404
2. 65세 初老(애 늙은이)가 무슨 일로 래방했나? _412
3. 이사를 가도 되겠습니까? 또, 딸이 언제 고시에 합격하겠습니까? _419
4. 辛卯年에 여교수가 무슨 일로 래방했나? _422

5. 당신은 작년부터 관재수가 생겼네요 _427
6. 41세 여인의 고민은? _433
7. 41세 동생은 辛卯年에 무슨 일일이 궁금한가? _439
8. 남편과 애인중 어느 남자를 택할까요? _444
9. 官이 흉신이므로 官運이 없다 _451

부록. 각종 도표

1. 용어 해설 _458
2. 出生 干支 照見表(출생간지 조견표) _459
3. 出生時間 早見表(출생시간 조견표) _460
4. 육친(六親)관계 _461
5. 절기 및 일출과 일몰 _462
6. 12운성 조견표 _463
7. 썸머타임(일광 절약 시간제)일람표 _464
8. 공망(空亡)표 _465
9. 많이 쓰는 신살(神殺) _466
10. 12신살 조견표 _468
11. 현행 표준시와 지방의 시차표 _469
12. 12띠와 계절의 변화 _470
13. 오행의 상생상극 _471

쥐띠 생(子年生) 사주

1. 유명한 남자배우 사주
2. 사주가 태왕하면 밀어붙이는 형이다.

1. 유명한 남자배우 사주

채널 A(동아방송)에 나온 사주

70	60	50	40	30	20	10		時柱	日柱	月柱	年柱
庚	己	戊	丁	丙	乙	甲	大	辛	丁	癸	壬	남
戌	酉	申	未	午	巳	辰	運	丑	酉	卯	子	자

天干: 甲(갑) 乙(을) 丙(병) 丁(정) 戊(무) 己(기) 庚(경) 辛(신) 壬(임) 癸(계)
地支: 子(자) 丑(축) 寅(인) 卯(묘) 辰(진) 巳(사) 午(오) 未(미) 申(신) 酉(유) 戌(술) 亥(해)

❤ 사주의 구조 및 핵심사항 ❤

- 辛卯年 늦겨울에 채널 A(동아방송)에서 샘플을 갖고 와서 필자한테 2일간 촬영해간 것중 첫 회분으로, 41세 남자 사주인데, 방송사에서 제시한 사주를 보면, 중춘(卯月)에 자기를 나타내는 글자를 인공 火에 비유해서 해석하는 정화(丁火)로 태어났는데, 자신의 힘이 약하므로 木이 용신이고, 火가 길신이며, 金이 病이고, 水가 흉신이며, 丑土도 흉신이나 火가 가장 필요하다.

- 사주 밑 글자에 이성간의 문제를 일으키거나, 대중의 인기를 얻는 자(子), 묘(卯), 유(酉) 도화살(桃花殺)이 있고, 자수(子水)와 묘목(卯木)이 만나 서로에게 상처를 주는 자묘형(子卯刑)과 묘목과 유금이 만나면 충돌하는 묘유충(卯酉沖)이 있으며, 배우자궁인 일지(日支)에 흉신(凶神, 나쁘게 작용)인 金이 있다.

- 이 사주는 2012. 1. 17. 채널 A(동아방송)에서 설 특집 4부작으로 방송하기 위해서 필자한테 사주의 주인인 명주(命主, 사주의 주인)의 인적사항 등을 전혀 밝히지 않은 체 샘플을 갖고 와서 촬영을 해갔는데, 촬영당시 필자는 이 命主(사주의 주인)는 도화살(桃花殺, 이성간의 문제를 일으키거나 대중의 인기를 얻는 살)이 많은데, 전체 구조로 볼 때 좋은 사주가 아니라고 감명해줬는데, 나중에 방송을 보니까 이 命主(사주의 주인)이 유명한 배우사주라고 했다.

- 그래서, 방송에서 밝힌 당사자의 인터넷자료를 검색해봤더니 生年 月 日은 일치했으나, 출생시간은 나와 있지 않기 때문에 정확한 것은 알 수가 없었다.
이 남자는 너무도 유명한 배우이기 때문에 우리나라 국민이면 모르는 사람이 없을 정도로 유명한 사람인데, 이 命主(사주의 주인)에 대한 명예를 지켜주기 위해서 더 이상의 인적사항 등은 밝히지 않고, 다만, 학문적인 견해만 밝히기로 했으니 양해바란다.

- 필자는 이 사주가 나쁘다라고 평을 했는데, 방송을 본 사주를 공부를 하지 않는 사람들이 듣기에는 엉터리 역술인이라고 오해할 수 있다.
이 사주의 구조를 분석해 보자.

- 중춘(仲春)에 정화(丁火)로 태어났기 때문에 이 丁火의 임무는 묘목(卯木)을 기르는 것인데, 사주의 윗 글자에 있는 임수(壬水)와 정임합(丁壬合, 정화와 임수가 합을 한다는 뜻)을 하려하고, 계수(癸水)가 정화(丁火)를 공격하고 있으며, 신금(辛金)이 냉기를 내 품고있고, 사주의 밑 글자에는 자수(子水)와 묘목(卯木)이 만나면 서로에게 상처를 입히는 자묘형(子卯刑)을 해서 묘목(卯木)이 상처를 입은데다가 일지(日支) 유금(酉金)과도 묘유충(卯酉沖)을 해서 묘목(卯木)에 치명타를 가하고 있으며, 시지(時支) 축토(丑土)가 차고 습하게 하면서 유축금국(酉丑金局, 유금과 축토가 만나 쇳덩어리를 만듬)을 짓고 있다.

사주가 이렇게 봄 장마가 진 것과 같이 구성되어 있는데, 뭐가 좋다는 말인가?

- 단지, 위안이 되는 것은 대운(10년씩 구분해서 보는 운)이 火운으로 흘러서 힘이 약한 일간(日干, 자신을 의미)을 도와주고 있을 뿐이다.

- 그래서, 필자도 의심이 되는 것이 이런 사주가 어떻게 인기를 한 몸에 받을 수 있으며, 돈도 많이 가질 수 있고, 유명한 여배우와 결혼을 할 수 있을까 하는 의문을 떨쳐버릴 수가 없다.

- 이 사주에서는 배우이기 때문에 도화살이 많은 것이 좋겠고, 앞에서 언

급한대로 대운이 좋았을 뿐이다.

- 그러나, 50세 이후에는 돈과 명예를 잃을 것이다.

  또한, 지금까지의 살아온 과정으로 볼 때, 사주가 다르다고 단언한다.

  이 사주의 구조로 봐서, 태어난 시간이 寅時(03:30~05:30)나 午時(11:30~13:30)가 되어야만 큰 부(副)와 명예를 가질 수 있다.

2. 사주가 태왕하면 밀어붙이는 형이다.

광진구에 사는 손님

67	57	47	37	27	17	7		時柱	日柱	月柱	年柱
戊	己	庚	辛	壬	癸	甲	大	丙	丁	乙	壬	여
戌	亥	子	丑	寅	卯	辰	運	午	巳	巳	子	자

天干 : 甲(갑) 乙(을) 丙(병) 丁(정) 戊(무) 己(기) 庚(경) 辛(신) 壬(임) 癸(계)
地支 : 子(자) 丑(축) 寅(인) 卯(묘) 辰(진) 巳(사) 午(오) 未(미) 申(신) 酉(유) 戌(술) 亥(해)

● **사주의 구조 및 핵심사항** ●

- 신묘년(辛卯年) 초겨울에 온 미모의 여자사주다.
- 이 사주의 구조는, 초여름(巳月)에 자신을 나타내는 글자를 인공 火에 비유해서 해석하는 정화(丁火)로 태어났는데, 비겁(比劫, 형제나 친구)이 많아서 너무 힘이 세므로 水가 용신이다.

  그런데, 사주학은 자연의 현상을 그대로 반영한 학문이기 때문에 조화와 균형을 가장 중요시 하는데, 이 사주의 경우는 물과 불이 싸움을 하고 있는 형상인 수화상쟁(水火相爭)구조로 되어 있다.

필자 : 참, 아름다우시네요? 그런데, 손님의 사주를 보면 남편하고 살 수가 없네요? 다른 표현으로는 먼 당신이라는 말입니다.

손님 : (시치미를 뚝 떼고는) 잘 좀 봐주세요?

필자 : 대게, 자신의 힘이 너무 센 사람들은 남들과 소통, 즉, 타협을 잘 하지 않으려 하고, 매사 자기주장대로 밀어붙이려는 강한 특성을 나타냅니다. 손님도 그렇지요?

손님 : 좀 그런 면이 있습니다. 그리고, 제가 좀 다혈질적입니다.

필자 : 손님은 금년(신묘년, 辛卯年)에 돈 문제나 직장 또는 남편하고의 문제를 일으키는 자묘형(子卯刑)을 하는데, 구체적으로는 무슨 문제입니까?

손님 : 딱히 돈 문제만은 아니고요, 금년에 직장을 그만두었는데, 다시 취업(문서문제로 발령장)을 하기 위해서 노력중이고, 또, 금년에 남편과 헤어졌습니다.

필자 : 그렇네요. 그런데, 손님의 시각에서 보면, 자신은 큰데, 남자는 약

하고, 또, 년주(年柱, 태어난 년의 기둥) 멀리있기 때문에 보잘 것 없는 남자로 '먼 당신'이라서 오래전부터 남편과 살 수가 없었는데, 올해야 이혼을 했단말인가요?

손님 : 예, 지금까지 참고 살다가 올해야 이혼을 했습니다. 저한테 다른 남자가 생기겠습니까?

필자 : 사주학에서는 사주 원국(사주 틀)에 있는 남자도 자기 남자이고, 운에서 오는 남자도 자기 남자입니다. 따라서, 손님사주에는 운에서도 남자(水)가 계속해서 들어오는데다가 사주에 남자글자인 水가 있으면 자신의 화력이 강해서 불에 증발되기 때문에 미약하지만 혼자 살 수는 없습니다. 가깝게는 내년(임진년, 壬辰年)에 일간(日干, 자신)인 丁火와 정임합(丁壬合, 정화와 임수가 만나 합을 함) 하므로 남자를 만나거나 결혼할 운이네요.

손님 : 좋은 남자입니까?

필자 : 좋은 남자인가 나쁜 남자인가를 알기 위해서는 그 사람의 사주를 봐야 정확하게 알 수 있는데, 본인 사주로만 보면 현재의 대운(10년간 씩 구분해서 보는 운)이 좋기 때문에 좋은 남자로 보입니다. 그

러나, 내년(임진년, 壬辰年)에 오는 남자는 자기의 밑에 자식 성분인 진토(辰土)를 깔고 들어오므로 유부남이거나 이별한 남자입니다.

손님 : 그 남자하고 결혼해도 되겠습니까?

필자 : 그 남자의 사주를 가지고 오세요? 궁합은 남·녀간에 서로 필요한 글자를 갖고 있어야 하고, 또, 중요한 것은 각자가 운이 좋아야 합니다. 이런 여러 조건들을 종합해서 궁합을 보는 것이지 띠로만 본다거나 자기한테 필요한 글자의 유무로만 보고 궁합을 논하면 안됩니다. 반드시 사주전체를 놓고 봐야합니다.

손님 : 그러면, 남자 사주를 갖고 오겠습니다.

필자 : 손님의 관상(觀相)을 보면, 남자가 많이 따르는 형이지만 성격이 쌀쌀맞기 때문에 벌처럼 톡톡 쏘겠습니다.

손님 : (은근히 자신을 자랑하듯이) 남자들이 저한테 되게 귀찮게 해서 매번 뿌리치고 있습니다.

필자 : 그럴 것입니다. 사주에서 일간(日干, 자기)인 자신보다 관성(官星)인

남자가 너무 약하기 때문에 막상 만나보면 마음에 안들게 됩니다. 남자가 년주(年柱, 태어난 년의 기둥)에 나타나 있고, 얼굴이 예쁘기 때문에 손님은 남자를 일찍 만났을 것인데, 언제 결혼했나요?

손님 : 지금의 남편이 21살 때부터 한 10여년 동안 저를 쫓아다녀서 30살에 결혼을 하여 딸만 두 명을 두었습니다.

필자 : 손님은 고등학교 때의 운이 별로였는데, 어느 대학을 나왔습니까?

손님 : 예, 고등학교 때 공부를 제대로 안해서 편입을 하여 D여대를 졸업했습니다.

필자 : (火가 많고, 사주에 乙木이 있어서) 혹시, 디자인이나 의상학을 전공했나요?

손님 : 산업디자인을 전공했습니다.

필자 : 그러면, 그동안 직장생활을 했나요?

손님 : 예, 직장에서 산업디자인분야에서 일을 했으며, 년봉은 1억정도

였는데 금년에 이혼하면서 그만두게 되었습니다. 새로운 직장을 찾고 있는데 속히 취업이 되겠습니까?

필자 : 글쎄요. 내년(임진년, 壬辰年)에 직장을 나타내는 임수(壬水)가 오므로 취업이 될것입니다만 지금의 경기로 봐서 년봉이 너무 높은 듯 합니다.

손님 : 저는 1억원이 안되면 안갑니다.

필자 : 이혼한 전 남편의 사주를 볼까요?

전 남편 사주

68	58	48	38	28	18	8		時柱	日柱	月柱	年柱
辛	壬	癸	甲	乙	丙	丁	大	乙	戊	戊	癸	남
亥	子	丑	寅	卯	辰	巳	運	卯	戌	午	丑	자

☯ **사주의 구조 및 핵심사항** ☯

- 이 사주는, 뜨거운 한 여름에 자신을 나타내는 글자를 큰 산에 비유해서 해석하는 무토(戊土)로 태어나 나무를 기르고 있는 구조인데, 무덥고 건조해서 갈증을 느끼고 있으므로 水가 용신이고, 木이 약신이며, 土가 病이고, 火은 흉신이다.

- 여기서, 이 사주의 용신에 대하여 대부분의 사람들이 계수(癸水)가 무토(戊土)와 합(무계합, 戊癸合) 되어 못쓰기 때문에 木을 써야한다고 할 것이다. 틀린 말은 아니다. 그러나, 이 사주에서 가장 필요한 것은 분명히 계수(癸水)다. 따라서, 필자는 설령 水가 약해도 가장 필요하기 때문에 水를 용신으로 본다.

- 그런데, 사주의 구조에서 재성(財星, 여자를 나타냄)의 모양새를 보면, 정 마누라인 계수(癸水)를 月上(태어난 월의 윗 글자)의 무토(戊土)가 먼저 합을 하므로 나는 두 번째가 되고, 또, 내 밥을 빼앗아 먹을 인자로 해석하는 겁재(劫財)인 축토(丑土)가 계수(癸水)를 머리에 이고 있으

면서 자기 것이라고 주장하고 있으며, 태어난 년의 밑 글자에 있는 축토(丑土)와 자기 밑 글자로, 처궁에 있는 술토(戌土)가 멀리서 흔들어서 상처(축술형, 丑戌刑)를 주므로 부부궁이 나쁨을 알 수 있다. 또 한 가지 덧붙이면, 日支 처궁(妻宮)에 병(病)이 앉아있기 때문에 이런 구조가 나쁘다.

- 이 남자는 전자공학을 전공했다고 하며,

- 인(寅) 대운에 인오화국(寅午戌火局, 인목과 오화가 만나 불덩어리를 만듦)을 지어 火剋水(화가 수를 말림)하므로 운이 없다.

소띠 생(丑年生) 사주

1. 커피숍을 하려고 하는데, 돈을 벌수 있겠습니까?
2. 사업을 하려고 하는데, 금년운이 어떻습니까?
3. 올해 일을 시작해도 되겠습니까?
4. 남편과 이혼하고 싶고, 장사를 하고도 싶다.
5. 辛卯年에 39세 여자가 결혼문제와 진로문제로 래방했다.
6. 자식 사주를 보고 부모의 사정을 안다.
7. 지점장 부인이 辛卯年에 무슨 일로 래방했나?

1. 커피숍을 하려고 하는데, 돈을 벌수 있겠습니까?

성남에 사는 손님

63	53	43	33	23	13	3		時柱	日柱	月柱	年柱
丙	乙	甲	癸	壬	辛	庚	大	甲	甲	己	辛
午	巳	辰	卯	寅	丑	子	運	戌	子	亥	丑

天干 : 甲(갑) 乙(을) 丙(병) 丁(정) 戊(무) 己(기) 庚(경) 辛(신) 壬(임) 癸(계)
地支 : 子(자) 丑(축) 寅(인) 卯(묘) 辰(진) 巳(사) 午(오) 未(미) 申(신) 酉(유) 戌(술) 亥(해)

◉ 사주의 구조 및 핵심사항 ◉

- 신묘년(辛卯年) 초겨울에 온 여자다.
- 이 사주의 구조는, 초겨울(해월, 亥月)에 자기를 나태는 글자를 큰 나무에 비유해서 해석하는 갑목(甲木)으로 태어났는데, 사주의 밑 글자에 해수(亥水), 자수(子水), 축토(丑土)가 만나면 물덩어리인 해자축수국(亥子丑水局)을 이루어 水가 나무를 생해(수생목, 水生木) 주므로 木의 힘이 너무 강하기 때문에 土가 용신이고, 木이 흉신이며, 水가 病이고, 金이 흉신이며, 사주 밑글자에 있는 인목(寅木)은 길신이지만, 묘목(卯木)과 술토(戌土)가 만나면 火(묘술화, 卯戌火)가 되므로 좋은 점도 있고, 자수(子水)와 묘목(卯木)이 만나 서로에게 상처를 입히는 자묘형(子卯刑)을 하므로 나쁜 점도 있다.

필자 : 손님 사주에는 엄마를 나타내는 글자인 해수(亥水)와 자수(子水), 그리고, 축토(丑土)가 만나면 물바다를 이루는 해자축수국(亥子丑 水局)을 형성하는데, 이런 구조가 되면, 엄마가 두 분이거나 엄마 가 이복형제가 있는 경우가 많은데, 어떻습니까?

손님 : 엄마가 한 분 뿐이고, 이복형제도 없습니다.

필자 : 그렇다면, 水는 공부에 해당하며, 엄마에 해당하는데, 공부에 인 연이 없거나 엄마가 짐이 될 것인데, 어떻습니까?

손님 : 공부를 제대로 하지 못해서 대학을 가지 못했으나 잘 사는 형제들 도 있는데 제가 엄마 생활비를 대 드리고 있습니다.

필자 : 손님은 거목인 갑목(甲木)으로 태어났는데, 성격이 유교적이며, 리더의 기질을 가졌기 때문에 결혼하기 전에는 큰 딸의 역할을 해 야 하고, 결혼 후에는 큰 며느리 역할을 해야 합니다.

손님 : 맞습니다. 제가 그렇게 살아왔습니다.

필자 : 손님은 초년운이 나빴지만, 고등학교 때의 운이 좋았는데 학교관

계는 어떠했나요?

손님 : 실업계 고등학교를 가긴했지만 공부를 잘하여 능력을 인정받아서 졸업과 동시에 대기업에 취업을 했기 때문에 대학은 못갔습니다.

필자 : 손님은 신금(辛金)이 남편인데, 멀리있고, 일지(日支, 배우자궁)에 자수(子水)가 앉아있어서 온도조절을 방해하기 때문에 남편과 인연이 없는데, 사실은 어떻습니까?

손님 : 이혼했습니다.

필자 : 손님은 몇 살 때 결혼했고, 몇 살 때 이혼했습니까?

손님 : 26살(병인년, 丙寅年)에 결혼했고, 38세(무인년, 戊寅年)에 이혼했습니다.

필자 : 손님은 금년(신묘년, 辛卯年)에 직업문제나 남자문제가 생기는데, 그 일로 오셨습니까?

손님 : 제가 올해 커피전문점을 하려고 공부를 했는데, 내년에 장사를 해

도 되겠는가가 궁금하고, 또, 만난지가 13년 정도 되는 남자와 그 동안 만났다 헤어졌다를 반복해오다가 금년 양력으로 11월에 헤어졌는데, 다른 남자가 생길 것인지가 궁금해서 왔습니다.

필자 : 손님 성품은 착하면서도 火가 없어서 너무 냉정한데가 있고, 애교를 부리지 않는 스타일이며, 자신의 힘이 너무 강해서 남편한테 지지않으려 하고, 부부사이도 그리 좋지 않기 때문에 남편입장에서 보면 재미없는 여자입니다.

손님 : 제가 애교를 못부립니다. 그런데, 남자가 다시 오겠습니까?

필자 : 음력으로 12월이 정축월(丁丑月)인데, 丁火가 여자운이니까 12월이 되면 올 수 있으니 기다려보세요. 또, 커피숍 개업 문제는, 내년이 임진년(壬辰年)으로 임진(壬辰)은 문서운이라서 문서를 쥘 수 있겠으나, 진토(辰土)가 내 돈 창고인 술토(戌土)를 진술충(辰戌沖, 진토(辰土)와 술토(술토)가 만나면 충돌함)해서 깨기 때문에 종합해서 보면 문서로 인하여 돈이 나가는 운이므로 계약을 잘해야 합니다. 손님은 왜 커피숍을 하려고 하나요? 요즘은 커피숍이 포화상태라 어렵습니다.

손님 : 그러면, 무슨 직업이 잘 맞을까요?

필자 : 손님은 갑목(甲木)으로 태어났는데, 甲木은 실에 해당하기 때문에 의류사업이 가장 잘 맞습니다.

손님 : 그렇지 않아도 28살부터 42살까지 옷장사를 했었습니다. 나이가 많아지는데 옷장사가 맞겠습니까?

필자 : 나이를 먹을수록 커피장사보다 옷장사가 더 잘맞습니다.

손님 : 자식은 전 남편한테 두고 왔는데, 언제 서로 연락이 될까요?

필자 : 운으로 보면, 2013 계사년(癸巳年)이후에 식상(食傷, 자식으로 해석) 운이 오므로 그 때가야 연락이 오겠습니다.

손님 : 그러면, 남자 사주를 봐주세요?

애인 사주

66	56	46	36	26	16	6		時柱	日柱	月柱	年柱	
壬	癸	甲	乙	丙	丁	戊	大	辛	壬	己	丁	남
寅	卯	辰	巳	午	未	申	運	丑	寅	酉	酉	자

◐ 사주의 구조 및 핵심사항 ◐

- 부산에 살고 있는 남자사주다.
- 이 사주의 구조는, 중춘(酉月)에 자신을 나타내는 글자를 강물로 해석하는 임수(壬水)로 태어났는데, 세력이 강해서 냉하므로 조후(온도와 습도를 조절)가 필요하기 때문에 火가 용신이고, 木이 길신이며, 水가 病이고, 金이 흉신이며, 土가 약신이다.

필자 : 이 남자는 사업을 하거나 공직계통의 직업을 가졌을 것인데, 직업이 무엇입니까?

손님 : 밝히지 않겠습니다.

필자 : 이 남자분은 경영학이나 경제학과와 인연인데, 전공은 무엇이었습니까?

손님 : K대학에 입학해서 경제학을 공부하다가 대학 4학년 때 행정고시에 합격했습니다.

필자 : 이 분은 언제 이혼했습니까?

손님 : 지금부터 약 5~6년 전에 이혼했다고 합니다.

필자 : 이 남자는 사주가 이혼할 정도로 나쁜 사주는 아닌데 무슨 이유로 이혼했을까요?

손님 : 부인이 바람이 나서 이혼을 했다고 합니다.

필자 : 이 남자는 성격이 너무 정확한 분이라서 남들이 고지식하다고 할 텐데요?

손님 : 성격이 그래서 저와도 자주 다투고, 만났다가 헤어졌다가를 반복했습니다. 이 남자하고 저하고는 궁합이 맞습니까?

필자 : 궁합적으로만 보면, 보통입니다만, 이 정도 사주라면 좋은 사주일 뿐만 아니라 앞으로의 운도 좋기 때문에 먹고사는데 전혀 지장이 없습니다. 저는 철학원을 하는 관계로 중매를 해달라는 사람들이 많은데, 여자는 많이 있지만 좋은 남자를 구하기는 무척 어렵습니다. 이분과 연락이 되거든 꼭 만나세요.

2. 사업을 하려고 하는데, 금년운이 어떻습니까?

명일동에 사는 손님

66	56	46	36	26	16	6		時柱	日柱	月柱	年柱
甲	乙	丙	丁	戊	己	庚	大	壬	壬	辛	辛	남
午	未	申	酉	戌	亥	子	運	寅	戌	丑	丑	자

天干 : 甲(갑) 乙(을) 丙(병) 丁(정) 戊(무) 己(기) 庚(경) 辛(신) 壬(임) 癸(계)
地支 : 子(자) 丑(축) 寅(인) 卯(묘) 辰(진) 巳(사) 午(오) 未(미) 申(신) 酉(유) 戌(술) 亥(해)

◉ 사주의 구조 및 핵심사항 ◉

- 신묘년(辛卯年) 한겨울(子月)에 온 남자로, 사주의 구조는, 늦겨울(丑月)에 자기를 나타내는 글자를 강물에 비유해서 해석하는 임수(壬水)로 태어났는데, 자신의 힘이 약해 보이나, 태어난 계절이 늦겨울인 축월(丑月)이고, 축토(丑土) 속에 계수(癸水)가 들어 있어서 세력이 강하고, 춥기 때문에 인목(寅木) 속에 들어있는 丙火가 용신이고, 水와 金이 病神이며, 축토(丑土)도 흉신이고, 술토(戌土)는 길신이다.
- 사주 밑 글자(지지, 地支)에는 축술형(丑戌刑, 축토와 술토가 만나면 서로 상처를 줌) 되어 부부궁이 깨졌고, 인술합(寅戌合, 인목과 술토가 만나 합을 함)이 있어서 재혼격이다.

필자 : 무슨 일로 오셨습니까?

손님 : 제 사주를 보려고 왔습니다.

필자 : 손님의 생년월일을 말씀하세요?

손님 : 양력으로 ○○년생, ○월 ○○일이고요, 출생시간은 어머님이 새벽 3시 30분이라고 했습니다. (새벽 3시 30분은 축시(丑時)와 인시(寅時)가 교차하는 경계 시간이라서 정확한 시간을 특별히 정한 후, 사주를 봐야 한다)

丑時로 본 사주

66	56	46	36	26	16	6		時柱	日柱	月柱	年柱	
甲	乙	丙	丁	戊	己	庚	大	辛	壬	辛	辛	남
午	未	申	酉	戌	亥	子	運	丑	戌	丑	丑	자

필자 : 새벽 3시 30분은 축시(丑時, 01:30~03:30)와 인시(寅時, 03:30~05:30)가 바뀌는 시간대라서 정확해야 하는데, 혹시 어머님이 살아계십니까?

손님 : 돌아가셨습니다.

필자 : 그러면, 전에 사주를 보신 적이 있습니까?

손님 : 전에 어머님이 봐주셨는데, 저는 본 적이 없습니다.

필자 : 그렇습니까? 손님의 관상이라든지 모습을 보니까 인시(寅時)가 맞을 것이라고 생각합니다. 그 이유는, 만약에 축시(丑時)였다면, 거지팔자인데, 제가 보기에는 거지팔자로 보이지 않습니다. 만약에 축시(丑時)였다면, 조후(온도와 습도를 조절)를 해주는 술(戌)중 정화(丁火)가 축술형(丑戌刑, 축토와 술토가 만나면 서로 상처를 줌)되어 깨졌고, 사주가 너무 습해서 돈도 없고, 재혼도 하기가 어렵습니다. 그러나, 인시(寅時)가 되면 인술화국(寅戌火局, 인목과 술토가 만나면 火를 발생시킴)으로 인목(寅木)을 기르고 있고, 시(時)에 인(寅)중 丙火가 들어있어서 재혼할 수 있습니다. 또한, 이 사주는 부인과 이혼했을 것인데, 축시(丑時)라면 재혼하기가 어렵지만, 인시(寅時)라면 여자가 있을 것입니다.

손님 : 그러면, 두 가지 모두 봐주십시오.

필자 : 손님은 축월(丑月, 늦겨울)에 강물로 태어나 냉하고 춥기 때문에 반드시 火가 필요한데, 일지(日支) 술토(戌土)와 인목(寅木)이 만나면 인술화국(寅戌火局)을 만들어주기 때문에 다행입니다. 손님은 초년운이 나빴지만 고등학교 때의 운을 보니까 정사(丁巳), 무오(戊午), 기미년(己未年)으로 火운을 만나서 좋았는데, 대학을 갔습니까?

손님 : 예, 대학에서 생물학을 전공했고, 대기업에서 바이오 관련업무에 종사하다가 퇴직했습니다.

필자 : 손님은 작년(경인년, 庚寅年)부터 새로운 일을 시작했을 것인데, 그 일로 오셨지요?

손님 : 맞습니다. 금년(양력으로 2012년 1월), 사주학적으로는 2011년(축월, 丑月에 해당함)에 사업을 시작해볼까 하는데요?

필자 : 2012년에는 큰 돈 벌 생각만 하지 마시고 안전운행하세요? 그러다가, 2013년부터 돈을 벌 것입니다.
언제 퇴직했습니까?

손님 : 04(갑신년, 甲申년)년에 퇴직하고, 그동안 이 일 저 일을 해왔습니다.

필자 : 손님은 이혼이 확실한데, 언제 이혼했습니까?

손님 : 몇 년 전부터 갈등을 겪어 오다가, 2002년 임오(壬午)년에 이혼을 하고, 아들을 하나 키우고 있습니다. 아들 덕이 있겠습니까?

필자 : 축술형(丑戌刑, 丑土와 戌土가 만나서 서로에게 상처를 줌), 축술형(丑戌刑)해서 자식을 2명 정도는 지웠거나 실패했을 것이고, 지금 데리고 있는 자식은 덕을 볼 것입니다. 인술화국(寅戌火局, 인목과 술토가 만나 여자를 의미하는 화를 만든다는 뜻)으로 새로운 여자를 만날 운입니다. 혹시 손님은 이혼한 후에 여자는 없었습니까?

손님 : 2003년부터 만나는 여자는 있습니다만 결혼은 안했습니다. 언제 결혼하면 좋겠습니까?

필자 : 2013년 이후에 하면 좋겠습니다.

3. 올해 일을 시작해도 되겠습니까?

풍납동 사는 손님

67	57	47	37	27	17	7		時柱	日柱	月柱	年柱
癸	壬	辛	庚	己	戊	丁	大	乙	壬	丙	癸
亥	戌	酉	申	未	午	巳	運	巳	午	辰	丑

天干 : 甲(갑) 乙(을) 丙(병) 丁(정) 戊(무) 己(기) 庚(경) 辛(신) 壬(임) 癸(계)
地支 : 子(자) 丑(축) 寅(인) 卯(묘) 辰(진) 巳(사) 午(오) 未(미) 申(신) 酉(유) 戌(술) 亥(해)

🔴 **사주의 구조 및 핵심사항** 🔴

- 신묘년(辛卯年) 늦겨울에 온 여자 사주로, 사주의 구조는, 늦봄(진월, 辰月)에 자신을 나타내는 글자를 강물로 해석하는 임수(壬水)로 태어났는데, 세력이 약하므로 도와주는 비겁(比劫, 친구나 형제 등)인 水가 용신이고, 습토(濕土, 습한 토)인 축토(丑土)와 진토(辰土)가 길신이며, 火가 病이고, 木이 흉신이다.
- 사주 밑 글자(지지, 地支)에 축오귀문살(丑午鬼門殺)이 있이 있어서 심리 불안 증세가 있다.

필자 : 손님은 몇 시에 태어났습니까?

손님 : 엄마가 사시(巳時, 09:00~11:30)라고 했습니다.

필자 : 전문가들이 쓰는 사주용어를 쓰지 말고 시각을 말씀해보세요?

손님 : 엄마가 사주를 좀 아신다고 하면서 巳時라고 했습니다.

필자 : 손님 사주는 축월(丑月, 늦겨울)에 강물로 해석하는 壬水로 태어났는데, 火가 너무 많아서 물이 마를 지경이기 때문에 더 많은 물이 필요한 사주인데, 만약, 巳時(09:30~11:30)가 맞다면, 초년운이 안 좋았고, 특히, 고등학교 때의 해가 89 기사(己巳), 90 경오(庚午), 91 신미년(辛未年)으로 운이 없었기 때문에 재수를 했어야 원하는 대학에 갈 수가 있었을 것인데, 어땠습니까?

손님 : 예, 재수를 해서 대학에 갔습니다.

필자 : 손님은 2012(임진년, 壬辰年)에 일을 해 보실려고 왔습니까? 아니면, 남편 문제로 오셨습니까?

손님 : 남편문제는 아니고요, 일을 해볼까 하는데, 어떨지 궁금해서 왔습니다.

필자 : 무슨 일인데요?

손님 : 제가 신용정보회사에 입사를 해볼까 합니다.

필자 : 2012년(임진년, 壬辰年)운이 괜찮으니 해도 좋겠습니다.

손님 : 정말 해도 괜찮겠습니까? 선생님이 괜찮다고 하시면 해보겠습니다.

필자 : 손님 사주에는 돈 글자가 많은데, 대게, 이렇게 돈 글자가 많은 사람들 눈에는 여기저기 돈이 널려있는 것처럼 보이기 때문에 사업을 하면 큰 돈을 벌 수 있을 것으로 착각을 해서 일을 벌이는 사람들이 많습니다. 그러나, 막상 해보면 돈은 만지지만, 결국, 주머니에 남아있는 돈은 많지 않은 경우가 대부분입니다.

손님 : 저는 지금 커피숍을 운영하고 있는데, 친정 엄마한테 맡겨놓고 다른 일을 해보려고 생각중입니다.

필자 : 손님은 대운(10년씩 구분해서 보는 운)으로 보면, 37살부터 운이 들어왔지만, 세운(歲運, 한해의 운)으로보면, 2010년과 2011년은 용

신을 생해주는 木운이 오므로 재미를 보실 수 없는 데요?

손님 : 다른 철학관에서 운을 보니까 37살부터 대운이 들어왔다고 해서 빚을 내서 친정이 있는 지방에서 사업을 시작했는데 무척 어렵습니다.

필자 : 그래서, 사주는 대운(10년씩 구분해서 보는 운)으로만 보면 안되고요, 반드시 세운(歲運, 한해의 운)을 대입해서 봐야 정확한 판단을 할 수 있습니다. 2012년(임진년, 壬辰年)은 괜찮겠지만, 2013년부터 2015년까지가 어려울 것이기 때문에 그 때를 잘 넘겨야 합니다. 그러나, 2016년(병신년, 丙申年) 이후부터는 좋아지게 됩니다.

손님 : 정말 그럴까요? 불안하고 걱정이 됩니다.

필자 : 손님 사주에는 귀문살(鬼門殺, 주로 정신적인 작용을 일으키는 살)이란 것이 있어서 쉽게 불안을 느끼게 됩니다만, 2016년 이후부터 말년운이 좋으니 전혀 걱정안하셔도 됩니다.

손님 : 감사합니다. 남편사주를 봐주세요.

남편 사주

68	58	48	38	28	18	8
癸	甲	乙	丙	丁	戊	己	大
亥	子	丑	寅	卯	辰	巳	運

時柱	日柱	月柱	年柱
辛	乙	庚	己	남
巳	亥	午	酉	자

● 사주의 구조 및 핵심사항 ●

- 신묘년(辛卯年) 한겨울에 위 부인이 가지고 온 남자 사주로, 사주의 구조는, 한 여름(오월, 午月)에 자신을 나타내는 글자를 꽃나무 비유해서 해석하는 을목(乙木)으로 태어났는데, 乙木의 세력이 약하므로 도와주는 水가 용신이고, 木이 길신이며, 金이 病이고, 火가 약신이며, 土가 흉신이다.
- 사주의 밑 글자 (지지, 地支)에는 배우자궁에 있는 해수(亥水)와 태어난 時의 밑 글자 사화(巳火)가 충돌(사해충, 巳亥沖)하고 있으나, 신묘년(辛卯年)까지는 부부 관계가 나쁘다는 것을 확인할 수가 없었다.

필자 : 남편은 매우 예민하겠는데요?

손님 : 굉장히 예민합니다.

필자 : 예민한 사람들은 두뇌가 좋은 사람들이 많은데, 남편은 어떻습니까?

손님 : 예, 머리가 좋습니다.

필자 : 남편 사주는 힘이 약해서 체력이 약할 것이고, 소극적인 성격을 가졌겠네요?

손님 : 맞습니다.

필자 : 남편은 직장 생활이 맞겠고, 현침살이 많이 있어서 의료계와도 맞겠는데, 무슨 직업을 가졌습니까?

손님 : 의사입니다.

필자 : 남편은 고등학교때의 운이 을축(乙丑), 병인(丙寅), 정묘년(丁卯年)으로 괜찮았네요?

손님 : 유명한 대학은 아니었지만, 그래도, 의대를 갔습니다.

필자 : 진료과목이 무엇입니까?

손님 : 내과입니다.

필자 : 사주에 사화(巳火)와 해수(亥水)가 만나서 충돌(사해충, 巳亥沖)을

하고 있는데, 초년대운에서 사화(巳火)운이 와서 자신의 밑 글자인 해수(亥水)와 충돌(사해충, 巳亥沖)을 하면 놀라거나 사고가 생길 수 있는데, 남편이 혹시 어려서 크게 놀랐거나, 건강이 나빴다는 말을 듣지 않았습니까?

손님 : 어려서, 신장(亥水, 水는 인체에서 비뇨기를 나타냄)이 나빠서 고생을 했다고 들었습니다.

필자 : 남편의 금년(임진년, 壬辰年)운이 괜찮습니다.

여기서, 이 命主(사주의 주인)의 부인은 남편의 출생시간이 巳時라고 했는데, 만약, 巳時라면 부부관계가 굉장히 나빠야 하는데, 그렇지 않은 것으로 봐서 巳時가 아니라고 판단된다.

4. 남편과 이혼하고 싶고, 장사를 하고도 싶다.

서초구에서 온 손님

66	56	46	36	26	16	6		時柱	日柱	月柱	年柱
戊	丁	丙	乙	甲	癸	壬	大	壬	乙	辛	辛	여
申	未	午	巳	辰	卯	寅	運	午	卯	丑	丑	자

天干 : 甲(갑) 乙(을) 丙(병) 丁(정) 戊(무) 己(기) 庚(경) 辛(신) 壬(임) 癸(계)
地支 : 子(자) 丑(축) 寅(인) 卯(묘) 辰(진) 巳(사) 午(오) 未(미) 申(신) 酉(유) 戌(술) 亥(해)

● 사주의 구조 및 핵심사항 ●

- 신묘년(辛卯年) 늦여름에 온 여자 손님이다.
- 이 사주의 구조는, 늦겨울(축월, 丑月)에 자신을 나타내는 글자를 꽃 나무에 비유해서 해석하는 을목(乙木)으로 태어났는데, 乙木의 세력이 약하므로 힘이 약한 사주인데, 이 을묘목(乙卯木)은 뿌리가 튼튼하고, 태어난 시간의 밑 글자에 오화(午火)를 갖고 있어서 살아있는 나무라서 자라야 하는데, 축월(丑月)은 늦겨울로 추운계절이기 때문에 조후(온도와 습도 맞춰줌)를 해주는 火가 용신이다.

필자 : 손님은 겨울 꽃나무로 태어났기 때문에 마치 동백꽃에 비유할 수 있는데, 꽃도 피어있어서 예쁘고 향기가 있네요.

손님 : 네, 감사합니다.

필자 : 손님 사주를 보니까 철학원을 찾은 이유가 금년에 일과 관련 됐거나, 남편문제로 왔겠습니다. 손님의 기본적인 성격은 부드럽고, 유연하기 때문에 어려움을 잘 극복해내는 능력을 갖고 있으나, 남편 글자인 신금(辛金)이 바로 옆에서 공격을 하고 있는 구조라서 지극히 예민해서 자주 다투겠습니다.

손님 : 예, 저와 남편의 성격이 안맞는데, 싸울 때마다 남편이 이혼을 들먹여서 못살겠습니다.

필자 : 손님 사주에는 남편을 나타내는 글자가 면도칼과 같아서 날카롭고 무섭기 때문에 항상 남편이 두렵고 피하고 싶지만, 남편궁(일지, 日支, 자기 밑글자)에 자신의 뿌리인 묘목(卯木)이 있기 때문에 이혼은 어렵습니다. 금년이 지나면 괜찮을테니 참고 사세요.

손님 : 저는 지금 이혼하고 싶습니다. 정말 그렇게 될까요?

필자 : 아닙니다. 쉽지 않습니다. 기다려 보세요.

손님 : 선생님, 저가 장사를 해봤으면 하는데요, 해도 되겠나요?

필자 : 손님사주는 겨울 꽃나무가 정화(丁火)를 봐서 꽃이 피었기 때문에 향기가 있고, 인물이 잘생겼는데, 이런 사주로 태어나면 예술적인 소질이 있거나, 을목(乙木)이 옷과 인연이므로 의류업에 인연이 많습니다.

손님 : 저는 처녀 때 백화점에서 의류판매원으로 일했고, 결혼 초에 옷가게를 운영하다가 나이가 들어 지금은 쉬고 있습니다.

필자 : 그것 보세요, 옷과 인연이기 때문에 옷장사를 다시 시작해도 되겠고, 운을 보니까 앞으로도 운이 좋기 때문에 다른 것을 해도 좋겠습니다.

손님 : 저는 지금 옷가게보다는 딸과 함께 커피숍을 해볼까 하는데요?

필자 : 커피장사는 사주학에서 물장사로 보기 때문에 손님의 사주와는 안맞지만 운이 좋을 때는 커피숍을 해도 됩니다. 그렇지만 요즘

추세가 커피만을 해서는 안되고, 반드시 빵을 곁들여서 하는 것이 좋겠고, 대형 프렌차이점의 경쟁이 심하기 때문에 아파트 단지 같은데서 (사주가 약해서 큰 그릇이 못되므로) 소규모로 독점이 가능한 곳을 선택해야 합니다.

손님 : 그럼, 남편 사주도 봐주세요.

남편 사주

66	56	46	36	26	16	6		時柱	日柱	月柱	年柱	
戊	己	庚	辛	壬	癸	甲	大	庚	己	乙	乙	남
寅	卯	辰	巳	午	未	申	運	午	丑	酉	未	자

☯ **사주의 구조 및 핵심사항** ☯

- 사주의 구조는, 한가을(유월, 酉月)에 자신을 나타내는 글자를 야산의 흙에 비유해서 해석하는 기토(己土)로 태어났는데, 己土의 힘이 약해서 오화(午火)에 의지하므로 火가 용신이고, 木이 병신(病神, 가장 나쁘게 작용)이며, 金이 약신(藥神, 병을 치유해서 좋게 작용)이다.

- 힘이 약한 기토(己土)가 바로 옆에 있는 을목(乙木) 두 개가 공격을 하므로 매우 예민하고, 상관성(傷官星, 개성적인 성격을 나타냄)이 많아서 성

격이 다혈질적이고, 변덕스럽다.

- 관성(官星, 남편과 직업을 나타냄)이 왕(많다는 뜻)해서 병(病)이므로 틀에 짜여진 조직성 직장에는 안맞기 때문에 자유업을 갖게 되는데, 이 사주에도 비록 을목(乙木)이 병(病)이긴 하지만 직업을 나타내는 관성(官星)으로 존재하므로 옷장사와 인연이라서 신혼 초에 처(妻)와 함께 옷가게를 했으며, 경진(庚辰) 대운부터는 을경합금(乙庚合金, 직업을 나타내는 을목이 경금과 합을 해서 변질됨)해서 官星이 변하므로 직업변동이 있게되는데, 판촉물 사업을 하고 있다.

- 그런데, 세운(歲運, 한해의 운)이 04 갑신(甲申年)부터 09 기축년(己丑年)까지 金 水運으로 흘러서 용신(운을 가장 좋게 해주는 인자)의 반대방향이기 때문에 운이 없어서 돈벌이가 시원치 않다. 따라서, 변덕스러운 성격에다가 스트레스가 심해지므로 부부간에 다툼이 많을 수밖에 없고, 이런 이유로 부인 자신이 장사를 해볼까 하는 생각을 갖게 된 것이다.

5. 辛卯年에 39세 여자가 결혼문제와 진로문제로 래방했다.

홍은동에서 온 손님

64	54	44	34	24	14	4		時柱	日柱	月柱	年柱
乙	甲	癸	壬	辛	庚	己	大	丁	壬	戊	癸	여
丑	子	亥	戌	酉	申	未	運	未	辰	午	丑	자

天干 : 甲(갑) 乙(을) 丙(병) 丁(정) 戊(무) 己(기) 庚(경) 辛(신) 壬(임) 癸(계)
地支 : 子(자) 丑(축) 寅(인) 卯(묘) 辰(진) 巳(사) 午(오) 未(미) 申(신) 酉(유) 戌(술) 亥(해)

● 사주의 구조 및 핵심사항 ●

- 신묘년(辛卯年) 늦여름에 온 여자 손님이다.
- 이 사주의 구조는, 한여름(오월, 午月)에 자신을 나타내는 글자를 강물로 해석하는 임수(壬水)로 태어났는데, 도와주는 세력이 약해서 매우 힘이 약하다. 이렇게, 힘이 약하게 만든 주요 요인은 태어난 계절이 한 여름인데다가 태어난 시간의 윗 글자에 정화(丁火)가 있어서이고, 土도 너무 많아서 약해졌으므로 도와주는 비겁(比劫, 형제로 해석함)인 水(물)가 용신이고, 土가 병(病)이며, 火가 흉신이다.
- 여자 괴강(고집이 세고 부부관계가 나쁜 글자)일주는 부부관계가 나쁨을 예고하고 있는데, 더군다나 관성(官星, 남편을 나타냄)이 병(病)이 되면, 더 말할 필요가 없다.

필자 : 오후 늦은 시간에 어디에서 오셨습니까?

손님 : 홍은동에서 왔습니다.

필자 : 그곳에서 어떻게 제 사무실을 알고 오셨나요?

손님 : 저하고 같이 근무하는 여직원이 자기 엄마와 함께 선생님한테 상담을 받고 와서 하도 잘보신다고 해서 퇴근길에 오게 되었습니다.

필자 : 손님의 사주를 보니까 (임진괴강, 壬辰魁罡) 일주이고, 관성(官星)이 병(病)이라서 남자 덕이 없는 사주인데, 결혼문제나 진로문제로 오셨겠네요? (여기서, 결혼문제라고 한 이유는 관성(官星)이 병(病)인데다가 대운에서 남편글자인 진토(辰土)와 술토(戌土)가 충돌을 일으켜서 깨졌기 때문에 결혼을 안했거나, 혹은 결혼을 했더라도 헤어질 운이고, 진로확장 문제라고 말한 것은 묘목(卯木)이 상관(傷官)으로 육친으로는 자식이지만 진로문제도 해당되기 때문이다.)

손님 : 예, 맞습니다. 결혼문제도 있고, 진로문제로 왔습니다.

필자 : 손님은 남편 덕이 없기 때문에 마음에 들지 않는 남자들만 나타날

것이기 때문에 아직 결혼을 안했거나 결혼을 했더라도 결혼생활에 심각한 문제가 생겼겠습니다.

손님 : 저는 지금까지 연애다운 연애 한 번 해보지 못했습니다. 제가 좋아하는 스타일의 남자는 저를 싫어하고, 제가 싫어하는 스타일의 남자들만 결혼하자고 하기 때문에 지금까지 결혼을 못했습니다.

필자 : 손님은 흘러가는 운(대운, 10년씩 구분해서 보는 운)이 좋아서 놀지는 않겠으며, 직장생활이 가장 좋겠습니다.

손님 : 저는 대학을 졸업하고, 고시공부를 하다가 포기하고, 시장정보회사에 다니면서 영어 과외를 하고 있습니다.

필자 : 금년에 다른 일을 해볼까 한다거나 일을 확장할 계획을 갖고 있지요?

손님 : 결혼도 하고 싶고, 또, 헤드헌터(고급두뇌를 연결해주는 중개사업)제의가 들어와서 어떻게 했으면 좋겠나 싶어 궁금해서 왔습니다.

필자 : 상대방이 제시하는 조건은 어떻습니까?

손님 : 기본급은 없고, 실적에 따라서 보수를 받는 조건입니다.

필자 : 그런 조건이라면, 앞으로 2013년부터 2015년까지 火(불)운이 오게 되면, 돈벌이가 안될 것이니 현상유지를 하는 것이 더 좋겠습니다.

6. 자식 사주를 보고 부모의 사정을 안다.

송파동에 사는 손님

딸 사주

66	56	46	36	26	16	6		時柱	日柱	月柱	年柱
甲	癸	壬	辛	庚	己	戊	大	辛	甲	丁	丁
寅	丑	子	亥	戌	酉	申	運	未	子	未	丑

天干 : 甲(갑) 乙(을) 丙(병) 丁(정) 戊(무) 己(기) 庚(경) 辛(신) 壬(임) 癸(계)
地支 : 子(자) 丑(축) 寅(인) 卯(묘) 辰(진) 巳(사) 午(오) 未(미) 申(신) 酉(유) 戌(술) 亥(해)

◉ 사주의 구조 및 핵심사항 ◉

- 신묘년(辛卯年)에 엄마가 가지고 온 사주다.
- 사주의 구조는, 늦여름(미월, 未月)에 자신을 나타내는 글자를 큰 나무로 해석하는 甲木으로 태어났는데, 자신의 세력이 약하므로 도와주는 水가 용신이고, 木이 약 길신이며, 土가 病이고, 火가 흉신이며, 金은 길신이다.
- 이 사주에서는 土가 水를 극하기 때문에 土를 病이라고 했으나, 사실상 火도 많아서 病과 같다.

필자 : 이 아이의 사주는 너무 약해서 체력이 달리기 때문에 진득하게 공부를 못할 것인데, 운도 따라주지 않기 때문이기도 합니다. 실제로는 어떻습니까?

손님 : 선생님 말씀대로 이 아이는 너무 체력이 약해서 학교에만 갔다오면 피곤하다고 잠만 잡니다. 어찌하면 좋습니까?

필자 : 이 아이가 피곤해하는 이유는 사주에 土가 많아서 水를 공격하고 있기 때문이고, 많은 火가 약한 甲木의 기운을 빼고 있기 때문입니다. 그래서, 공부를 안합니다.

손님 : 우리 애가 학원에도 안 가겠다고 해서 억지로 과외를 시키고 있는데, 학원에 보내는 것이 좋겠습니까?, 아니면 과외를 계속시키는 것이 좋겠습니까?

필자 : 그거야 학원에 보내는 것이 좋지만, 아이가 학원에 가기를 싫다고 하면, 어쩔 수 없는 일 아닙니까? 그냥 과외를 시키세요.
이 아이의 성격은 기본적으로는 착하지만 개성이 강해서 다루기가 쉽지 않을 것입니다.

손님 : 착한데 고집이 셉니다.

필자 : 사주에서 土끼리 축미충(丑未沖, 축토와 미토가 만나면 충돌함)되어 어머니를 나타내는 글자가 깨진데다가, 어머니를 나타내는 子水를 사이에 두고, 아버지를 나타내는 글자인 두 개의 미토(未土)가 子水를 공격하므로 엄마가 아빠한테 공격을 많이 받아서 엄마가 엄청나게 스트레스를 많이 받고 있는 형상이라서 이 사주를 놓고보면 부모가 이혼을 하거나 별거를 해야 하는데, 실상은 어떻습니까?

손님 : 사실은 그동안 많이 싸워왔는데, 남편이 퇴직을 하고나서부터는 하루 종일 붙어있으니까 도저히 같이 살 수가 없어서 재작년(기축년, 己丑年)부터 남편이 방을 얻어 나가서 따로 살고 있습니다.

필자 : 인체에서 비뇨기를 나타내는 水를 土가 공격하는 형상을 하고 있는데, 이 아이는 비뇨기 계통이 문제가 있을 것 같은데 괜찮습니까?

손님 : 우리 딸이 학교에서는 한 번도 화장실을 안간다고 합니다. 이상한 일입니다.

필자 : 병원에 가서 검사를 받아보도록 하세요.

손님 : 아프다고는 안했습니다만, 그래야겠습니다

필자 : 부모에 관한 문제는 아마도 본인(부부)들 사주를 보면 더 자세히 알 수 있을 것입니다만, 분명한 것은 부부의 사주가 그렇게 생겼을 것입니다. 본인 것부터 보실까요.

본인(엄마) 사주

62	52	42	32	22	12	2		時柱	日柱	月柱	年柱
癸	壬	辛	庚	己	戊	丁	大	甲	戊	丙	乙	여
巳	辰	卯	寅	丑	子	亥	運	寅	辰	戌	未	자

● **사주의 구조 및 핵심사항** ●

- 신묘년(辛卯年)에 온 여자손님이다.
- 이 사주의 구조는, 늦가을(술월, 戌月)에 자신을 나타내는 글자를 큰산의 土에 비유해서 해석하는 무토(戊土)로 태어났는데, 戊土의 세력이 강하고, 조열(열기가 많음)해서 습도를 맞춰주는 요소인 水와 金이 필요하다.

- 혹자들은, 이 사주가 세력이 강하기 때문에 자기를 컨트롤해주는 인자

소띠 생(丑年生) 사주 59

(관성, 官星)인 木을 써야한다고 할 수 있는데, 전혀 안맞는 이론이다. 왜냐하면, 木은 화세(火勢)를 더욱 강하게 하고, 다시 火는 土를 강하게 해서 더욱 土의 힘을 강하게 만들 뿐 전혀 도움이 되지 않고, 오히려 나쁘게 만든다.

– 이 명주(命主, 사주의 주인)의 말에서도 자신은 처녀 때 좋았으나, 결혼을 하고나서부터 불행하게 살아왔었다고 말했다. 이 말 속에는 물론, 일지(日支) 남편 궁이 진술충(辰戌沖, 진토와 술토가 만나면 충돌함)되어 있어서 부부관계가 나빴기 때문이라고 볼 수 있지만, 木이 흉신이기 때문이기도 하다.

필자 : 손님은 몇살 때 결혼했습니까?

손님 : 저는 28세(82 임술년, 壬戌年)에 결혼했습니다.

필자 : 손님의 사주에는 남편을 나타내는 글자인 木이 전혀 도움이 안되는데 어떻습니까?

손님 : 말씀도 마세요, 저는 눈물로 살아왔습니다.

필자 : 그 정도였습니까? 그러면, 이혼할 생각은 안해봤습니까?

손님 : 왜, 안했겠어요? 말도 못합니다. 그런데, 제가 경제적인 능력이 없어서 이혼을 못했습니다.

필자 : 손님의 금년(신묘년, 辛卯年)운은 남편문제와 자식문제인데요?

손님 : 남편하고는 다퉈서 나가서 사니까 문제없는데, 앞에서 사주를 본 딸이 공부를 안하기 때문에 고민입니다.

필자 : 손님사주는 균형이 안맞아서 건강이 나쁠 것 같은데요? 특히, 水가 깨졌는데, 水는 인체에서 신장이나 방광에 해당하고, 또 자궁이나 유방으로 해석하는 식상(食傷)인 신금(辛金)이 깨졌으므로 자궁이나 유방도 문제가 있을 수 있고, 土는 인체에서 위장에 해당하므로 위장도 나쁠 수 있습니다.

손님 : 위장도 안좋고요, 치질도 있고요, 재작년(기축년, 己丑年)에는 왼쪽 유방에 암이 생겨 부분적으로 도려냈습니다. 그래서, 심한 운동도 못합니다.

필자: 사주학에서는, 추 인술(秋 寅戌)이라고 해서 가을(秋月)에 출생한 사람이 인목(寅木)과 술토(戌土)를 갖고 있으면, 급각살(살 이름으로 하체나 관절이 약함)이라서 하체가 약하거나 관절이 나쁠 수 있는데, 어떠세요?

손님: 다리 관절이 좋지 않아 등산을 전혀 못합니다.

필자: 그래도 운동은 하셔야 합니다. 인미귀문관살(寅未鬼門官殺, 귀문살의 한 종류로, 주로 정신적인 작용을 함)이 있으므로, 손님은 우울증이 쉽게 올 수 있는 구조를 갖고 있는데, 실제는 어떤가요?

손님: 남편하고 사이가 나빠서 맨날 눈물로 세월을 보내고 있습니다. 그게 우울증이지요, 뭐.

필자: 인성(印星, 어머니를 나타냄)인 병화(丙火)가 나타나 있고, 인술화국(寅戌火局, 인목과 술토가 만나서 어머니를 나타내는 화를 만듦)을 만드므로, 혹시, 어머니가 두 분이신가요?

손님: 어머니가 두 분이셨는데, 친어머니가 먼저 돌아가셨습니다.

필자 : 진술충(辰戌沖, 진토와 술토가 만나면 충돌함)되어 비겁(比劫, 형제 또는 친구)인 土가 깨졌는데, 손님은 형제중에 혹시, 돌아가신 분이 계시나요?

손님 : 예, 배다른 오빠가 일찍 돌아가셨습니다.

필자 : 태어난 年의 윗 글자에 남자에 해당하는 을목(乙木)이 나타나 있는데, 손님은 결혼 전에 사귀던 남자가 있었겠네요?

손님 : 착한 남자가 있어서 그 남자와 결혼을 할 것인데, 어쩐지 약하게 보여서 결혼을 안한 것이 지금 생각하면 후회가 됩니다.

필자 : 태어난 月의 밑 글자가 부모궁이면서 시댁을 나타내고, 자기 밑 글자는 자기를 나타내는데, 서로 충돌을 하므로, 시댁과 갈등이 있습니까?

손님 : 예, 제가 가운데 며느리인데, 시댁에 가면 큰 동서와 아래동서가 저를 따돌림을 하기 때문에 지금은 시댁을 안갑니다.

남편(아빠) 사주

61	51	41	31	21	11	1		時柱	日柱	月柱	年柱
甲	癸	壬	辛	庚	己	戊	大	乙	癸	丁	壬	남
寅	丑	子	亥	戌	酉	申	運	卯	未	未	辰	자

◉ 사주의 구조 및 핵심사항 ◉

- 이 사주의 구조는, 늦여름(미월, 未月)에 자신을 나타내는 글자를 빗물로 해석하는 계수(癸水)로 태어났는데, 세력이 약하므로 도와주는 水가 용신이고, 金이 길신이며, 土가 病이며, 火가 흉신이고, 木은 약신이다.

- 힘이 약한 사주는 대게 직장인이 많은데, 이 남자도 회사원으로 근무를 해오다가 58세(기축년, 己丑年)에 퇴직을 했다고 한다.

- 대운(10년씩 구분해서 보는 운)의 흐름이 金 水운으로 흘러서 좋았으므로 먹고 사는 것은 괜찮았다고 하나, 재성(財星, 처 또는 돈으로 해석)이 흉신이고, 일지(日支) 배우자궁에 病이 앉아있어서 부부궁이 나쁘다. 따라서, 내 사주 팔자에 부부궁이 나쁘게 되어있기 때문에 안맞는 妻와 인연이 될 수 밖에 없는데, 그 해답이 바로 앞의 부인 사주에서 이미 설명한 것처럼 퇴직을 한 후에는 부부가 안맞아서 이혼은 안 했지만 따로 살고있다.

7. 지점장 부인이 辛卯年에 무슨 일로 래방했나?

강동구에서 온 손님

69	59	49	39	29	19	9		時柱	日柱	月柱	年柱
戊	己	庚	辛	壬	癸	甲	大	庚	己	乙	辛	여
子	丑	寅	卯	辰	巳	午	運	午	巳	未	丑	자

天干 : 甲(갑) 乙(을) 丙(병) 丁(정) 戊(무) 己(기) 庚(경) 辛(신) 壬(임) 癸(계)
地支 : 子(자) 丑(축) 寅(인) 卯(묘) 辰(진) 巳(사) 午(오) 未(미) 申(신) 酉(유) 戌(술) 亥(해)

🌀 사주의 구조 및 핵심사항 🌀

- 신묘년(辛卯年) 늦여름에 온 주부다.
- 사주의 구조는, 늦여름(미월, 未月)에 자신을 나타내는 글자를 야산의 흙에 비유해서 해석하는 기토(己土)로 태어났는데, 사주의 밑 글자에 사오미화국(巳午未火局, 사화, 오화, 미토가 만나면 불덩어리가 됨)을 이루고, 축토(丑土)도 있어서 기토(己土)의 힘이 너무 강하다.
- 이런 사주의 경우, 강한 힘을 빼주는 金을 용신으로 써야할 것인가, 그렇지 않으면, 강한 힘을 눌러주는 을목(乙木)을 써야하냐를 놓고 고민을 해야 하는데, 이럴 때는 태어난 달을 우선 봐야하는데, 태어난 달이 늦여름인 미월(未月)로 木(나무)이 생장할 수 있는 계절이고, 비록 깨지긴했어도 축토(丑土)속

소띠 생(丑年生) 사주 65

에 계수(癸水)가 들어있으므로 을목(乙木)이 살아있는 생목(生木)이다. 따라서, 木이 생 잘 할 수 있는 계절에 木이 살아 있다면 이 木은 살려야 할 木이므로 木을 용신으로 써야한다.

필자 : 손님은 자식문제와 남편문제로 오셨지요? 여기서, 자식문제라고 한 이유는 기토(己土) 일간에서 신묘년(辛卯年)에 신금(辛金)은 식신(食神)이기 때문에 자식이고, 남편 문제라고 한 것은 묘목(卯木)이 남편이기 때문이다.

손님 : 예, 딸 궁합도 보고, 남편 직장문제도 알아보려고 왔습니다.

필자 : 손님 눈에는 남편이 작아보일테고, 남편이 스트레스를 많이 받겠습니다. 여기서, 남편이 작아보일 것이라고 한 이유는 기토(己土) 일주가 너무 힘이 강한데 비해서 남편인 을목(乙木)은 작은 꽃나무이기 때문이고, 남편이 스트레스를 많이 받을 것이라고 한 이유는, 사주 윗 글자의 경금(庚金), 신금(辛金)이 남편인 乙木을 놓고 乙木과 辛金이 충돌(을신충, 乙辛沖)을 하고, 乙木과 庚金이 合(을경합, 乙庚合)하려 하기 때문이다.

손님 : 남편 고집이 센 분인데도 저한테는 않됩니다.

필자 : 이 사주의 밑 글자가 사오미방합(巳午未方合, 사화, 오화, 미토가 만나면 더운 합을 이룸)이므로 손님은 모친이 두 분이거나 모친의 배다른 형제가 있습니까? (방합의 경우는 가족관계에 변화를 주지 않기 때문에 이를 확인하기 위해서 물어본 것이다.)

손님 : 아니오. 어머니 한 분뿐입니다.

필자 : 그러면, 손님은 직업이 있습니까?

손님 : 주부이면서, 건물 임대업을 하고 있습니다. (여기서, 임대업은 사주학에서 인성(印星)을 의미하는데, 사주에 있는 사오미방국(巳午未方局)인 인성(印星)의 의미가 직업으로 나타났다고 판단한다.)

남편 사주

65	55	45	35	25	15	5		時柱	日柱	月柱	年柱
甲	癸	壬	辛	庚	己	戊	大	己	壬	丁	丙	남
辰	卯	寅	丑	子	亥	戌	運	酉	辰	酉	申	자

◉ 사주의 구조 및 핵심사항 ◉

- 이 사주의 구조는, 중추(유월, 酉月)에 자신을 나타내는 글자를 강물로 해석하는 임수(壬水)로 태어났는데, 사주의 밑 글자에 金이 많아서 금생수(金生水, 금이 수를 도와줌)해주므로 壬水의 힘이 강해서 냉하므로 火가 용신이고, 水가 病이며, 金이 흉신이고, 土가 약신이다. 현재, 외국계증권사 지점장으로 외국에 나가 있으며, 잠실에 살고 있다.

- 임진(壬辰)일주는 괴강성(魁罡星, 하늘에 있는 4개의 큰 별 중 하나를 의미)으로 왕고집인데다가 힘이 강하므로 아집이 대단히 강하지만 재(財, 돈이나 처를 의미)가 용신이므로 妻한테는 져주는 척하고 산다.

- 대운이 나빠서 초년 고생이 심했으며, 40대 중반이후부터 발전했다.

- 신묘년(辛卯年)에 사주에 있는 유금(酉金)과 해운에서 온 묘목(卯木)이 충돌(묘유충, 卯酉沖)을 하는데, 이렇게 큰 힘을 가진 글자를 건드리면 크게 화를 내게 될 뿐만 아니라 묘목(卯木)이 상관(傷官)인데, 상관

(傷官)은 진로변동을 일으킬 수 있는데, 직장인이게 진로 변경은 퇴직이 될 수도 있다.

딸 사주

65	55	45	35	25	15	5		時柱	日柱	月柱	年柱
壬	癸	甲	乙	丙	丁	戊	大	甲	庚	己	丙	여
辰	巳	午	未	申	酉	戌	運	申	午	亥	寅	자

◉ 사주의 구조 및 핵심사항 ◉

- 서울대 미대를 졸업하고 동 대학원에 재학중이다.
- 이 사주의 구조는, 초겨울(해월, 亥月)에 자신을 나타내는 글자를 무쇠 金으로 해석하는 경금(庚金)으로 태어났는데, 차고 약하므로 火가 용신이고, 土가 길신이며, 木도 길신이고, 水가 病神이다.

- 증권사지점장으로 근무하는 부친이 퇴직하기 전에 이 딸을 시집보내려하므로 궁합을 보려고 왔다.

- 따라서, 이 사주에서도 래정법(來情法)은 일간(日干, 자기를 나타내는 글자)대 세운(歲運, 한해의 운)을 대비해서 보는 것이 맞다는 것을 증명하고 있다.

범띠 생(寅年生) 사주

1. 말없이 눈물만 흘리는 여인
2. 50세 여인이 돈을 벌어볼 생각으로 왔다.
3. 이 여인은 이혼소송문제로 왔다.

1. 말없이 눈물만 흘리는 여인

천호동에서 온 손님

62	52	42	32	22	12	2		時柱	日柱	月柱	年柱
乙	丙	丁	戊	己	庚	辛	大	壬	丁	壬	甲	여
丑	寅	卯	辰	巳	午	未	運	寅	亥	申	寅	자

天干 : 甲(갑) 乙(을) 丙(병) 丁(정) 戊(무) 己(기) 庚(경) 辛(신) 壬(임) 癸(계)
地支 : 子(자) 丑(축) 寅(인) 卯(묘) 辰(진) 巳(사) 午(오) 未(미) 申(신) 酉(유) 戌(술) 亥(해)

● 사주의 구조 및 핵심사항 ●

- 신묘년(辛卯年) 초가을 온 여자사주다.
- 이 사주의 구조는, 초가을(신월, 申月)에 자신을 타나내는 글자를 인공 火인 정화(丁火)로 태어났는데, 도와주는 갑인(甲寅) 木에 의지하고 있으나 세력이 약해서 火가 용신이고, 木이 길신이며, 水가 병(病)이고, 金이 흉신이다.

- 여기서, 혹자들은 水가 강해서 병(病)이므로 관인상생(官印相生, 중간에서 싸움을 말려준다는 의미)하는 木이 용신이라고 할 것이나, 필자는 인목(寅木)속에 병화(丙火)가 들어있으므로 화(火)를 용신으로 정한 것이

다. 그래서, 이 사주에서는 갑인(甲寅) 木이 건목(잘타는 건조한 나무)이
라서 길신이지, 만약, 습목(濕木, 습기를 많이 간직한 나무)인 을목(乙木)
이나 묘목(卯木)이라면 좋지않고 운에서 木이 더 오면 나쁘다.

- 예를 들면, 이 사주에서 정임합목(丁壬合木, 정화와 임수가 만나면 목을 생
  성함), 인해합목(寅亥合木, 인목과 해수가 합하면 목이 생성), 寅亥合木이
  각 각 두 번씩 되어 있는데, 정화(丁火)가 약한 상태에서 木이 이렇게 많
  으면, 정화(丁火)가 어떻게 견디겠는가? 이런 구조에서는 木이 많아지
  면 오히려 病이 커지는데, 어떻게 木을 용신이라고 할 수 있단 말인가?
  따라서, 당연히 인(寅)중 병화(丙火)가 필요하기 때문에 火가 용신이다.

- 일간(日干, 자신)인 정화(丁火)는 태어난 月의 윗 글자의 임수(壬水)와 정
  임합(丁壬合)을 하고, 태어난 시간의 윗글자의 壬水와도 정임합(丁壬合)
  을 하고 있으며, 또, 임수(壬水)는 일지(日支, 자기 밑 글자)에 있는 해수
  (亥水)속에 들어있던 글자가 사주 윗글자에 두 번 나타났으므로 재혼
  팔자임을 나타내고 있다.

필자 : 정화일간(丁火 자신)에서 볼 때, 신묘년(辛卯年)의 신금(辛金)은 돈
을 말하고, 묘목(卯木)은 문서이므로, 금년에 문서운이 왔는데, 이
사계획이 있습니까, 그렇지 않으면, 돈을 벌기 위해서 공부를 하

고 있습니까? 손님사주와 운의 흐름을 보니까 초년에는 좋았으나, 04(갑신, 甲申)년부터 09(기축, 己丑)年까지는 운이 안좋았습니다.

손님 : (필자의 실력을 가늠이라도 하려는 듯) 아무 말이 없었다.

필자 : 손님은 남편 덕이 없는데, 결혼은 하셨나요?

손님 : 결혼했습니다.

필자 : 언제 결혼했습니까?

손님 : 28살 2001(신사, 辛巳)년에 결혼했습니다.

필자 : 손님은 남편 덕이 없어서 재혼할 팔자이고, 자기 직업을 갖는 게 좋겠는데, 직업이 있습니까?

손님 : 금년에 부동산중개사시험을 보려고 합니다. 부동산 중개업이 제 사주하고 맞나요?

필자 : 부동산중개업이 오행으로는 土로 보는데, 손님 사주에는 물이 너

무 많아서 土로 제방을 막아야 하기 때문에 맞습니다. 또, 역마살(役馬殺, 많이 움직이는 살로, 해수(亥水), 인목(寅木), 신금(申金)이 해당)이 많아서 그렇습니다.

손님 : 금년에 합격하겠습니까?

필자 : 신금(申金)은 흉신이고, 묘목(卯木)이 습목(濕木, 습기를 많이 가진 나무)이라서 목생화(木生火)가 잘 안되므로 합격 확률이 대략 75% 가량 될 것으로 보입니다. 그리고, 아까도 얘기했지만 손님은 남편 덕이 없는데, 어떻습니까?

손님 : 제 사주에 남편 덕이 진짜로 없습니까?

필자 : 남편 덕만 없는 데에 그치지 않고, 양다리를 걸치거나 재혼할 팔자 입니다. 남편하고의 관계는 어떠세요?

이 때 손님은 아무 말 없이 눈물만 흘리더니 한참 후에,

손님 : 예, 남편하고 2001년도에 결혼했는데, 2003년부터는 성생활을 전혀 안하고 삽니다.

이 말을 하면서 너무 슬피 울어서 더 이상 감명을 할 수가 없어서 끝냈기 때문에 더 이상의 사연을 들을 수 없었다. 안타깝다.

남편사주										
68	58	48	38	28	18	8	時柱	日柱	月柱	年柱
己	戊	丁	丙	乙	甲	癸	丙	庚	壬	壬	남
酉	申	未	午	巳	辰	卯 運	戌	午	寅	子	자

● 사주의 구조 및 핵심사항 ●

- 이 사주의 구조는, 초봄(인월, 寅月)에 자신을 나타내는 글자를 무쇠 金으로 해석하는 경금(庚金)으로 태어났는데, 술토(戌土)속에 신금(辛金)이 들어 있어서 뿌리가 있으나, 인오술화국(寅午戌火局, 인목과 오화, 술토가 만나면 불덩어리가 됨)이 되어 뿌리로 쓸 수 없으므로 다른 글자로 따라가야 하는데, 화국(火局)이 있기 때문에 종살격(從殺格, 격이름으로, 자신을 버리고 자신을 공격하는 글자로 따라감)이다.
- 따라서, 火가 주체(主體)이고 용신인데, 병신(病神, 가장 나쁘게 작용)인 水가 너무 많아서 수극화(水剋火, 수가 화를 공격함)를 하고 있으므로 고난을 예고하고 있다.

- 이 남자의 사주에 병신(病神, 가장 나쁘게 작용)인 水를 막기 위해서 土가 필요하므로 부동산중개업을 하고 있는데, 인오술화국(寅午戌火局, 인목

과 오화, 술토가 만나면 불덩어리가 됨)의 중심인 오화(午火)를 년지(年支, 태어난 년의 밑글자) 자수(子水)가 자오충(子午沖, 자수와 오화가 만나면 충돌을 함) 子午沖하는 것이 아주 나쁘다.

- 병오(丙午)대운이 좋을 것 같으나, 자오충(子午沖)을 하고 있는 상태에서 08 무자년(戊子年)에 자오충(子午沖)을 또 하므로 그 해에 큰 손해를 봤다고 한다.

- 이 남자는 자신을 공격하는 글자로 따라갔으므로 火를 주체로 보고 감명을 해야 하기 때문에 水는 자식이나 직업을 나타내므로 직장이며, 자식인데, 病神에 해당하므로 이런 요소와의 인연이 없다.

- 또, 자기 밑에 있는 글자인 오화(午火)를 자수(子水)가 충돌(자오충, 子午沖)하므로 처궁(妻宮, 마누라 자리)도 불안함을 나타내고 있기 때문에 위의 재혼팔자인 처(妻)를 만나게 된 것이다.

2. 50세 여인이 돈을 벌어볼 생각으로 왔다.

한남동에서 온 손님

61	51	41	31	21	11	1		時柱	日柱	月柱	年柱	
丙	丁	戊	己	庚	辛	壬	大	乙	庚	癸	壬	여
午	未	申	酉	戌	亥	子	運	酉	戌	丑	寅	자

天干 : 甲(갑) 乙(을) 丙(병) 丁(정) 戊(무) 己(기) 庚(경) 辛(신) 壬(임) 癸(계)
地支 : 子(자) 丑(축) 寅(인) 卯(묘) 辰(진) 巳(사) 午(오) 未(미) 申(신) 酉(유) 戌(술) 亥(해)

◉ 사주의 구조 및 핵심사항 ◉

- 신묘년(辛卯年)에 중춘에 온 여자사주다.
- 이 사주의 구조는, 늦겨울(축월, 丑月)에 자신을 나타내는 글자를 무쇠 金에 비유해서 해석하는 경금(庚金)으로 태어났는데, 庚金의 힘이 약하지만 추운 늦겨울(축월, 丑月)이고, 임수(壬水)와 계수(癸水)가 나타나 있어서 추운데다가 경금(庚金)은 불을 좋아하므로 火가 용신이고, 木이 길신이며, 水가 병신(病神)이다.
- 경술(庚戌)일주는 괴강성(魁罡星)으로 고집이 세며, 식상(食傷, 언행을 말함)이 발달해서 자기 마음에 안들면 찬물을 내놓기 때문에 냉정한 성격을 갖고 있다.

필자 : 손님은 금년(신묘년, 辛卯年)에 돈 문제가 관심사인데, 맞습니까?

손님 : 예, 제가 일을 하다가 작년(경인년, 庚寅年)에 그만두었는데, 애들 학원비 때문에 신경이 쓰여서 다시 일을 해 돈을 벌고 싶습니다.

필자 : 손님 사주로만 보면, 50세까지가 저조한 운입니다만 51세부터는 좋아집니다.

손님 : 어려서 별로 공부를 잘하지 못했으며, 고등학교 3학년(임신년, 壬申年)때는 건강이 안좋아서 제대로 공부를 하지 못해서 서울에 있는 2년제 대학 식품영양학과를 나와서 93년도에 식품영양사로 공무원 시험에 합격해 10여년을 근무하다가 실증이 나서 그만두었는데, 몇 년전부터 일반회사에서 영양사로 일해 오다가 작년(庚寅年)에 유방에 혹이 생겨서 그만두고 집에서 쉬고 있는데, 애들 사교육비가 너무 많이 들어 다시 직장을 잡아볼까 생각하고 있습니다.

필자 : 대운이 좋고 금년 10월(병술월, 丙戌月)경에 좋은 소식이 오겠습니다. 기다려 보시지요.

손님 : 그러면 제 남편 사주를 봐주세요?

남편 사주

61	51	41	31	21	11	1		時柱	日柱	月柱	年柱
壬	癸	甲	乙	丙	丁	戊	大	癸	己	己	辛	남
辰	巳	午	未	申	酉	戌	運	酉	酉	亥	丑	자

● 사주의 구조 및 핵심사항 ●

- 이 사주의 구조는, 초겨울(해월, 亥月)에 자신을 나타내는 글자를 야산의 흙에 비유해서 해석하는 기토(己土)로 태어났는데, 己土의 세력이 약하므로 도와주는 土가 용신이고, 金과 水가 흉신이다.

- 초년 대운이 나빴으나 고등학교 때의 세운(歲運)이 정사(丁巳), 무오(戊午), 기미년(己未年)으로 좋았으며, 부친의 권유로 한양대 법학과를 졸업했으며, 土가 용신이므로 국토해양부에서 근무중이라고 한다.

- 31대운부터 좋아졌으며, 33세(기유년, 己酉年)에 결혼했고, 정직하고 정확한 성격이다.

3. 이 여인은 이혼소송 문제로 왔다.

가락동에서 온 손님

61	51	41	31	21	11	1		時柱	日柱	月柱	年柱
己	庚	辛	壬	癸	甲	乙	大	丁	癸	丙	甲	여
巳	午	未	申	酉	戌	亥	運	巳	未	子	寅	자

天干 : 甲(갑) 乙(을) 丙(병) 丁(정) 戊(무) 己(기) 庚(경) 辛(신) 壬(임) 癸(계)
地支 : 子(자) 丑(축) 寅(인) 卯(묘) 辰(진) 巳(사) 午(오) 未(미) 申(신) 酉(유) 戌(술) 亥(해)

◎ **사주의 구조 및 핵심사항** ◎

- 신묘년(辛卯年)에 중춘에 온 여자 사주다.
- 이 사주의 구조는, 한겨울(자월, 子月)에 자신을 나타내는 글자를 빗물로 해석히는 계수(癸水)로 대이났는데, 자신의 힘이 너무 약하므로 비겁(比劫, 형세나 친구)인 水가 용신이고, 木, 火는 흉신이며, 土가 病神이다.

필자 : 손님은 배우자궁에 병신(病神)이면서 남편을 나타내는 미토(未土)가 있는데, 태어난 月의 밑 글자에 있는 子水를 보면 서로 미워하고, 원망하는 자미원진살(子未怨嗔殺)이라서 남편 덕이 없는 팔자

인데, 결혼했나요?

손님 : 예, 결혼을 했습니다.

필자 : 이런 사주로 태어나면, 결혼을 늦게 하는 경우가 많은데, 몇 년도에 결혼했나요?

손님 : 예, 34세(정해년, 丁亥年)에 결혼했고, 그 다음 해인 08(무자, 戊子)년에 자식을 낳았습니다.

필자 : 신묘년(辛卯年)에 신금(辛金)은 문서운인데, 무슨 문서를 잡을 계획이 있으세요?

손님 : 작년(경인년, 庚寅年)에도 이사를 했고, 올해(신묘년, 辛卯年)도 이사를 했습니다. 또, 금년(신묘년, 辛卯年)에 이혼소송을 제기했는데, 언제 이혼이 될 것이며, 본인한테 유리하게 잘 될 것인지가 궁금해서 왔습니다.

필자 : 손님은 재작년(기축년, 己丑年)에 일지(日支) 배우자궁을 축미충(丑未沖, 축토와 미토가 만나면 충돌함)하는데, 남편과 싸웠습니까?

손님 : 예, 재작년부터 남편과 갈등이 심해져서 제가 이혼하자고 했는데, 남편이 응해주질 않아서 이혼을 못하고 있다가 금년 봄에 변호사를 사서 이혼소송을 제기했더니 남편 쪽에서도 변호사를 사서 대응을 해왔습니다. 잘되겠습니까?

필자 : 올해(신묘년, 辛卯年) 병술월(丙戌月)에 본인한데 유리하게 승소할 것입니다. 그 이유는, 올해 술월운(戌月運)의 밑 글자에 있는 술토(戌土)가 사주의 일지 미토(日支 未土)를 보면, 서로에게 상처를 입히는(술미형, 戌未刑)을 해서 病이 제거되기 때문입니다.

손님 : 제발 그렇게 됐으면 좋겠습니다.

필자 : 손님은 일을 해야 먹고 살텐데 무슨 일을 하고 계십니까?

손님 : 과탐탐 과외수업으로 생계를 유지하고 있는데, 벌이가 시원찮습니다.

토끼띠 생(卯年生) 사주

1. 기획부동산에 걸려들어 망해서 소송중이다.
2. 모 은행 지점장이 직방문제로 래방했다.
3. 전남 광주에서 서울까지 무슨 일로 왔는가?
4. 연애 한 번 해보고 싶습니다.
5. 성공학 강의한다.

1. 기획부동산에 걸려들어 망해서 소송중이다.

문정동에서 온 손님

65	55	45	35	25	15	5		時柱	日柱	月柱	年柱
甲	癸	壬	辛	庚	己	戊	大	壬	戊	丁	辛	여
辰	卯	寅	丑	子	亥	戌	運	子	辰	酉	卯	자

天干 : 甲(갑) 乙(을) 丙(병) 丁(정) 戊(무) 己(기) 庚(경) 辛(신) 壬(임) 癸(계)
地支 : 子(자) 丑(축) 寅(인) 卯(묘) 辰(진) 巳(사) 午(오) 未(미) 申(신) 酉(유) 戌(술) 亥(해)

● 사주의 구조 및 핵심사항 ●

- 신묘년(辛卯年) 한여름에 온 손님으로 여자다.
- 사주의 구조는, 늦봄(진월, 辰月)에 자신을 나타내는 글자를 큰 산의 흙에 비유해서 해석하는 무토(戊土)로 태어났는데, 金과 水의 세력이 강해서 戊土가 약하므로, 火가 용신이고, 土가 길신이며, 木이 病神이고, 金이 약신이며, 水가 흉신이다.

- 이 여자는 태어난 해가 6.25전쟁 발발 직후인 신묘년(辛卯年)이라서 사회가 온통 어려운 시기였는데도, 무술(戊戌), 기(己) 대운이 좋아서 지

방에서 고등학교를 나왔다.

- 태어난 년의 밑 글자에 남편인 묘목 관성(卯木 官星)이 있으나, 묘목(卯木)과 유금(酉金)이 만나 충돌(묘유충, 卯酉沖)하여 키울 수 없는 木이므로 남편과 이별인데, 이 여자는 인(寅) 대운 49세 기묘년(己卯年)부터 남편이 병이 들어 51세 신사년(辛巳年)에 심장마비로 사망했다.

- 무자(戊子), 기축년(己丑년) 운이 나빠서 기획부동산의 유혹에 빠져서 남편한테 물려받은 재산을 모두 탕진하고 지금 소송중인데, 신묘년(辛卯年)은 병신(病神, 가장 나쁘게 작용함)과 약신(藥神, 병을 치유하는 작용)이 동시에 들어오기 때문에 절반의 성공이 있게 되므로 잃어버린 돈의 일부분은 찾을 수 있을 것이다.

2. 모 은행 지점장이 직장문제로 래방했다.

옥수동에서 온 손님

61	51	41	31	21	11	1		時柱	日柱	月柱	年柱
丁	戊	己	庚	辛	壬	癸	大	己	己	甲	癸	남
未	申	酉	戌	亥	子	丑	運	巳	卯	寅	卯	자

天干 : 甲(갑) 乙(을) 丙(병) 丁(정) 戊(무) 己(기) 庚(경) 辛(신) 壬(임) 癸(계)
地支 : 子(자) 丑(축) 寅(인) 卯(묘) 辰(진) 巳(사) 午(오) 未(미) 申(신) 酉(유) 戌(술) 亥(해)

● **사주의 구조 및 핵심사항** ●

- 신묘년(辛卯年)에 한여름에 온 남자손님이다.
- 이 사주의 구조는, 초봄(인월, 寅月)에 자신을 나타내는 글자를 야산의 흙에 비유해서 해석하는 기토(己土)로 태어났는데, 己土의 세력이 약하므로 火가 용신이고, 木이 病神이며, 운에서 오는 金이 약신(藥神, 병을 치유하는 작용)이다.

필자 : 손님은 금년에 직장 고민이 있어서 오셨지요?

손님 : 예, 직장 일로 왔습니다.

필자 : 사주를 보니까 금년에 큰 고민거리가 생겼을 것으로 보이는데, 이직을 하려고 합니까 아니면 좌천이 염려됩니까? 이와 같이 말을 한 이유는, 신묘년(辛卯年)에 신금(辛金)이 病을 치유하는 작용도 하지만, 묘목(卯木)은 병(病)으로, 병(病)과 약(藥)이 동시에 왔기 때문에 이렇게 말을 한 것이다.

손님 : 제가 직장을 그만두겠습니까?

필자 : 금년에 직장을 그만둔다고 까지는 딱 잘라서 말할 수는 없으나, 최소한 징계를 먹거나 좌천을 각오해야겠습니다.
어떤 사정인지 말씀을 해보세요.

손님 : 사실은 제가 대학졸업 후, 모 증권사에 취업해서 41세 되는 2003年 부터 지점장 근무를 해오고 있는데, 최근에 문제가 생겨서 고민스러워서 왔습니다.

필자 : 문제의 발단이 기축년(己丑年)부터 생겼겠네요? (여기서, 己丑年이라고 한 이유는 巳火가 용신인데, 丑土가 巳丑合을 해서 용신인 巳火가 묶여서 힘을 못쓰게 되었기 때문이다.)

손님 : 제가 전에 다른 지점장으로 근무를 하고 있을 때 직원이 고객 돈을 조금 유용했었는가 본데, 그 당시에는 저도 몰랐으나 그 직원이 최근에 많이 해먹다가 탄로가 나서 지금 지점장은 좌천이 되었고, 저도 일부 그 책임을 져야할 것으로 보입니다라고 말했다.

따라서, 이 남자의 경우도 래정법에서 일간(日干, 자신을 나타냄) 대 세운(歲運, 한해의 운)의 영향이 크다는 것이 사실로 증명되었다.

3. 전남 광주에서 서울까지 무슨 일로 왔는가?

69	59	49	39	29	19	9		時柱	日柱	月柱	年柱
己	戊	丁	丙	乙	甲	癸	大	乙	戊	壬	癸	여
巳	辰	卯	寅	丑	子	亥	運	卯	子	戌	卯	자

天干 : 甲(갑) 乙(을) 丙(병) 丁(정) 戊(무) 己(기) 庚(경) 辛(신) 壬(임) 癸(계)
地支 : 子(자) 丑(축) 寅(인) 卯(묘) 辰(진) 巳(사) 午(오) 未(미) 申(신) 酉(유) 戌(술) 亥(해)

● 사주의 구조 및 핵심사항 ●

- 신묘년(辛卯年)에 온 여자손님이다.
- 사주의 구조는, 늦가을(술월, 戌月)에 자신을 나타내는 글자를 큰 산의 土에 비유해서 해석하는 무토(戊土)로 태어났는데, 戊土의 세력이 아주 약한데, 재성(財星, 돈 글자)인 水가 많고, 관살(官殺, 자신을 공격하는 살)인 木도 너무 많으므로 土가 용신이고, 火가 길신이며, 木이 병신이고, 水가 흉신이다.

필자 : 손님은 어디에서 오셨나요?

토끼띠 생(卯年生) 사주 91

손님 : 전남 광주에서 올라왔는데, 선생님이 유명하시다고 해서 사주를 보려고 왔습니다.

필자 : 손님은 자식문제나 남편문제로 오셨지요?

손님 : 예, 저는 아들문제도 있고, 남편문제도 궁금합니다.

필자 : 그럼, 아들사주부터 봅시다.

아들 사주

67	57	47	37	27	17	7		時柱	日柱	月柱	年柱
戊	己	庚	辛	壬	癸	甲	大	乙	丙	乙	癸	남
申	酉	戌	亥	子	丑	寅	運	未	午	卯	酉	자

◉ **사주의 구조 및 핵심사항** ◉

- 신묘년(辛卯年)에 고등학교 3학년이다.
- 이 사주의 구조는, 중춘(묘월, 卯月)에 자신을 나타내는 글자를 태양 火에 비유해서 해석하는 병화(丙火)로 태어났는데, 丙火의 힘이 강해보이지만 습기를 많이 가진 을목(乙木)이 너무 많아서 목다화식(木多火熄, 작은 불에 나무를 너무 많이 대면 불이 꺼지는 현상)이 되어 오히려 약해졌으므로 火가 용신이고, 木이

병신이며, 水가 흉신이고, 金도 흉신이며, 土는 길신이다.

필자 : 아들사주에는 엄마로 해석하는 글자가 너무 많으므로, 이 아이를 엄마가 너무 과잉보호 하시네요. 이렇게 사주가 생기면, 이 아이가 엄마 말을 잔소리로만 여기고 들으려 하지 않습니다.

손님 : 예, 맞습니다. 아들이 착하긴 한데, 공부를 안해서 저와 많이 싸웁니다.

필자 : 원래, 이 아이는 똑똑하고 잘난 아이인데, 자연현상에 비유해서 설명하자면 봄 태양이 열심히 나무를 키우려고 하지만, 자연림이나 밀림과 같이 나무가 너무 무성해서 태양 빛이 나무 밑둥치까지 가지 않기 때문에 나무가 건강하게 자라지 않고, 웃자람 현상과 같습니다. 따라서, 자신인 태양이 나무를 건강하게 잘 기르는 구조가 되면, 정신이 건강하고, 부지런히 공부를 할텐데, 자신의 힘이 땅에까지 못 미치므로 열심히 안하게 됩니다.

손님 : 선생님, 그러면, 어떻게 해줘야 합니까?

필자 : 이 아이는 빨리 독립을 시키는 것이 좋습니다만, 아직은 대학입시

를 준비하고 있으니까 애로가 있습니다. 사주가 이렇게 생기면, 중학교 때부터 벌써 공부를 안했겠네요.

손님 : 예, 중학교 때부터 공부를 안했습니다. 대학은 가겠습니까?

필자 : 그래도, 대학은 갑니다. 원래, 병화(丙火)는 똑똑해서 기본이 있습니다만, 눈높이는 낮춰야겠습니다. 그리고, 이 사주를 보면, 태어난 年의 밑 글자인 유금(酉金)과 태어난 月의 밑 글자인 묘목(卯木)이 충돌(묘유충, 卯酉沖)하므로, 엄마와 아빠가 떨어져 살거나 이혼수가 보입니다.

손님 : 저희 부부는 금실이 좋습니다.

필자 : 그러면, 애 아빠는 뭐하는 분입니까?

손님 : 대학교수입니다.

필자 : 어디에 계십니까?

손님 : 지방에 계십니다.

필자 : 그러면 언제 만납니까?

손님 : 주말에 한 번씩 만납니다.

필자 : 그것 보세요. 주말부부는 평범한 부부생활이 아닙니다.
떨어져 사시는 것이 맞네요.
이제부터는 본인 사주를 보도록 합시다.
손님 사주에는 남편을 나타내는 글자가 너무 많아서 골치아프게 됩니다. 또, 사주에 남편글자가 많으면, 반드시 그 남자들을 만나 주고 가야합니다.

손님 : 저희 부부는 금실이 아주 좋은데요.

필자 : 인생살이가 아직 끝난 게 아닙니다. 손님 사주에 보면 시주(時柱, 태어난 시간의 기둥)에 관성(官星, 남자를 나타냄)인 을목(乙木)이 있으므로, 대문 밖에 남자가 기다리고 있어서 아직은 모릅니다.
앞으로 두고 보세요.

손님 : 정말 그럴까요? 조심해야 겠는데요. 춘천에 아는 오빠되는 사람이 있는데, 그 사람과 혹시 그런 관계가 될까요? 한번 봐주세요.

사귀는 남자 사주

62	52	42	32	22	12	2		時柱	日柱	月柱	年柱	
己	戊	丁	丙	乙	甲	癸	大	丙	壬	壬	壬	남
未	午	巳	辰	卯	寅	丑	運	午	寅	子	寅	자

◎ 사주의 구조 및 핵심사항 ◎

- 사주의 구조는, 한겨울(자월, 子月)에 자신을 나타내는 글자를 강물로 해석하는 임수(壬水)로 태어났는데, 壬水의 힘이 강하고, 인목(寅木)을 키워야 하므로 따뜻하게 해주는 火가 용신이고, 木이 길신이며, 水가 병신이다.

- 사주에 현침살(보건분야와 인연임)은 많지 않으나, 내과 의사인데, 신묘년(辛卯年) 현재 강릉에서 개원중이다.

- 이 사주는 재성(財星, 돈 글자)을 용신으로 쓰므로 돈에 대한 감각이 강하므로 이재(理財)에 밝은 사람이라서 여기 저기 부동산에 투자를 했다고한다.

- 재성(財星, 돈 글자)인 오화(午火)와 자기를 나태는 글자의 뿌리인 자수(子水)가 충돌(沖, 부딪침)하므로 부부관계가 나쁠 수 있음을 나타내고, 인오합(寅午合)을 두 번해서 또 다른 火인를 생성(生成)하므로 이 남자는 필시 바람을 피울 것이다.

- 이제는 남편 사주를 봅시다.

남편 사주

68	58	48	38	28	18	8		時柱	日柱	月柱	年柱	
戊	己	庚	辛	壬	癸	甲	大	癸	癸	乙	癸	남
申	酉	戌	亥	子	丑	寅	運	亥	酉	卯	卯	자

◉ 사주의 구조 및 핵심사항 ◉

- 이 사주의 구조는, 중춘(묘월, 卯月)에 자신을 나타내는 글자를 빗물로 해석하는 계수(癸水)로 태어났는데, 癸水의 세력이 강해서 차므로 따뜻하게 해주는 火를 우선 용신으로 써야 하지만, 없기 때문에 木이 용신이고, 金이 病神이며, 水가 흉신이다.

필자 : 남편 사주를 보니까 태어난 月의 밑 글자인 묘목(卯木)과 자기 밑에 있는 글자인 유금(酉金)이 만나 충돌(묘유충, 卯酉沖)하므로 부부가 떨어져 살거나 이혼수가 보입니다. 사주가 이렇게 구성되면, 거의 떨어져 살거나 이혼하거나, 그렇지 않으면 죽는 경우도 있습니다.

손님 : 저는 몰랐습니다.

필자 : 남편은 어느 대학에서 무슨 과목을 가르치고 있습니까?

손님 : 지방에 있는 모 대학에서 철학을 강의하고 있습니다.

필자 : 남편은 초년운이 나빠서 고생 좀 했겠습니다.

손님 : 강사생활을 오랫동안 하다가 교수가 되었습니다.

- 이제부터는 다시 본인 사주를 보기로 한다.

필자 : 손님은 아이큐가 130은 됩니까?

손님 : 130은 넘습니다.

필자 : 손님은 사주학에 현침살이라는 것이 있는데, 이런 글자가 많으면, 의료계와 인연이 많은데, 그런 직업 아닙니까?

손님 : 예, 강릉에서 지금 약국을 경영하고 있습니다.

필자 : 머리가 좋고, 고등학교 2~3학년 때의 세운(歲運, 한해의 운)이 경

신(庚申), 신유년(辛酉年)으로 약신운(병을 치유하는 운)이라서 좋았기 때문에 명문대학을 나왔겠습니다.

이 때 같이 온 친구가 대신 대답했다.

이 친구는 명문대학 약학과를 수석으로 나왔습니다.

필자 : 손님은 성격이 예민해서 힘들 때가 있겠습니다.

손님 : 그렇지 않습니다.

그런데, 상담하는 내내 머리를 만지작거리며 정서가 불안한 행동을 보였다.

4. 연애 한 번 해보고 싶습니다.

중구에 사는 손님

딸(본인) 사주

64	54	44	34	24	14	4		時柱	日柱	月柱	年柱
甲	癸	壬	辛	庚	己	戊	大	己	戊	丁	丁	여
寅	丑	子	亥	戌	酉	申	運	未	寅	未	卯	자

天干: 甲(갑) 乙(을) 丙(병) 丁(정) 戊(무) 己(기) 庚(경) 辛(신) 壬(임) 癸(계)
地支: 子(자) 丑(축) 寅(인) 卯(묘) 辰(진) 巳(사) 午(오) 未(미) 申(신) 酉(유) 戌(술) 亥(해)

● 사주의 구조 및 핵심사항 ●

- 신묘년(辛卯年) 초겨울에 엄마와 같이 온 아가씨인데, 굉장히 어려보였다.
- 이 사주의 구조는, 늦여름(未月)에 자신을 나타내는 글자를 큰 산에 비유해서 해석하는 무토(戊土)로 태어났는데, 戊土를 도와주는 세력이 많아서 힘이 강한 사주이고, 여름에 태어난 土가 나무를 기르고 있는데, 바짝 말라있다. 따라서, 물(水)이 우선 필요하지만 없어서 쓸 수가 없어서, 木이 용신이고, 운에서 오는 水와 金이 길신이며, 土는 병신(病神, 가장 나쁘게 작용함)이고, 火는 흉신이다.

- 힘이 지나치게 강한 戊土가 힘을 빼주는 金이 없기 때문에 인물이 못생겼으며, 키도 작아서 사주를 보지 않고서는 나이를 가늠할 수 없었다.

필자 : 아가씨는 금년 신묘년(辛卯年)의 밑 글자인 묘목(卯木)이 도화(桃花)이고 관성(官星)으로, 남자와 직업을 나타내는 글자이므로, 남자문제와 직장문제가 있겠는데 무슨 일로 오셨나요?

손님 : 예, 지금까지 남자친구를 사귀지 못했는데, 남자친구와 사귀어봤으면 합니다.

필자 : 금년에 도화살(桃花殺, 이성을 찾게 하는 살)이 작용을 해서 연애를 하고 싶어질 것입니다. 손님은 중학교 때부터 고등학교 1학년 때까지의 세운(歲運, 한해의 운)이 계미년(癸未年)으로 좋지 않아서 공부를 안했겠고, 고등학교 2학년과 3학 때의 세운(歲運, 한해의 운)이 갑신년(甲申年), 을유년(乙酉年)으로 좋지 않아서 공부를 잘하지 못했겠는데, 사주에 현침살(이료와 인연이 되는 살)이 3개나 있어서 의료관련 분야에도 인연인데, 무슨 직장에 다니나요?

손님 : 예, 선생님 말씀대로 중학교 때부터 고등학교 때까지 공부를 안했는데, 지방대를 나와서 현재 S 의료원에서 간호사로 근무하고 있습니다. 그런데, 야간근무를 하니까 싫증이 나는데, 다른 직장은

어떻습니까?

필자 : 지금와서 다른 직장이 쉽겠습니까? 간호사가 인연이고 맞으니, 그냥 근무하시는 게 좋을 것 같습니다.

손님 : 알겠습니다. 그러면, 결혼은 언제 하는 것이 좋겠습니까?

필자 : 결혼은 운이 좋을 때 하는 것이 좋은데, 34세이후에 결혼하는 것이 좋을 듯 합니다.

손님 : 그러면, 저(엄마)의 사주 좀 봐주세요?

엄마 사주

61	51	41	31	21	11	1		時柱	日柱	月柱	年柱
戊	己	庚	辛	壬	癸	甲	大	辛	戊	乙	丙	여
子	丑	寅	卯	辰	巳	午	運	酉	辰	未	午	자

● 사주의 구조 및 핵심사항 ●

- 이 사주의 구조는, 늦여름(未月)에 자신을 나타내는 글자를 큰 산에 비유해서 해석하는 무토(戊土)로 태어났는데, 자신의 세력이 강하고 무겁기 때문에

水가 용신이고, 木이 길신이며, 火가 약신(藥神)이고, 土는 흉신이며, 金이 병신(病神)이다.

- 혹자들은, 늦여름(未月)에 土가 힘이 강하므로 水가 정용신이고, 金이 가용신(임시로 쓰는 용신)이라고 할 것이나, 필자는 이 사주는 태어난 계절이 늦여름(未月)으로 나무를 기르는 계절이라서 물이 우선 필요하기 때문에 진토(辰土) 속에 들어있는 계수(癸水)와 木을 쓴 것이다. 또, 이 女命은 자기 밑에 있는 글자인 진토(辰土)와 자식으로 해석하는 유금(酉金)이 진유합(辰酉合, 진토와 유금이 만나 합을 함)을 하기 때문에 남편보다 자식한테로 정(情)이 가므로 답변에서도 속 마음이 나타난다.

필자 : (辰酉金과 合을 하므로) 손님은 남편보다 자식을 남편으로 삼고 사네요?

손님 : 맞습니다. 저는 남편보다 자식을 더 좋아합니다.

필자 : 손님 눈에는 남편으로 해석하는 木이 을목(乙木, 작은 꽃나무로 해석)이므로, 남편이 작아보이고, 약해보여서 못마땅하지요?

손님 : 그렇습니다. 남편은 약하고, 시원찮아 보입니다.

필자 : 남편을 나타내는 을목(乙木)이 힘을 많이 빼앗겨서 약하고, 신금(辛金)의 공격을 받고 있기 때문에 남편이 힘이 약하고, 쉽게 피로를 느끼시지요?

손님 : 예, 힘이 없습니다.

필자 : 손님은 인정도 많고, 자식하고 合을 하고 있어서 자식만 생각하게 됩니다. 이렇게 되면, 부부간에 틈이 생기기 때문에 바람직스럽지 않습니다. 앞으로는 꼭 자식보다 남편을 우선하시는 게 좋을 것입니다.

손님 : 잘 알겠습니다.

필자 : 31 신묘(辛卯)대운에 을목(乙木)과 신금(辛金)이 충돌(을신충, 乙辛沖)하고, 乙木의 뿌리인 卯木과 辛金의 뿌리인 유금(酉金)이 충돌(卯酉沖)하므로, 31세부터 남편과 갈등을 빚었겠네요?

손님 : 예, 늘 다퉈왔습니다.

필자 : 올해도 남편과 다툴운인데 어떻습니까?

손님 : 남편이 금년에 회사일로 외국에 나가 있어서 다투지는 않습니다.

아빠사주

64	54	44	34	24	14	4		時柱	日柱	月柱	年柱
丁	戊	己	庚	辛	壬	癸	大	辛	戊	甲	癸	남
巳	午	未	申	酉	戌	亥	運	酉	戌	子	卯	자

● 사주의 구조 및 핵심사항 ●

- 이 사주의 구조는, 한 겨울(子月) 자신을 나타내는 글자를 큰 산의 흙에 비유해서 해석하는 무토(戊土)로 태어났는데, 세력이 약하므로, 도와주는 土가 용신이고, 火가 길신이며, 木이 病이고, 水가 흉신이고, 金이 약신이다.

필자 : 자신과 같은 성분인 土를 용신으로 쓰므로, 이런 사주 구조를 가진 사람들은 착하고 성실한데, 남편도 그렇겠습니다.

손님 : 그것은 맞습니다. 착하고 성실합니다.

필자 : 직업을 나타내는 관성(官星, 여기서는 木이 관성임)이 병신(病神)인 사람들은 조직성 직장생활이 안맞고, 식신(食傷, 자기의 표현력)을 약신(藥神)으로 쓰므로 기술자가 많은데, 남편은 무슨 직업을 가

졌습니까?

손님 : 건설회사원인데, 건축관련기술자로 외국에 나가있습니다.

필자 : 잘 맞는 직업을 선택했네요. 운의 흐름이 좋아서 도중하차 하는 일은 없겠습니다.

손님 : 감사합니다.

5. 성공학 강의한다.

평창동에서 온 손님

66	56	46	36	26	16	6		時柱	日柱	月柱	年柱
壬	辛	庚	己	戊	丁	丙	大	丁	辛	乙	癸	여
戌	酉	申	未	午	巳	辰	運	酉	酉	卯	卯	자

天干 : 甲(갑) 乙(을) 丙(병) 丁(정) 戊(무) 己(기) 庚(경) 辛(신) 壬(임) 癸(계)
地支 : 子(자) 丑(축) 寅(인) 卯(묘) 辰(진) 巳(사) 午(오) 未(미) 申(신) 酉(유) 戌(술) 亥(해)

❤ 사주의 구조 및 핵심사항 ❤

- 신묘년(辛卯年) 늦겨울에 온 여자 사주로, 사주의 구조는, 중춘(卯月)에 자신을 나타내는 글자를 보석 金에 비유해서 해석하는 신금(辛金)으로 태어났는데, 돈 글자인 木이 많아서 약하므로 金이 용신이고, 운에서 오는 土가 길신이며, 木이 병신(病神)이고, 火가 흉신이며, 水는 火를 막아주므로 길신역할도 하지만 병신(病神)인 木을 생해 주고 있어서 흉신작용을 겸하고 있다.

- 木이 많아서 약해졌으므로 재다신약(財多身弱, 돈 글자인 木많아서 사주가 약해짐)사주이고,

- 사주 밑 글자에는 묘유충(卯酉沖, 묘목과 유금이 만나면 충돌함)을 하고 있다.

필자 : 손님은 얼굴생김새로 봐서 연예계와 인연이고, 사주에도 도화(桃花, 이성간의 문제를 일으키는 살)가 많이 있어서 더욱 그러한데, 혹시, 연예인 아닙니까?

손님 : 그쪽은 아닌데요.

필자 : 아무래도 그 쪽과 인연인 것 같습니다. 손님 눈에는 남편이 시원찮게 보일 것이고, 마음에 안들텐데 어떻게 사세요? 혹시, 이혼했거나 별거를 하는 것은 아닙니까?

손님 : 이혼하거나 별거는 안했는데요, 몇 년 전부터 이상하게 남편이 싫어졌습니다.

필자 : 작년(2011, 신묘년, 辛卯年)에 남편과 갈등을 겪거나 돈이 없어지거나, 건강에 이상이 있었을 수도 있었는데, 무슨 일이 있었습니까?

손님 : 별다른 일은 없었고요, 그냥 남편이 싫어졌습니다.

필자 : 손님은 상담을 온 이유가 진로문제나 문서문제가 궁금해서 오셨습니까?

손님 : 예, 금년에 저 하는 일이 잘될 것인가가 궁금하고요, 공부를 더 해 볼까 하는 생각이 있어서 왔습니다.

필자 : 손님은 예민해서 아이큐가 130 이상은 될 것으로 보이는데, 맞습니까?

손님 : 130이 넘습니다.

필자 : 손님은 고등학교 1학년(기미년, 己未年) 때는 성적이 별로였겠지만, 2~3학년(경신庚申, 신유辛酉)에는 좋았고, 기본적으로 두뇌가 좋았기 때문에 명문대학에 들어갈 수 있었을 것인데, 무슨 대학에 진학했습니까?

손님 : Y 대를 나왔고, 박사학위를 갖고 있습니다.

필자 : 손님은 학벌은 좋고 두뇌가 좋지만 초년운이 별로여서 큰 발전을 기대하기는 어려웠을 것이나, 대운(大運, 10년씩 끊어서 보는 운)에 서볼 때는 46세 이후부터 운이 좋아지는데, 정밀하게 보는 세운(歲運, 한해의 운)에서 보면, 42세, 04(갑신년, 甲申年)년부터 큰 발전이 있었겠습니다.

손님 : 예, 맞습니다. 초년에는 평범한 직장생활을 하다가 04년부터 직업을 바꿨습니다.

필자 : 손님은 대중의 인기를 먹고 사는 직업을 가져야 된다고 앞에서 말씀 드렸는데, 구체적으로는 무슨 직업입니까?

손님 : 인기로 먹고 사는 것은 아니고요, 공부를 많이 해서 대기업 같은 데서 성공과 관련 강의를 하고 있다.

필자 : 성공학 강의가 물론 공부를 많이 해야 할 수 있는 분야이긴 하지만 그 직업 역시 대중의 인기를 얻어야 하는 직업이기 때문에 본인의 사주나 관상과 어울립니다. 그리고, 손님은 사주에 재성(財星)이라고 하는 글자가 많은데, 이 재성은 아버지에 해당하고, 결혼해서는 시어머니에 해당하며, 돈에 해당하는데, 이 세 가지 요소 중에서 본인과 인연이 안맞을 수가 있습니다. 혹시, 친정아버지가 건강하십니까?

손님 : 예, 아직까지는 건강합니다.

필자 : 시어머니와의 사이는 어떻습니까?

손님 : 우리 시어머니가 저를 귀여워해주십니다.

필자 : 그러면, 돈 손실을 크게 보신 적이 있습니까?

손님 : 아직까지는 특별히 돈을 크게 손해 본 적이 없습니다.

필자 : 그렇다면, 앞으로 오는 56세 이후 신유(辛酉)대운에 가봐야 알 것 같습니다.

용띠 생(辰年生) 사주

1. 돈과 문서문제가 궁금해서 왔습니다.
2. 똑똑한 것 같지만 운이 없다.

1. 돈과 문서문제가 궁금해서 왔습니다.

가락동에 사는 손님

61	51	41	31	21	11	1		時柱	日柱	月柱	年柱
己	庚	辛	壬	癸	甲	乙	大	丁	丙	丙	壬	여
亥	子	丑	寅	卯	辰	巳	運	酉	戌	午	辰	자

天干 : 甲(갑) 乙(을) 丙(병) 丁(정) 戊(무) 己(기) 庚(경) 辛(신) 壬(임) 癸(계)
地支 : 子(자) 丑(축) 寅(인) 卯(묘) 辰(진) 巳(사) 午(오) 未(미) 申(신) 酉(유) 戌(술) 亥(해)

● 사주의 구조 및 핵심사항 ●

- 신묘년(辛卯年) 늦가을에 온 여자다.

- 이 사주의 구조는, 한여름에 자신을 나타내는 글자를 태양 火에 비유해서 해석하는 丙火로 태어났는데, 丙火의 힘이 강하므로 水가 용신이고, 金이 길신이며, 火가 病이고, 마른 土인 술토(戌土)는 흉신이며, 습한 土인 진토(辰土)는 길신이다.

- 여기서, 남편의 모습을 보면, 壬水 남편은 태어난 年의 윗 글자에 멀리 있고, 태어난 月의 윗 글자에 자신과 똑 같은 병화(丙火)가 가리고 있

으므로 남편을 남이 먼저 가로채게 된다. 이는, 내 남편이 다른 여자와 살게 됨을 의미하므로 내 남편이 아니고 남의 남편인 것이다. 그런데다가 일지 술토(日支 戌土)와 진술충(辰戌冲, 진토와 술토가 만나면 충돌함)을 해서 깨졌다.

– 이 사주는 시지(태어난 시간의 밑글자인) 유금(時支 酉金)이 내 돈인데, 태어난 시간의 윗 글자에 있는 이복형제로 해석하는 丁火가 유금(時支 酉金)을 깔고 앉자있으므로 자기 것이라고 주장하고 있는 형상인데, 이렇게 되면 돈을 남한테 빌려주면 못받기 때문에 돈 문제에 주의해야 한다. 특히, 시주(時柱, 태어난 시간의 기둥) 즉, 말년에 있는 것이 나쁘다. 그래서, 이 女命은 시댁에서 상속받은 재산을 놓고 시동생들과 다투고 있었다.

필자 : 손님 사주를 말씀해 보세요?

손님 : 저는 출생시간이 정확하지 않습니다. 엄마가 말씀하시기를 저를 낳고 저녁식사준비를 했다고 합니다.

필자 : 손님이 출생할 때의 해지는 시각이 19:50분 경이었는데, 아마도 해가 지기 前일 것 같습니다.

손님 : 정확히는 잘 모릅니다.

필자 : 만약, 해가 지기 前인 19:00경에 낳았다면 손님의 성격은 정확한 것을 좋아하고 약속개념이 확실한데 그렇습니까?

손님 : 맞습니다. 제 성격이 그렇습니다.

필자 : 그러면, 손님의 출생시간은 유시(酉時, 17:30 ~ 19:00사이)가 확실합니다.

사망한 남편 사주

31	21	11	1		時柱	日柱	月柱	年柱
丙	乙	甲	癸	大	○	壬	壬	庚	남
戌	酉	申	未	運	○	寅	午	寅	자

☯ 사주의 구조 및 핵심사항 ☯

- 89 기사년(己巳年)에 사망했다고 한다.
- 출생시간을 몰라서 정확히 알 수가 없으나, 사업을 했다고 하는 것으로 봐서 힘이 약한 재다신약(財多身弱, 돈 글자가 많아서 사주가 약해짐) 사주로 보인다.

필자 : 사망한 남편은 31살 때부터 운이 나빴겠네요.

손님 : 결혼해서 처음에는 좋았는데, 나이 40세에 교통사고로 돌아가셨습니다.

필자 : 그러면, 사귀는 남자의 사주를 아시나요?

26년간 사귀어 온 남자 사주

67	57	47	37	27	17	7		時柱	日柱	月柱	年柱
壬	辛	庚	己	戊	丁	丙	大	丙	乙	乙	戊	남
申	未	午	巳	辰	卯	寅	運	子	巳	丑	子	자

● 사주의 구조 및 핵심사항 ●

– 이 사주의 구조는, 늦겨울(丑月)에 태어난 을목(乙木)이 냉하므로 丙火가 용신이다.

필자: 이 남자는 인간성이 좋고, 능력도 있어서 잘 살아왔네요.

손님: 선생님 말씀대로 잘 살아왔습니다. 그런데, 최근 들어서 대화가 줄어들어서 이별을 예감하고 있습니다. 언제 헤어질 것 같습니까?

필자: 빠르면 내년인 임진년(壬辰年)에 진토 재(辰土 財)가 와서 운을 나쁘게 하고, 그렇지 않으면, 2015년인 계미년(癸未年)에 재성(財星, 여기서는 처로 해석함)인 축토(丑土)를 축미충(丑未沖, 축토와 미토가 만나면 충돌함)하고, 일지 사화(日支 巳火)와 축토(丑土)의 합(사축합, 巳丑合)을 깨므로 그 때가 될 것 같습니다.

손님: 잘 봐주셔서 감사합니다.

2. 똑똑한 것 같지만 운이 없다.

가락동에 사는 손님

67	57	47	37	27	17	7		時柱	日柱	月柱	年柱
癸	壬	辛	庚	己	戊	丁	大	乙	庚	丙	丙	남
卯	寅	丑	子	亥	戌	酉	運	酉	子	申	辰	자

天干 : 甲(갑) 乙(을) 丙(병) 丁(정) 戊(무) 己(기) 庚(경) 辛(신) 壬(임) 癸(계)
地支 : 子(자) 丑(축) 寅(인) 卯(묘) 辰(진) 巳(사) 午(오) 未(미) 申(신) 酉(유) 戌(술) 亥(해)

☯ 사주의 구조 및 핵심사항 ☯

- 신묘년(辛卯年) 늦겨울에 엄마가 가지고 온 남자 사주로, 사주의 구조는, 초가을(신월, 申月)에 자신을 나타내는 글자를 무쇠 金에 비유해서 해석하는 경금(庚金)으로 태어났는데, 자신의 힘이 강하므로 火가 용신이고, 木이 길신이며, 水가 病이고, 金이 흉신이며, 辰土도 흉신이다.
- 사주 윗 글자에는 을경합(乙庚合, 을목과 경금이 합을 함)이 있고, 사주 밑 글자에는 신자진수국(申子辰水局, 신금과 자수와 진토가 만나면 물바다를 이룸)과 주로 정신작용을 일으키는 자유귀문살(子酉鬼門殺)이 있다.

용띠 생(辰年生) 사주

필자 : 아들은 똑똑하고 얌전하네요?

손님 : 예, 똑똑합니다.

필자 : 그런데, 아들 사주를 보면, 무쇠 金으로 태어났기 때문에 火를 가장 좋아하는데, 火의 뿌리가 없어서 약한데다가 나타나 있는 火는 쇠를 녹이는 인공불이 아니고, 태양불이라서 쇠를 녹이는 데는 한계가 있게 됩니다. 그런데다가, 사주 밑 글자에 신자진수국(申子辰水局, 신금과 자수와 진토가 만나면 물덩어리가 됨)이 있어서 화력이 약하고, 대운에서 수국(水局, 물 덩어리)으로 진행되기 때문에 운이 없습니다. 아들이 고등학교 때 운이 별로 안좋았는데, 어느 대학을 나왔나요?

손님 : 좋은 대학을 나왔습니다. (구체적으로 밝히지 않았다.)

필자 : 아들은 2004년부터 2009년까지의 운이 안좋았는데, 2010년(경인년, 庚寅年)부터 인신충(寅申沖, 인목과 신금이 충돌함)해서 변화의 운이 오면서 좋아지기 시작했는데 어땠습니까?

손님 : 그때 직장에서 나와서 사업을 시작했습니다.

필자 : 아들은 작년(양력기준 해서 경인년(庚寅年))부터 올해(신묘년, 辛卯年) 돈과 여자운이 들어왔는데, 장가를 갔습니까?

손님 : 장가를 아직 안갔는데, 언제 가면 좋겠습니까?

필자 : 2013년 이후에 가면 좋겠습니다. 그리고, 아들은 조직성 직장이나, 사업이 맞는데, 무슨 일을 합니까?

손님 : 회사에 다니다가 지금은 개인사업을 하고 있는데, 돈을 잘 버는 것 같지는 않습니다.

필자 : 돈은 2013년(계사년, 癸巳年)부터 벌 것입니다.

손님 : 우리 아들은 한국에 있는 것이 좋습니까? 아니면, 외국에 있는 것이 더 좋겠습니까?

필자 : 그것은 동방과 서방의 개념으로 봐야 하는데, 한국은 동방이고, 미국 같은 데는 서방이니까 그 이치로 보면 한국이 더 좋습니다. 그러나, 더운 나라라면 괜찮습니다.

손님 : 싱가폴은 어떻습니까?

필자 : 싱가폴은 괜찮습니다.

사주 밑 글자에 신자진수국(申子辰水局, 신금과 자수와 진토가 만나면 물바다를 이룸)이 있으므로, 혹시, 아들한테 할머니가 두 분이거나, 할머니의 배다른 형제가 있습니까?

손님 : 없는 것으로 알고 있습니다.

필자 : 아들은 우울증(자유귀문살, 子酉鬼門殺)이 있을 수 있는데, 어떻습니까?

손님 : 성격이 굉장히 긍정적입니다.

여기서, 아직 장가를 안갔기 때문에 장모가 두 분이거나, 장모한테 배다른 형제가 있을 수도 있으며, 진토(辰土)속에 을목(乙木)도 있고, 태어난 시간의 윗 글자(시상, 時上)에 을목(乙木)이 있으며, 처궁(妻宮)이 나빠서 장가를 두 번 갈 수도 있는 사주다.

뱀띠 생(巳年生) 사주

1. 47세 여인이 장사(돈 투자) 문제로 래방했다.
2. 47세 여인이 자식과 남편문제로 래방했다.
3. 59세 男命이 사업문제로 래방했다.
4. 멀리 강원도에서 왔으니 잘 좀 봐주세요.
5. 86세 남편이 이혼을 하자고 하는데, 황혼이혼을 해야합니까?

1. 47세 여인이 장사(돈 투자) 문제로 래방했다.

서초동에서 온 손님

67	57	47	37	27	17	7		時柱	日柱	月柱	年柱	
壬	辛	庚	己	戊	丁	丙	大	壬	乙	乙	乙	여
辰	卯	寅	丑	子	亥	戌	運	午	亥	酉	巳	자

天干 : 甲(갑) 乙(을) 丙(병) 丁(정) 戊(무) 己(기) 庚(경) 辛(신) 壬(임) 癸(계)
地支 : 子(자) 丑(축) 寅(인) 卯(묘) 辰(진) 巳(사) 午(오) 未(미) 申(신) 酉(유) 戌(술) 亥(해)

◉ 사주의 구조 및 핵심사항 ◉

- 신묘년(辛卯年) 늦여름에 온 여자 손님이다.
- 사주의 구조는, 한가을(酉月)에 자신을 나타내는 글자를 꽃나무에 비유해서 해석하는 을목(乙木)으로 태어났는데, 자신의 힘이 강하고, 태어난 계절이 늦가을이라서 싸늘하기 때문에 火가 용신이고, 木이 길신이며, 水가 病이고, 金이 흉신이다.

- 자기 밑 글자인 배우자 궁에 병신(病神, 가장 나쁘게 작용)이 水가 있고, 남편인 유금(酉金)이 흉신이라서 남편과의 관계가 좋지 않아서 남편한

테 불만을 갖고 산다.

- 신묘년(辛卯年)은 묘유충(卯酉沖, 묘목과 유금이 만나면 충돌을 함)해서 내 뿌리에 해당하는 묘목(卯木)과 남편을 나타내는 유금(酉金) 남편이 충돌을 하게 되므로 남편과의 갈등이 심하다.

- 또한, 작년(경인년, 庚寅年)부터 비겁(比劫, 친구나 형제 등)인 인목(寅木)이 등장했으므로 손재수 또는 돈 쓸 일이 생기게 되는데, 특히, 올해는 실행에 옮기고 싶어진다. 따라서, 송파구 잠실동에다 2억 5천만원을 들여서 낙지집을 하려고 하는데, 해서 돈을 벌 수 있겠는가 궁금해서 왔다. 그래서, 금년과 내년 운이 신통치않으므로 규모를 줄여서 해보라고 권했다.

- 그러므로, 이 여자가 래방한 세운(歲運, 한해의 운)이 비겁(比劫, 친구나 형제 등)으로 손재수 또는 돈 쓰는 문제이기 때문에 손님의 목적사와 맞아떨어졌다.

- 혹자들은, 가게를 얻는데 투자이지 돈 나가는 것이 아니라고 말할지 모르나 투자이기 때문에 손재수는 아니지만 일단은 자기 주머니에서 돈이 나가는 것이 되므로 래정법과 일치한다.

2. 47세 여인이 자식과 남편문제로 래방했다.

방이동에서 온 손님

69	59	49	39	29	19	9		時柱	日柱	月柱	年柱	
壬	辛	庚	己	戊	丁	丙	大	辛	己	乙	乙	여
辰	卯	寅	丑	子	亥	戌	運	未	巳	酉	巳	자

天干 : 甲(갑) 乙(을) 丙(병) 丁(정) 戊(무) 己(기) 庚(경) 辛(신) 壬(임) 癸(계)
地支 : 子(자) 丑(축) 寅(인) 卯(묘) 辰(진) 巳(사) 午(오) 未(미) 申(신) 酉(유) 戌(술) 亥(해)

🌀 **사주의 구조 및 핵심사항** 🌀

- 신묘년(辛卯年) 늦여름에 온 여인이다.
- 사주의 구조는, 한가을(유월, 酉月)에 자신을 나타내는 글자를 야산의 土에 비유해서 해석하는 기토(己土)로 태어났는데, 자신의 힘이 약하므로 火가 용신이고, 木이 병(病)이며, 金이 약신이고, 미토(未土)는 길신이다.

- 남편 글자인 을목(乙木)은 유금(酉金) 위에 앉아있어서 약하고, 가을 화초라서 곧 서리가 내리면 시들을 꽃나무인데, 태어난 시간의 윗글자인 신금(辛金)과 을신충(乙辛沖, 을목과 신금이 만나면 충돌을 함)하려고 하므

로 남편 덕이 없고, 남남처럼 산다.

- 이 여자는 火가 용신이라서 병술(丙戌)대운이 좋았고, 고등학교 때의 세운(歲運, 한해의 운)이 신유(辛酉), 임술(壬戌), 계해(癸亥)로 고3학년 때는 좋지 않았으나 E 여대 건강관리학과를 졸업했으며, 25세인 기사년(己巳年)에 결혼했다.

- 관성(官星, 남편)인 을목(乙木)이 두 개이고, 월령(月令, 태어난 계절)이 을인데, 가을은 나무가 자랄 계절이 아니기 때문에 곧 겨울이 닥치면 말라죽을 나무라서 별 볼일 없는 나무이므로, 이 여자가 생각하는 남편은 작아보이고, 값어치가 안 나가는 나무라서 남편을 거추장스럽게 생각하게 된다. 따라서, 이런 사주는 남편 덕이 없기 때문에 남편과의 관계로 많은 고민을 하며 살게 된다.

필자 : 올해(신묘년, 辛卯年)은 기토일간(己土日干, 자기를 니타냄)을 기준으로 볼 때 신금(辛金)은 자식이요, 묘목(卯木)은 남편인데, 남편인 木이 병(病)이기 때문에, 자식 문제와 남편문제로 오셨지요?

손님 : 예, 아들이 금년에 대학에 합격을 하겠나 싶어서 왔고요, 남편 운도 보려고 왔습니다.

필자 : 그러면, 아들 사주를 보고 이야기합시다.

아들 사주

62	52	42	32	22	12	2		時柱	日柱	月柱	年柱	
壬	癸	甲	乙	丙	丁	戊	大	丙	己	己	辛	남
辰	巳	午	未	申	酉	戌	運	寅	丑	亥	未	자

● **사주의 구조 및 핵심사항** ●

- 이 사주의 구조는, 초겨울(亥月)에 자신을 나타내는 글자를 야산의 흙에 비유해서 해석하는 기토(己土)로 태어났는데, 같은 성분인 土가 3개 있고, 병화(丙火)도 있어서 己土의 힘이 강해 보이나, 태어난 계절이 초겨울(亥月)이라서 춥고, 인목(寅木)을 키워야하므로 火가 용신이고, 金, 水가 흉신이다.

필자 : 이 아이는 겨울에 태어난 기토(己土)지만 인성(印星, 엄마로 해석함)인 병화(丙火)를 용신으로 쓰므로 엄마와 같은 품성을 가졌고, 사주에서 꿈과 희망, 직업 등을 나타내는 관성(官星)이라고 하는 인목(寅木) 나무가 길신이므로 얌전하고 좋은 성품을 가졌겠네요.

손님 : 우리 아들이 성격이 참 좋아서 아무 말썽이 없이 키워왔습니다.

필자 : 이 아이는 공부를 잘 할 수 있는 능력은 가지고 태어났습니다만, 고등학교 때 운이 나빠서 자기의 실력이 나오지 않았기 때문에 자기가 가고자하는 학교를 가지 못했겠습니다. (이렇게 말한 이유는, 학운기의 대운도 안좋고, 고등학교 1학년부터 3학년까지의 세운(歲運, 한해의 운)도 정해(丁亥), 무자(戊子), 기축년(己丑年)으로 용신을 공격하는 운이라서 좋지 못했음을 보고 한 말이다.)

손님 : 예, 그래서, 3수를 하게 되었습니다.

필자 : 작년(경인년, 庚寅年)에 합격할 수 있었는데 왜, 안갔을까요?

손님 : 작년에 S 대에 합격을 했다가, 최종적으로 떨어져서 못갔습니다.

필자 : 올해(신묘년, 辛卯年)는 눈높이를 낮춰서라도 꼭 가야겠습니다. 내년(임진년, 壬辰年)은 4수가 될 뿐만 아니라 해운도 아주 나쁩니다.

손님 : 저도 금년에는 꼭 보낼려고 합니다.

그러면, 이제 아들은 그만 보고, 남편 운을 봅시다.

남편 사주

61	51	41	31	21	11	1		時柱	日柱	月柱	年柱	
壬	辛	庚	己	戊	丁	丙	大	壬	辛	乙	戊	남
戌	酉	申	未	午	巳	辰	運	辰	亥	卯	戌	자

◉ 사주의 구조 및 핵심사항 ◉

- 이 사주의 구조는, 중춘(卯月)에 자신을 나타내는 글자를 보석 金에 비유해서 해석하는 신금(辛金)으로 태어났는데, 자신의 힘이 약하므로 土가 용신이고, 재성(財星, 돈 글자)인 木이 병신(病神, 가장 나쁜 작용)이라서 일간(日干)인 金이 약신으로 재다신약(財多身弱, 돈 글자가 너무 많아서 약해짐)과 같은 사주다.

- 따라서, 재성(財星, 돈과 여자를 나타냄)인 나무를 간벌해야 할 대상으로 생각하기 때문에 마누라를 좋아할리가 없다. 여기서, 재성(財星, 돈과 여자를 나타냄)을 보면, 을묘목(乙卯木)이 있고, 해미목국(亥卯木局, 해수와 미토가 만나면 나무 덩어리)을 하고, 진토(辰土)속에도 을목(乙木)이 있으며, 을목(乙木)이 도화(桃花)이므로 여러 여자와 인연을 맺을 운명이다.

- 또, 자기 사주에 여자가 여럿이면, 부인을 금쪽 같이 여기지 않는다. 그 이유는, 자기부인이 없어져도 또 있기 때문으로, 대문 밖인 辰중도 을목(乙木) 여자가 있어서 그 여자를 만날 수 있다고 믿기 때문이다.

- 火가 길신이므로 초년대운이 괜찮아서 대학을 졸업하고, 롯데제과에 입사하여 직장생활은 잘하고 있으며, 41 경신(庚申)대운부터는 약신(藥神, 병을 치유하는 작용)이 등장해서 병(病)을 치유하고 있으므로 자기는 발전을 거듭하고 있지만, 처인 木의 입장에서는 금극목(金克木, 금이 목을 공격함)을 당하고 있으므로 견디기 힘들어지기 때문에 갈등이 깊어진다.

필자 : 손님 사주도 남편 덕이 없고, 남편사주에서도 처덕(妻德)이 없는데, 손님은 남편과 어떻게 사시나요? 많이 인내를 해야겠습니다.

이 때, 그동안 남편에 대해서 가타부타 아무 말도 없던 손님이 입을 열었다.

손님 : 서로 남남처럼 살고 있습니다.

필자 : 한 지붕 세 가족이네요?

손님 : 한 지붕 네 가족입니다. 집에 들어와 밥을 먹은 후에는 4식구가 각자 자기 방에 들어가서 아무 대화도 없이 삽니다.

필자 : 이런 경우를 속담에서는 소 닭보듯이 한다고 합니다. 이 말은 무

슨 이야기냐하면 소와 닭은 서로 경쟁상대가 안되기 때문에 소나 닭 모두가 서로 아무 간섭을 안한다는 말입니다. 부부가 서로 대화를 해보려는 노력은 해봤습니까?

손님 : 서로가 자존심이 강해서 아무 말도 안하고 삽니다.

필자 : 그러면, 부부관계도 전혀 안하고 사세요?

손님 : 서로 각자의 방에서 자는데 무슨 그런 것을 하겠습니까? 오래됐습니다.

필자 : 헤어질 생각입니까?

손님 : 아직까지 헤어질 생각은 없습니다.

필자 : 남자는 여자와 달라서 부부관계를 안하고는 못삽니다. 남자는 사람이기 이전에 동물적인 본능을 갖고 있기 때문에 부인이 사랑을 받아주지 않는다면 아마도 밖에서 해결하게 될 것입니다. TV에 나오는 동물의 왕국을 보면, 남자의 생리를 이해할 수 있을 것입니다. 아들이 대학에 합격을 하고 나면 겨울 방학을 이용해서 가

족 모두가 등산여행을 해보도록하세요. 높은 산을 힘들게 올라가면서 서로 밀어주고 당겨주고 하면서 가족이 소중하다는 것을 서로 깨달으면 많은 도움이 될 것입니다. 눈으로만 보는 여행은 아무 소용이 없습니다. 꼭 한번 가보세요.

3. 59세 男命이 사업문제로 래방했다.

석촌동에서 온 손님

70	60	50	40	30	20	10		時柱	日柱	月柱	年柱	
癸	甲	乙	丙	丁	戊	己	大	丁	庚	庚	癸	남
丑	寅	卯	辰	巳	午	未	運	亥	申	申	巳	자

天干 : 甲(갑) 乙(을) 丙(병) 丁(정) 戊(무) 己(기) 庚(경) 辛(신) 壬(임) 癸(계)
地支 : 子(자) 丑(축) 寅(인) 卯(묘) 辰(진) 巳(사) 午(오) 未(미) 申(신) 酉(유) 戌(술) 亥(해)

● 사주의 구조 및 핵심사항 ●

- 신묘년(辛卯年) 늦여름에 온 남자사주다.
- 이 사주의 구조는, 초가을(신월, 申月)에 자신을 나타내는 글자를 무쇠 金에 비유해서 해석하는 경금(庚金)으로 태어났는데, 자신의 힘이 강하고, 강한 경금(庚金)은 인공 불인 정화(丁火)를 가장 좋아하므로 火가 용신이고, 水가 病이며, 金이 흉신이다.

필자 : 손님은 동업문제나 돈 문제로 오셨지요?

손님 : (대꾸도 안하고) 제 사주 좀 보려고 왔습니다.

필자 : 손님 사주를 보니까 가을에 태어난 무쇠 金이 다 자랐기 때문에 커서 불로 녹여야 할 金인데, 사주가 이렇게 구성되면, 공직자이거나 그렇지 않으면, 큰 회사에 근무할 인연이고, 역마살(많이 움직이는 살)이 많아서 해외와 관련된 직업에 인연인데, 무슨 직업을 가졌습니까?

손님 : 사업하고 있습니다.

필자 : 초년에는 직장생활이 맞고, (병진(丙辰) 대운이 오면 진토(辰土)가 화기(火氣)를 흡수해서 용신이 무력해지기 때문에) 40세 이후에 직업변동이 생겨서 사업쪽으로 갔을 것인데 맞습니까?

손님 : 예, 제가 초년에는 자동차회사에 근무를 하다가 92(40세, 임신(壬申))年, 93(41세, 계유(癸酉)年에 어려움이 많아서 94(甲戌) 年에 미국으로 이민을 갔는데, 곧바로 남미로 가서 살다가, 06(병술, 丙戌)年에 귀국해서 사업을 하고 있습니다. (여기서, 이 남자가 왜 임신년(壬申年), 계유년(癸酉年)에 어려움이 있었다고 말했는지를 보면, 임신년(壬申年)은 임수(壬水)가 이 사주에서 가장 중요한 정화(丁火)

를 정임합(丁壬合, 정화와 임수가 만나면 합을 함)으로 묶었고, 계유년(癸酉年)에는 정계충(丁癸沖)해서 정화(丁火)를 껐기 때문이다.)

필자 : 사업이라면 무슨 사업입니까?

손님 : 주식관련입니다.

필자 : 이민을 가기 전에 어려움이라면 직장에서의 어려움이었습니까?

손님 : 예, 직장에서의 일로 어려웠습니다.

필자 : 사주에 역마살(驛馬殺)이 거듭있는데, 이민을 가서는 무슨 일을 하셨습니까?

손님 : 무역관련 일을 했습니다.

필자 : 손님은 공부할 시기의 대운(10년간씩 구분해서 보는 운)은 좋았으나 고등학교 때의 운이 기유(己酉), 경술(庚戌), 신해(辛亥)로 나빠서 공부를 못했거나 쉬었다 갔겠습니다.

손님 : 예, (구체적으로는 안밝히고) 공부를 많이 못했습니다.

필자 : 자식이나 직업을 나타내는 성분을 용신으로 쓰므로, 손님의 성품은 점잖고, 원칙적이라서 고지식하다는 소리를 많이 들었겠습니다.

손님 : 예, 저 보고 다른 사람들이 고지식하다고들 합니다. 선생님 말씀이 맞습니다.

필자 : 사주 원국(사주 틀)에 돈 글자가 나타나있지 않으며, 일지 처궁(日支 妻宮, 처를 나타내는 자리)이 흉신이 앉아있고, 해수(亥水)속에 들어있는 갑목(甲木)이 재성(財星, 돈 글자이면서 처를 나타냄)인데, 물에 불어있어서 목생화(木生火, 목이 화를 생함)가 안되며, 용신인 사화(巳火)를 충(沖)하므로 부인과는 성격이 안맞겠습니다?

손님 : 그런대로 맞추고 삽니다.

필자 : 손님 사주에는 흐르는 운(대운)이 좋아서 잘살아왔겠고, 앞으로도 잘살겠습니다.

손님 : 저도 그렇게 생각하고 있습니다.

필자 : 그러면, 손님의 래방 목적이 돈 문제 아닙니까?

손님 : 금년에 제 사업이 어떨 것인가가 궁금하고 내년에도 궁금합니다.

필자 : 금년은 대체로 무난합니다만, 묘신귀문살(卯申鬼門殺, 주로 정신적인 작용을 함)이 작동하므로 돈 문제로 고민이 많겠습니다. 그리고, 내년은 용띠 해로 운이 나빠서 사업이 다소 부진하겠으니 크게 확장하거나 투자를 미루십시오.

손님 : 알겠습니다. 그렇게 크게 어렵지는 않습니다만 그래도 걱정입니다.

4. 멀리 강원도에서 왔으니 잘 좀 봐주세요.

72	62	52	42	32	22	12	2		時柱	日柱	月柱	年柱
戊	丁	丙	乙	甲	癸	壬	辛	大	丁	丙	庚	辛	여
戌	酉	申	未	午	巳	辰	卯	運	酉	午	寅	巳	자

天干 : 甲(갑) 乙(을) 丙(병) 丁(정) 戊(무) 己(기) 庚(경) 辛(신) 壬(임) 癸(계)
地支 : 子(자) 丑(축) 寅(인) 卯(묘) 辰(진) 巳(사) 午(오) 未(미) 申(신) 酉(유) 戌(술) 亥(해)

◎ 사주의 구조 및 핵심사항 ◎

- 신묘년(辛卯年) 한겨울에 필자의 소문을 듣고 강원도에서 왔다는 여자 손님으로, 사주의 구조는, 초봄(寅月)에 자신을 나타내는 글자를 태양 火에 비유해서 해석하는 丙火로 태어났는데, 자신의 힘이 강한 듯 하지만, 태어난 계절이 초봄이라서 인목(寅木)을 길러야 하므로 火가 용신이고, 木이 길신이며, 金이 病神이다.
- 혹자들은, 이 사주가 힘이 강하기 때문에 金을 용신으로 보는 사람들이 있을 수 있으나, 金은 木의 생장을 방해하는 요소이므로 火로 막아야 한다.

필자 : 손님은 연세가 많으신데, 어디서 오셨습니까?

손님 : 선생님이 하도 잘 보신다고 해서 강원도에서 큰 맘 먹고 올라왔습니다.

필자 : 손님은 연세가 드셨어도 고우십니다.

손님 : 곱긴요, 일만했는데요.

필자 : 손님 사주는 초봄의 태양으로 태어나 크게 자랄 나무를 기르고 있기 때문에 성격이 밝고, 직선적이며, 리더의 기질로 태어났으므로 큰 며느리 역할을 해야하고, 해야 할 일들이 많으시겠습니다.

손님 : 일만 많은 것이 뭐가 좋습니까?

필자 : 이 세상에 태어나 할 일이 많다는 것은 행복한 것입니다.

손님 : 하여튼 사주를 잘 좀 봐주세요.

필자 : 손님 사주를 보니까 여걸로서 크게 사업을 하거나 한자리 해먹었

을 것 같은데, 금년(신묘년, 辛卯年)에 돈과 문서가 움직이는 운인데, 이 일로 오셨지요?

손님 : 사실은 궁금한 것이 크게 두 가지가 있는데요, 한 가지는 우리 땅이 공영개발 회사에 묶여있어서 안풀리고 있고, 또, 한 가지는 제가 목욕탕을 운영중인데, 언제 팔릴지가 궁금합니다.

필자 : 장사해봐야 금년에 돈도 안벌리겠고, 내년도 안되겠고, 내 후년(癸巳年)이나 돈이 들어오겠으며, 묶인 땅과 목욕탕 파는 것도 모두 내후년이 되어야 팔릴 것 같습니다. 특히, 목욕탕 파는 문제는 지금 제값을 받고 팔려고 하면 팔 수가 없습니다.

손님 : 이제 좀 쉬고 싶은데 언제부터 쉬겠습니까?

필자 : 2015 을미년(乙未年)이 지나야 쉬겠습니다.

손님 : 앞으로 4년 남았네요?

필자 : 그렇습니다.

손님 : 제 생각에도 앞으로 한 5년 후에는 쉬려고 생각하고 있습니다.

5. 86세 남편이 이혼을 하자고 하는데, 황혼이혼을 해야합니까?

방배동에 사는 손님

본인 사주

82	72	62	52	42	32	22	12	2		時柱	日柱	月柱	年柱
丙	乙	甲	癸	壬	辛	庚	己	戊		乙	己	丁	己
戌	酉	申	未	午	巳	辰	卯	寅		丑	卯	丑	巳

天干 : 甲(갑) 乙(을) 丙(병) 丁(정) 戊(무) 己(기) 庚(경) 辛(신) 壬(임) 癸(계)
地支 : 子(자) 丑(축) 寅(인) 卯(묘) 辰(진) 巳(사) 午(오) 未(미) 申(신) 酉(유) 戌(술) 亥(해)

● **사주의 구조 및 핵심사항** ●

- 신묘년(辛卯年) 늦겨울에 며느리와 함께 온 84세 여자로, 사주의 구조는, 늦겨울(축월, 丑月)에 자신을 나타내는 글자를 야산의 흙에 비유해서 해석하는 기토(己土)로 태어났는데, 자신의 힘이 약하기 때문에 火가 용신이고, 土가 길신이며, 木이 病神이다.

- 사주 밑 글자(지지, 地支)에는 사화(巳火)와 축토(丑土)가 만나면 합을 하는 사축합, 사축합(巳丑合, 巳丑合)이 있고, 일지(日支) 배우자궁에 흉신인 木이 있

으며, 시상(時上, 태어난 시간의 윗글자)에 木이 나타나 있어서 말년에 남편 때문에 고생이다.

필자 : 손님은 연세가 많으신데, 신묘년(辛卯年)에 흉신인 관성(官星, 남편을 나태는 글자)인 木이 나타나므로, 남편 때문에 오셨습니까? 그렇지 않으면, 무슨 고민이 있어서 오셨습니까?

손님 : 선생님, 이 나이에 우리 남편이 이혼하자고 하는데 어떻게 하면 좋겠습니까?

필자 : 아니, 남편이 연세가 86세나 되는데, 지금 이혼하자고 한다고요? 다른 사람들은 이 연세에 오히려 부인에 의지해서 살아가려고 하는 데요?

손님 : 우리 남편은 아직도 건강한데요, 저하고 성격이 안맞아서 살 수가 없습니다.

필자 : 손님 사주를 보면, 요즘 세대 같으면 진작 이혼을 했겠지만 워낙 옛날 분들이니까 참고 사셨을 것입니다.
손님의 운을 보니까 젊어서 운이 좋았는데, 무슨 일을 하셨습니까?

손님 : 저는 서울 출생으로, 젊어서 교직생활을 하다가 아이를 낳고서 그만두었습니다.

필자 : 대운을 보니까 지금까지 잘 살아오셨겠는데요?

손님 : 예, 그동안 잘 살아 왔었는데, 말년에 영감이 속을 썩여서 살 수가 없어서 양노원으로 갔으면 좋겠습니다.

필자 : 정 그렇다면 지금에 와서 이혼한다는 것은 누구에게도 도움이 되지 않을 것이니, 당분간 별거를 해보도록 하세요? 그런데, 손님은 아직 건강해서 양노원 가는 것은 쉽지 않을 것입니다. 그럼, 남편 사주를 봅시다.

남편 사주

84	74	64	54	44	34	24	14	4	時柱	日柱	月柱	年柱
丙	丁	戊	己	庚	辛	壬	癸	甲	壬	辛	乙	丁	남
申	酉	戌	亥	子	丑	寅	卯	辰	辰	亥	巳	卯	자

● **사주의 구조 및 핵심사항** ●

- 신묘년(辛卯年) 늦겨울에 부인과 며느리가 함께 가지고 온 86세 남자로, 사주

의 구조는, 초여름(사월, 巳月)에 자신을 나타내는 글자를 보석 金에 비유해서 해석하는 신금(辛金)으로 태어났는데, 자신의 힘이 약하지만 신금(辛金)은 싯어주는 水를 가장 좋아하기 때문에 水가 용신이고, 金이 길신이며, 火가 病이고, 木이 흉신이다.

- 사주 밑 글자(지지, 地支)에는 日支 배우자궁에 있는 해수(亥水)와 태어난 月의 밑 글자인 사화(巳火)가 충돌(사해충, 巳亥沖)되었고, 서로 미워하고 원망하는 진해원진살(辰亥怨嗔殺)과 주로 정신적인 문제를 일으키는 귀문살(鬼門殺)이 동시에 작용하고 있으며, 사주 윗 글자(천간, 天干)에 재성(財星)인 을목(乙木)과 자신인 신금(辛金)이 충돌(을신충, 乙辛沖)을 하고 있어서 처(妻)와 부부생활하기가 아주 어렵다.

필자 : 남편의 성격이 아주 고약하네요?

손님 : 사주에도 나옵니까?

필자 : 그럼요, 원래가 보석으로 태어나면, 성격이 깔끔하고, 까칠하며, 정확합니다. 그런데다가, 신금(辛金) 보석은 丁火를 가장 싫어하는데, 태어난 년의 윗 글자에 丁火가 있고, 을신충(乙辛沖, 자신인 신금이 처인 을목을 자르고 있음)까지 하고 있어서 예민한 성격이라서 더 합니다.

손님 : 선생님 말씀 대로입니다.

필자 : 손님 사주에서 보면, 08년 을유년(乙酉年)부터 부부관계가 나빴다고 보이는데, 남편 사주에서 보니까 07 丁亥年부터 갈등이 크게 시작되었을 것으로 보입니다.

손님 : 맞습니다. 07년경부터 저한테 이혼하자고 야단인데, 도대체 어떻게 하면 좋겠습니까?

필자 : 참, 안타깝습니다. 어떻든 아까 말씀드린대로 이혼이 능사는 아니니까 당분간 별거를 해보시는 것이 좋을 듯 싶습니다.

손님 : 제가 나가야 되겠지요?

필자 : 그럼요, 무거운 절(사찰)보고 떠나라고 할 수 있습니까? 가벼운 중(본인)이 나가야지요?

손님 : 알겠습니다.

며느리 사주

63	53	43	33	23	13	3		時柱	日柱	月柱	年柱	
癸	甲	乙	丙	丁	戊	己	大	庚	丁	庚	戊	여
丑	寅	卯	辰	巳	午	未	運	戌	卯	申	戌	자

● 사주의 구조 및 핵심사항 ●

- 신묘년(辛卯年) 늦겨울에 시어머니와 함께 온 여자다.
- 사주의 구조는, 초가을(신월, 申月)에 자신을 나타내는 글자를 인공 火에 비유해서 해석하는 정화(丁火)로 태어났는데, 자신의 힘이 약하므로 火가 용신이고, 木이 길신이며, 金이 病神이고, 열토(熱土, 열기를 가진 토)는 길신이며, 戊土는 흉신이다.
- 사주 밑 글자(地支)에는 주로 정신적인 작용을 일으키는 묘신귀문살(卯申鬼門殺, 묘목과 신금이 있으면, 우울증 등이 생김)이 있고, 사주의 힘이 약해서 체력이 약하고, 우울증이 쉽게 올 수 있다.

필자 : 손님은 뒷심이 약하고 체력도 약하시네요?

손님 : 그렇습니다.

필자 : 대게, 金克木(금이 목을 공격함)을 당하고 있는 사주들은 호르몬 계통의 질병이나 갑상선 질환 등의 질병이 있는데, 손님은 어떠하신가요?

손님 : 2011(신묘년, 辛卯年)에 갑상선 수술했습니다.

필자 : 손님은 어려서부터 편히 살아왔고, 62세까지는 운이 좋은데, 직업은 갖고 계십니까?

손님 : 저는 가정주부 입니다.

필자 : 손님 사주에는 돈이 새는 데가 많겠는데, 어땠습니까?

손님 : 선생님 말씀대로 돈이 많이 나갔습니다.

필자 : 손님은 금년(辛卯年)에 우울증이 있을 것인데요?

손님 : 시 부모님 때문에 우울증이 생겼습니다. 내년 운은 어떻습니까?

필자 : 임진년(壬辰年)운은 별로입니다. 혹시, 남편으로 인하여 고민이 생길 수도 있습니다.

아들 사주

66	56	46	36	26	16	6		時柱	日柱	月柱	年柱
丙	丁	戊	己	庚	辛	壬	大	乙	甲	癸	丁
申	酉	戌	亥	子	丑	寅	運	丑	午	卯	酉 남자

◉ 사주의 구조 및 핵심사항 ◉

- 신묘년(辛卯年) 늦겨울에 모친과 부인이 함께 가지고 온 남자 사주로, 사주의 구조는, 중춘(묘월, 卯月)에 자신을 나타내는 글자를 큰 나무에 비유해서 해석하는 갑목(甲木)으로 태어났는데, 자신의 힘이 강하므로 火가 용신이며, 甲木이 길신이고, 乙木은 흉신이며, 水가 病이고, 金이 흉신이며, 丑土도 흉신이다.
- 사주 밑 글자에는 주로 정신적인 문제를 일으키는 축오귀문살(丑午鬼門 殺)이 있고, 묘목(卯木)과 유금(酉金)이 충돌(묘유충, 卯酉沖)을 하고 있으며, 일지(日支) 배우자궁에 오화(午火) 용신이 있어서 부인의 내조가 좋다.

필자 : 이 사주는 부인의 내조가 좋네요?

손님 : (시어머니가 대답하기를) 예, 우리 며느리가 아주 잘해줍니다.

필자 : 아들은 금년에 묘유충(卯酉沖)하므로 자식 때문에 고민이 있거나 몸이 아파서 고생할 수도 있었는데, 어땠어요?

손님 : 금년에 아들이 학교에서 왕따를 당해서 고민하다가 다른 학교로

전학을 시켜서 겨우 해결했고요, 건강이 안좋아서 병원신세를 많이 졌습니다만, 다행히 큰 문제는 아니어서 좋아졌습니다.

필자 : 아들은 기술을 가졌거나 사업을 할 수 도 있는데, 무슨 직업을 가졌습니까?

손님 : 사업을 하고 있습니다. 올해 운(임진년, 壬辰年)은 어떨까요?

필자 : 금년(임진년을 뜻함)운은 진로 방해를 받는 운이기 때문에 사업에 지장을 받고 있어서 확장하는 것은 안되고, 조심해서 해야겠습니다.

손님 : 사실은 벌써 (2011년 말)부터 사업이 잘 안되고 있어서 금년운이 좋지 않은가보다 하고 생각하고 있었습니다.

필자 : 맞습니다. 문서문제 또는 돈 문제도 임수(壬水)인 인수(印綬, 문서로 해석)와 재성(財星, 돈으로 해석)인 진토(辰土)가 흉신이므로 이런 문제가 생길 수도 있습니다.

손님 : 그럼, 우리 손녀 사주를 봐주세요.

손녀 사주

65	55	45	35	25	15	5		時柱	日柱	月柱	年柱
丙	丁	戊	己	庚	辛	壬	大	辛	壬	癸	戊	여
辰	巳	午	未	申	酉	戌	運	丑	午	亥	辰	자

◐ **사주의 구조 및 핵심사항** ◐

- 신묘년(辛卯年) 늦겨울에 조모와 엄마가 가지고 온 여자로, 사주의 구조는, 초겨울(해월, 亥月)에 자신을 나타내는 글자를 강물에 비유해서 해석하는 임수(壬水)로 태어났는데, 자신의 힘이 강하므로 무토(戊土)가 용신이고, 火가 길신이며, 水가 病이고, 金이 흉신이며, 축토(丑土)와 진토(辰土)도 흉신이다.
- 사주 밑 글자에는 주로 정신적인 문제를 일으키는 축오귀문살(丑午鬼門殺)이 있고, 서로 미워하고 원망하는 진해원진(辰亥怨辰)이 있어서 우울증이 쉽게 올 수 있다.

필자 : 손녀의 사주는 신왕사주라서 아집이 강하기 때문에 자기가 하고 싶은 일에 대해서 밀어붙이는 힘이 강합니다.

손님 : 그렇습니까?

필자 : 다행히도 남편을 나타내는 무토(戊土)가 좋게 작용을 하고 있고, 일지(日支) 배우자궁이 좋아서 남편 덕이 있겠습니다.

손님 : 그런데, 고민이 있습니다. 동성동본인 남자와 사귀고 있는데, 집안 어른들이 동성동본이라고 반대합니다.

필자 : 고민이네요? 두 사람이 서로 좋아하는 것을 억지로 떼어놓으면 안 되는데요?

손님 : 저희들도 고민입니다.

필자 : 손녀는 초년운이 안좋았고, 고등학교 1~2학년 때의 운이 2004 갑신(甲申), 05 을유(乙酉)년이 안좋아서 자기가 가고싶은 대학에 못 갔겠습니다.

손님 : 그 때는 그랬습니다만 대학을 나와서 지금 유치원 교사를 하고 있습니다. 언제 결혼하는 것이 좋겠습니까?

필자 : 2013년(계사년, 癸巳年)부터 2015년까지 사이에 했으면 좋겠습니다.

손님 : 고맙습니다. 이제, 손자 사주를 봐주세요?

손자 사주

64	54	44	34	24	14	4		時柱	日柱	月柱	年柱	
戊	丁	丙	乙	甲	癸	壬	大	丁	乙	辛	甲	남
寅	丑	子	亥	戌	酉	申	運	丑	卯	未	戌	자

● 사주의 구조 및 핵심사항 ●

- 신묘년(辛卯年) 늦겨울에 조모와 엄마가 가지고 온 남자사주로, 사주의 구조는, 늦여름(미월, 未月)에 자신을 나태는 글자를 꽃나무에 비유해서 해석하는 을목(乙木)으로 태어났는데, 자신의 힘이 약하므로 木이 용신이고, 水가 길신이며 金과 미토(未土)와 술토(戌土)가 흉신이다.
- 사주 밑 글 글자에는 축토와 술토와 미토가 만나면 서로에게 상처를 주는 술미삼형살(丑戌未三刑殺)이 작용하고 있어서 기술직계통에 인연이다.

필자 : 이 아이는 여름생이라서 水가 필요하기 때문에 물과 인연이고, 현침살(의료계통과 인연인 살)과 삼형살(서로에게 상처를 주는 살)을 가지고 있어서 의료나 기술직과도 인연인데, 본인은 무슨 공부하려고 합니까?

손님 : 요리사가 되겠다고 합니다.

필자 : 잘 맞습니다. 밀어주세요. 앞으로 운도 좋아집니다. 그런데, 초년 운이 나쁘네요?

손님 : 고등학교 2학년인데 금년(신묘년, 辛卯年) 대운이 나쁘고 흉신인 신금(辛金)이 극(공격)을 하므로 학교에서 왕따를 당해서 고생하다가 다른 학교로 전학을 시켰습니다.

말띠 생(午年生) 사주

1. 엄마는 왜 사주를 보려고 왔는가?
2. 46세 여자 사업가가 무슨 일로 왔나?
3. 식상도화(食傷桃花)를 가지면 바람둥이다.
4. 올해 사업을 시작해도 되겠습니까?

1. 엄마는 왜 사주를 보려고 왔는가?

방배동에서 온 손님

66	56	46	36	26	16	6	
庚	辛	壬	癸	甲	乙	丙	大
申	酉	戌	亥	子	丑	寅	運

時柱	日柱	月柱	年柱
丙	戊	丁	甲	여
辰	寅	卯	午	자

天干 : 甲(갑) 乙(을) 丙(병) 丁(정) 戊(무) 己(기) 庚(경) 辛(신) 壬(임) 癸(계)
地支 : 子(자) 丑(축) 寅(인) 卯(묘) 辰(진) 巳(사) 午(오) 未(미) 申(신) 酉(유) 戌(술) 亥(해)

● **사주의 구조 및 핵심사항** ●

- 신묘년(辛卯年) 한여름에 온 여자 손님이다.
- 이 사주의 구조는, 중춘(묘월, 卯月)에 자신을 나타내는 글자를 큰 산에 비유해서 해석하는 무토(戊土)로 태어났는데, 자신의 힘이 강해 보이나 실상은 약하므로 火가 용신(가장 필요한 인자)이고, 土가 길신이며, 木이 흉신이다.

- 대게, 인수(印綬, 어머니를 뜻하는 글자로, 여기서는 火임)를 용신으로 쓰는 사람들은 성격이 좋으나, 관성(官星)의 극(剋, 공격함)이 심하므로 예민한 편이다.

156 래정법

- 신묘년(辛卯年)에 58세인데, 유년기에는 용신운(사주에 가장 필요한 글자)이 화(火)가 와서 좋았으나, 16 을축(乙丑)대운부터 수(水)운이 와서 흉했으며, 결혼 초에도 시 어머니가 엄했고, 효자인 남편은 자기 어머니를 극진히 모시는 분이라서 무척 고생을 많이 했다고 한다. 또한, 관성(官星)인 남편이 병(病, 가장 나쁘게 작용)이므로 고생이 더했고, 남편이 해외출장이 많아서 공방(혼자 지내는 밤)이 많았다고 한다.

- 그러면, 신묘년(辛卯年)에 왜 사주를 보려고 왔을까? 흔히 말하기를 래정법(來情法)인데, 신묘(辛卯)가 나타내는 기운을 보자. 이 사주에서 신금(辛金)은 상관(傷官)으로 자식이며, 목(木)은 남편에 해당하나 병신(病神, 가장 나쁘게 작용)이므로 고민을 나타내고 있다. 다시 말해서 자식 때문에 고민이 되어 운을 보려고 왔다는 말이 성립한다.

- 딸의 사주를 보자.

딸 사주										

61	51	41	31	21	11	1	時柱	日柱	月柱	年柱
己	戊	丁	丙	乙	甲	癸	戊	辛	壬	辛	여
亥	戌	酉	申	未	午	巳	戌	巳	辰	酉	자

(大運)

◉ 사주의 구조 및 핵심사항 ◉

- 이 사주의 구조는, 늦봄(辰月)에 자신을 나타내는 글자를 보석 金에 비유해서 해석하는 신금(辛金)으로 태어났는데, 자신의 힘이 강하므로 임수(壬水)가 용신(가장 필요한 글자)이고, 金이 길신이며, 土가 病神이고, 火가 흉신이다.

- 신금(辛金)이 임수(壬水)를 용신으로 쓰므로 인물이 잘나서 빼어난 미인이지만 성격이 까칠하고 정확하다.

- 초년 대운이 나빴으나, 외고를 거쳐서 고려대 신방과를 졸업하고, 외국 은행 본점에 근무하고 있으며, 신묘년(辛卯年)에 31살인데, 결혼을 안하고 있어서 엄마가 고민이 되어 언제 시집을 가겠는가가 궁금해서 래방했다.

아들 사주	
61 51 41 31 21 11 1 壬 辛 庚 己 戊 丁 丙 大 寅 丑 子 亥 戌 酉 申 運	時柱 日柱 月柱 年柱 丙 庚 乙 丙 남 子 辰 未 寅 자

● **사주의 구조 및 핵심사항** ●

- 이 사주의 구조는, 늦여름(미월, 未月)에 자신을 나타내는 글자를 무쇠 金에 비유해서 해석하는 경금(庚金)으로 태어났는데, 庚金의 뿌리가 없고, 도와주는 습토(濕土)도 없어서 경금(庚金)으로서의 주체성을 확보할 수 없기 때문에 하는 수 없이 火로 종(從, 따라감)을 하였다.

- 대게, 종살격(從殺格, 자기를 버리고 벼슬을 나타내는 글자로 따라감)은 총명하고, 잘났으며, 좋은 사주이나, 그 대신 대운(10년씩 구분해서 보는 운)이 좋아야 하지 만약, 대운이 거꾸로 간다면 종(從, 따라감)하지 않는 것 보다 나쁘다.

- 대운의 흐름을 보면, 초년 신유(辛酉)대운이므로 나쁘고, 세운(歲運, 한 해의 운)이 나빠서 3수를 해서 정해년(丁亥年)에 S 대 컴퓨터공학과를 합격해서 1년 다니다가 09 기축년(己丑年)에 군대에 가 있는데, 신묘년(辛卯年) 2학기에 복학할 예정이다. 그런데, 이 명주(命主, 운명의 주인)는 공부를 안하기 때문에 엄마생각에는 과연 이 아이가 사람 노릇을 할 수 있을까 할 정도로 고민이되어 찾아 왔다고 한다.

- 따라서, 위의 엄마가 사주를 보기 위해서 래방한 목적과 자기의 운이 맞아 떨어진다는 것을 증명했다.

2. 46세 여자 사업가가 무슨 일로 왔나?

화곡동에 사는 손님

61	51	41	31	21	11	1		時柱	日柱	月柱	年柱
癸	甲	乙	丙	丁	戊	己	大	戊	癸	庚	丙	여
巳	午	未	申	酉	戌	亥	運	午	卯	子	午	자

天干 : 甲(갑) 乙(을) 丙(병) 丁(정) 戊(무) 己(기) 庚(경) 辛(신) 壬(임) 癸(계)
地支 : 子(자) 丑(축) 寅(인) 卯(묘) 辰(진) 巳(사) 午(오) 未(미) 申(신) 酉(유) 戌(술) 亥(해)

◎ 사주의 구조 및 핵심사항 ◎

- 신묘년(辛卯年) 한가을에 온 여자다.
- 이 사주의 구조는, 한겨울(자월, 子月)에 사신을 나타내는 글자를 빗물로 해석하는 계수(癸水)로 태어났는데, 癸水의 힘이 약하지만, 한겨울에 출생해서 춥기 때문에 火가 용신이고, 木이 길신이며, 水가 病神이고, 金이 흉신이며 土는 약신이다.

- 혹자들은, 이 사주가 신약하므로 金, 水가 용신이라고 하는 사람들도 있을 수 있는데, 이 命主의 철학원마다 말대로라면 자기의 운을 다르

말띠 생(午年生) 사주 161

게 말하더라는 것이다. 그런데, 필자는 이 사주의 용신을 火로 봤다.

- 그 이유는 태어난 계절이 한겨울(자월, 子月)이라서 추운데다가 생목(生木, 살아있는 나무)인 묘목(卯木)을 기르기 위해서는 힘이 센가 힘이 약한가가 중요한 것이 아니고, 우선 따뜻해야 나무를 기를 수 있기 때문이다.

- 그 증거로, 공부할 시기인 무술(戊戌) 대운이 좋았으나, 고등학교 세운(歲運, 한해의 운)인 82 임술년(壬戌年), 83 계해년(癸亥年), 84 갑자년(甲子年)이 水운이라서 안좋았기 때문에 공부를 잘하지 못했다고 하며, 정유(丁酉), 병신(丙申) 대운에도 어려웠으며, 을미(乙未) 대운들어서도 04갑신년(甲申年)부터 09 기축년(己丑年)까지가 되는 일이 없어서 매우 힘든 시기였다고 했다. 그러다가, 신묘년(辛卯年) 들어서 사업을 시작했는데, 잘되고 있다고 했다.

필자 : 용신이 火로 돈 글자이므로, 손님은 사업을 하시겠네요?

손님 : 예, 저가 하는 일은 사업이라면 사업이고, 직장생활이라면 직장생활이라고 말할 수 있습니다.

필자 : 답이 좀 애매하네요? 물론, 손님 사주에는 직업이고 직장을 나타내는 글자와 合을 하고 있는데, 사주에서는 가장 필요로 한 인자를 직업으로 삼기 때문에 사업이 우선일 것 같은데요?

손님 : 사실은 제가 하는 일이 대기업에서 수입한 건축자재 한국총판의 사장직을 맡고 있습니다. 그래서, 그렇게 말씀드린 것입니다.

필자 : 그렇다면 이해가 되네요? 손님은 몇 년 동안 힘드셨을 것인데, 작년부터 새로운 도약을 하는 운이 왔는데, 그 문제로 오셨지요?

손님 : 그렇습니다. 제가 앞에서도 말씀드렸듯이 그동안 되는 일이 없어서 힘이 들었는데, 아는 분과 함께 금년부터 건축자재 판매사업을 시작했는데, 잘 될 것인가가 궁금해서 왔습니다.

필자 : 사업 시작을 잘하셨습니다. 대운이 좋으므로 반드시 성공하실 것입니다. 용신이 火이고, 약신이 土이므로, 업종도 잘 맞습니다.

손님 : 정말 잘되겠습니까? 감사합니다.

필자 : 손님 사주에는 남편 궁에 있는 묘목(卯木)과 태어난 月의 밑 글자

에 있는 자수(子水)가 만나 서로에게 상처(자묘형, 子卯刑)를 주고 있어서, 금년(신묘년, 辛卯年)에 남편을 공격하는 운이 왔기 때문에 남편과 갈등이 많겠습니다. 실제는 어떻습니까?

손님 : 말도 마십시오. 제가 몇 번이고 이혼하자고 하고 있는데, 이혼을 안해줘서 고민인데 이혼이 되겠습니까?

필자 : 자신인 계수(癸水)가 남편을 나타내는 무토(戊土)와 合을 하고 있고, 일지(日支, 자기 밑글자이면서 배우자궁)가 길신이고, 대운이 좋기 때문에 이혼이 쉽지는 않겠습니다만 앞으로 51 갑오(甲午)대운 2017년 정유(丁酉)년에 이혼할 가능성이 큽니다. 그 이유는 손님의 사주에 있는 을목(乙木)은 남편인 무토(戊土)를 공격하는 힘이 약한데, 갑목(甲木)이 오면 무토(戊土)를 공격하는 힘이 커지고, 자오충(子午沖, 자수와 오화가 만나면 충돌함)이 되어 용신을 공격하게 되는데, 세운(歲運, 한 해의 운)에서 정유(丁酉)년이 오면 일주(日主, 자기)인 계묘(癸卯)를 정계충(丁癸沖, 정화와 계수가 만나면 충돌함), 묘유충(卯酉沖, 묘목과 유금이 만나면 충돌함)하게 되므로 그 때 이혼을 할 것으로 예상합니다. 그 확실한 답은 남편 사주와 자식들 사주를 검토해야만이 정확하게 알 수 있습니다. 그러면, 남편사주를 보시겠습니까?

남편 사주

68	58	48	38	28	18	8		時柱	日柱	月柱	年柱
乙	丙	丁	戊	己	庚	辛	大	丁	丁	壬	己	남
丑	寅	卯	辰	巳	午	未	運	未	亥	申	亥	자

필자 : 손님은 금년(신묘년, 辛卯年)에 50대 초반이시네요?

손님 : 그렇습니다.

필자 : 이 사주는 정이 많고, 감성적인데가 있으며, 성격이 좋은 듯합니다만 정신이 산만하고, 직업이나 자식을 나타내며, 자신을 컨트롤 하는 임수(壬水)가 병(病)이므로 망상이 심해서 불안증세가 있습니다. 그래서, 변덕스럽고, 종잡을 수 없습니다. 또, 이 사주는 바람(정임합(丁壬合)을 여러 번하므로)을 피울 수 있습니다.

손님 : 선생님, 남편은 한 두 번 바람을 피우는 것이 아닙니다. 또, 이 사람은 정신과 치료를 받은 적이 있었다고 합니다. 그래서, 평소에는 괜찮은데, 술만 마셨다하면 폭언을 하고 똘아이 짓을 하기 때문에 도저히 살 수가 없습니다. 오죽하면 제 딸이 이혼하라고 하겠습니까?

필자 : (대운을 보고) 그래도 이분은 운이 좋아서 자기 하는 일은 잘되었겠습니다만 40대 중반에 힘들었겠습니다.

손님 : 맞습니다. 그 때 직장을 바꿨습니다.

필자 : 관성(官星, 여기서는 자신을 공격하는 인자로 작용)인 임수(壬水)가 병신(病神, 가장 나쁘게 작용)이므로 이런 사주는 사업은 안되고 직장생활이 맞습니다만 직장생활을 해도 큰 발전이 없습니다.

손님 : 예, 교대를 나와서 학교에서 일을 하다가 40대 중반에 퇴직을 하고 지금은 다른 일을 하고 있습니다.

필자 : 남편사주에서 처궁(妻宮, 처 자리)에 병신(病神)이 앉아있어서 부인과 뜻이 안맞기 때문에 갈등이 많겠고, 가깝게는 내년(임진년, 壬辰年)이 아주 나쁘고, 2016년 병신년(丙申年)부터 안좋습니다.

큰 아들 사주

66	56	46	36	26	16	6	大	時柱	日柱	月柱	年柱
壬	辛	庚	己	戊	丁	丙	運	庚	己	乙	庚	남
辰	卯	寅	丑	子	亥	戌		午	丑	酉	午	자

● **사주의 구조 및 핵심사항** ●

- 이 사주의 구조는, 한 가을(유월, 酉月)에 자신을 나타내는 글자를 야산의 흙에 비유해서 해석하는 기토(己土)로 태어났는데, 자신의 힘이 약하므로 火가 용신이고, 木이 病이기 때문에 金은 약신(藥神, 병을 치료하는 좋은 인자)과 흉신을 겸하고 있다.

- 16 정해(丁亥)대운부터 水가 등장하여 火를 공격하므로 운이 좋지 못해서 자기 실력을 내기가 어렵다. 46세 이후라야 좋아진다.

- 오축쌍귀문(丑午雙鬼門, 오축이 귀문살인데, 쌍으로 있다는 뜻이며, 귀문은 주로 우울증 같은 것이 생김)을 갖고 있어서 비관적인 사고를 할 수 있는 사주다.

- 이 사주 원국(사주 틀)에는 부모의 이혼여부를 알 수 없으나, 다만, 대운(10년간씩 구분해서 보는 운)에서 무자(戊子)대운에 아버지를 나타내는 재성(財星)인 자수(子水)가 어머니를 나타내는 인성(印星)인 오화(午

火)를 충(沖)해서 깨는데, 이를 확대해석하면 부모의 이혼으로도 볼 수는 있지만 필자도 대운에서의 충(沖) 때문에 육친관계가 크게 변할 것인가는 아직 검증을 못했기 때문에 확언할 수는 없다. 앞으로 검증을 하려고 한다.

딸(둘째) 사주

68	58	48	38	28	18	8		時柱	日柱	月柱	年柱
丁	戊	己	庚	辛	壬	癸	大	壬	辛	甲	甲	여
卯	辰	巳	午	未	申	酉	運	辰	卯	戌	戌	자

● **사주의 구조 및 핵심사항** ●

- 이 사주의 구조는, 늦가을(술월, 戌月)에 자신을 나타내는 글자를 보석 金에 비유해서 해석하는 신금(辛金)으로 태어나 자신의 힘이 약하므로 비겁(比劫, 친구나 형제 등)인 金이 용신이며, 재성(財星)인 木과 술토(戌土)가 모두 흉신이고, 水가 길신이다.

- 보석을 물로 씻어주는 구조를 가지고 있어서 인물이 잘생겼으나 성격은 까칠하다.

- 재다신약(財多身弱, 돈 글자가 많아서 사주가 약해짐)으로 재성(財星)인

木이 흉신이므로 부친을 싫어하고, 진토(辰土)와 술토(戌土)가 모친을 나타내는데, 진술충(辰戌冲, 진토와 술토가 만나면 충돌함)해서 모친이 깨졌으며, 재성(財星, 부친이나 처, 돈)인 묘목(卯木)이 인성(印星, 모친을 나타냄)인 술토(戌土)와 인진목국(寅辰木局, 인목과 진토가 만나면 나무다발을 형성) 묘술화(卯戌火, 묘목과 술토가 만나면 화를 발생시킴), 묘술화(卯戌火)하고 있는데, 이는 부친이 여러 여자와 합을 하고 있는 형상이므로 부모가 이혼하고 재혼한다는 것을 의미한다. 따라서, 이 딸 사주에서 부모의 이혼과 재혼을 알 수 있다.

딸(막내) 사주

62	52	42	32	22	12	2		時柱	日柱	月柱	年柱
甲	癸	壬	辛	庚	己	戊	大	庚	乙	丁	丁	여
寅	丑	子	亥	戌	酉	申	運	辰	亥	未	丑	자

● **사주의 구조 및 핵심사항** ●

- 이 사주의 구조는, 늦여름(미월, 未月)에 자신을 나타내는 글자를 꽃나무에 비유해서 해석하는 을목(乙木)으로 태어났는데, 힘이 약하므로 水가 용신이고, 土가 병신(病神, 가장 나쁘게 작용)이며, 金도 흉신이다.

- 이 사주를 분석해보면, 축미충(丑未冲)으로 재성(財星, 부친을 나타냄)

인 미토(未土)와 축토(丑土)가 깨져있어서 모친을 나타내는 축토(丑土) 속에 들어있는 계수(癸水)도 깨졌으며, 진해원진(辰亥怨嗔, 진토와 해수가 만나면 서로 미워하고 원망함)으로 모친인 해수(亥水)와 부친인 진토(辰土)가 진해원진(辰亥怨嗔)을 하므로 이 사주에서도 부모가 이혼한다는 것을 알 수 있다.

3. 식상도화(食傷桃花)를 가지면 바람둥이다.

거여동에 사는 손님

66	56	46	36	26	16	6		時柱	日柱	月柱	年柱
癸	壬	辛	庚	己	戊	丁	大	庚	己	丙	戊	남
亥	戌	酉	申	未	午	巳	運	午	酉	辰	午	자

天干 : 甲(갑) 乙(을) 丙(병) 丁(정) 戊(무) 己(기) 庚(경) 辛(신) 壬(임) 癸(계)
地支 : 子(자) 丑(축) 寅(인) 卯(묘) 辰(진) 巳(사) 午(오) 未(미) 申(신) 酉(유) 戌(술) 亥(해)

● **사주의 구조 및 핵심사항** ●

- 신묘년(辛卯年) 늦겨울에 온 남자 사주로, 사주의 구조는, 늦봄(진월,辰月)에 자신을 나타내는 글자를 야산의 흙에 비유해서 해석하는 기토(己土)로 태어났는데, 자신의 힘이 강하므로 金이 용신이고, 火가 病神이며, 土가 길신이고, 운에서 오는 水가 약신이다.
- 사주 밑 글자에는 오화(午火)와 유금(酉金)이 도화살(이성간의 문제를 일으키는 살)이다.

필자 : 손님은 에너지가 풍부해서 추진력이 대단하십니다.

손님 : 예, 제가 밀어붙이는 힘이 강합니다.

필자 : 원래, 늦봄에 己土로 태어났기 때문에 나무를 기르는 것이 기토(己土)의 본분인데, 나무는 없고, 그 대신 金을 생산하는 土라서 유통업이나 자유업 같은 것이 맞는데, 만약, 직장생활을 한다면 마음에 쏙 드는 직장이 아니고, 무엇인가 불편이 따르는 직장생활을 하게 되는데, 직업이 무엇입니까?

손님 : 대기업에 다닙니다.

필자 : 기술성 직업입니까?

손님 : 아닙니다. 일반 사무직입니다.

필자 : 손님은 경인년(庚寅年, 2010년)과 2011년이 신묘년(辛卯年)에 직장운이 왔는데, 언제부터 직장생활을 하고 계십니까?

손님 : 2011년부터 대형(1군)건설회사에서 근무하고 있습니다.

필자 : 손님은 금년(임진년, 壬辰年)에 돈 문제나, 여자문제 또는 부친의

문제가 생기게 되는데, 무슨 문제로 오셨습니까?

손님 : 언제쯤 결혼할 수 있을까 궁금해서 왔습니다.

필자 : 금년에 결혼상대자가 나타날 수 있겠네요. 기대해 보세요. 그리고, 손님은 초년운은 나빴는데, 무슨 공부를 했습니까?

손님 : 저는 외국에서 출생했으며, 미국에서 경제학을 공부했습니다.

필자 : 그러면, 언제 한국에 오셨나요?

손님 : 2010년(경인년, 庚寅年)에 왔습니다. 그런데, 선생님, 저의 관상은 어떻습니까?

필자 : 관상은 좋습니다만, 관상에도 바람기가 있고, 사주에도 性을 나타내는 글자(식상, 食傷)가 도화살이면 바람기를 나타내기 때문에 손님은 바람기가 있다고 봅니다.

손님 : 맞습니다. 제가 여자를 너무 좋아합니다.

4. 올해 사업을 시작해도 되겠습니까?

풍납동에 사는 손님

62	52	42	32	22	12	2		時柱	日柱	月柱	年柱
丙	丁	戊	己	庚	辛	壬	大	戊	庚	癸	戊	여
辰	巳	午	未	申	酉	戌	運	寅	辰	亥	午	자

天干 : 甲(갑) 乙(을) 丙(병) 丁(정) 戊(무) 己(기) 庚(경) 辛(신) 壬(임) 癸(계)
地支 : 子(자) 丑(축) 寅(인) 卯(묘) 辰(진) 巳(사) 午(오) 未(미) 申(신) 酉(유) 戌(술) 亥(해)

◐ **사주의 구조 및 핵심사항** ◐

- 신묘년(辛卯年) 늦겨울에 온 여자 사주로, 사주의 구조는, 초겨울(해월, 亥月)에 자신을 나태는 글자를 무쇠 金으로 해석하는 경금(庚金)으로 태어 났는데, 자신의 힘이 약하지만 추운계절에 태어났고, 경금(庚金)은 火를 좋아하므로 火가 용신이고, 水가 병신(病神)이며, 金이 흉신이며, 무토(戊土)가 약신이고, 진토(辰土)는 흉신이다.
- 사주 밑 글자에 서로 미워하고 원망하는 진해원진살(辰亥怨嗔殺)이 있고, 주로 정신적인 작용을 하는 귀문살(鬼門殺)이 있으며, 경진(庚辰)일주는 괴강성(魁罡星)이라서 고집이 세다.

필자 : 손님은 괴강성(魁罡星)이 있어서 고집도 있으시고, 금수상관격(金水傷官格, 사주에서 격의 한 종류)이라서 개성이 강하시네요?

손님 : 예, 제가 좀 고집도 있고, 개성이 강합니다.

필자 : 손님은 금년(임진년, 壬辰年)에 식상(食傷, 여기서는 진로로 해석)과 인수(印綬, 문서운)운이 오는데, 어떤 사업을 해보시려고 하십니까?

손님 : 예, 무엇을 해도 되겠나 싶어서 왔는데 운이 어떻습니까?

필자 : 금년에는 쉬는 게 돈 버는 일 같습니다. 사업은 내년(2013, 계사년(癸巳年))부터 시작하세요. 금년(임진년, 壬辰年)은 물이 많은 운인데, 손님 사주에는 물이 많고 습해서 水운(임진년, 壬辰年)을 만나면 좋지 않습니다.

손님 : 금년이 水운입니까?

필자 : 금년은 양력으로 임진년(壬辰年)인데, 壬辰年은 물운입니다. 손님은 초년운이 金운이라서 나빴고, 고등학교 2~3학년 때의 운이 을해(乙亥), 병자년(丙子年)으로 나빴기 때문에 본인이 원하는 대학

에 갈 수 없었겠는데, 어땠습니까?

손님 : 그래서, 경기도에 있는 대학에 들어갔습니다.

필자 : 손님은 06 병술년(丙戌年)이나, 07 정해년(丁亥年)에 남자운이 들어왔는데, 결혼을 했습니까?

손님 : 결혼은 아직 안했고요, 만나는 남자는 있습니다.

필자 : 사주를 보니까 남자를 나타내는 글자가 火인데, 火가 태어난 年의 밑 글자에 있고, 그 남자를 공격하는 성분인 水가 자식인데, 가까이 있으면서 강한 세력을 갖고 있기 때문에 남자를 공격하므로 맘에 쏙 드는 남자를 만나기가 어렵겠고, 남자입장에서 보면 본인의 氣가 쎄서 공격을 당하므로 불만이 많게 되는데, 어떻습니까?

손님 : 그래서, 나이 많은 남자와 사귀고 있는가 봅니다.

필자 : 손님은 경인년(庚寅年)과 신묘년(辛卯年)에 돈 버는 운이 들어왔었는데, 돈을 벌었습니까?

손님 : 경인년(庚寅年)부터 가게를 했습니다만 큰 돈을 못벌어서 작년(신묘년, 辛卯年)에 정리했고, 금년(임진년, 壬辰年)에 새로 시작해도 되겠나 싶어서 왔습니다.

필자 : 2013(계사년, 癸巳年)부터 운이 들어오니까 돈도 벌겠고, 그 때가서 결혼도 하시는 것이 좋겠습니다.

손님 : 저한테 돈복이 있습니까?

필자 : 예, 운이 들어왔으니까 앞으로 잘살게 될 것입니다.

손님 : 그러면 사귀고 있는 남자사주를 봐주세요.

내연의 남자 사주

69	59	49	39	29	19	9		時柱	日柱	月柱	年柱	
己	庚	辛	壬	癸	甲	乙	大	丙	乙	丙	丁	남
亥	子	丑	寅	卯	辰	巳	運	子	亥	午	酉	자

● 사주의 구조 및 핵심사항 ●

- 신묘년(辛卯年) 늦겨울에 위 여자가 갖고 온 남자 사주로, 사주의 구조는, 한 여름(오월, 午月)에 자신을 나타내는 글자를 꽃나무에 비유해서 해석하는 을목(乙木)으로 태어났는데, 자신의 힘이 약하므로 水가 약용신(약신겸 용신)이고, 金이 길신이며, 火가 病神이고, 木이 흉신이다.
- 사주 밑 글자에는 멀지만 자수(子水)와 오화(午火)가 충돌(자오충, 子午 沖)을 하고, 子, 午, 酉 도화살이 있어서 잘생겼을 것이고, 식상도화(食傷桃花, 여기서 식상은 성을 나타냄)를 가져서 性에 강할 것이다.

필자 : 이 남자 분은 인정도 많고, 착하시네요?

손님 : 예, 인정이 굉장히 많고 착합니다. 이 분하고 저하고 궁합이 어떻습니까?

필자 : 서로 필요한 성분들을 갖고 있고, 두 분 모두 대운이 좋기 때문에 궁합은 좋다고 봅니다. 그런데, 나이 차가 19살로 너무 많이 나는데 극복할 수 있을지가 궁금합니다.

손님 : 나이 차이는 극복 할 수 있을 것 같습니다.

필자 : 성 능력의 불균형도 있을 수 있는데요?

손님 : 그것은 제가 별로 좋아하지 않기 때문에 문제될 게 없습니다.
(여자 사주에 性을 나타내는 식상(食傷)이 병신(病神)이고, 몸이 냉해서라고 판단한다.)

필자 : 남자 분은 유통업이나 생산직이 맞는데, 무슨 직업을 가졌습니까?

손님 : 자동차부품공장을 운영하고 있습니다.

필자 : 무슨 제품을 생산하고 있습니까?

손님 : 자동차부품을 만들고 있습니다.

필자 : 남자분은 30대~40대 운이 나빠서 고생 좀 했겠습니다.

손님 : 그 때 모두 망했습니다.

필자 : 그 때가 외환위기 때 입니까?

손님 : 맞습니다.

필자 : 그러면 그 당시 이혼을 했답니까?

손님 : 그렇다고 합니다.

필자 : 남자분은 04년(갑신년, 甲申年)경부터 돈을 벌기 시작했고, 앞으로 돈을 벌겠습니다.

손님 : 예, 그 때부터 돈을 벌었다고 합니다. 앞으로 운이 좋습니까?

필자 : 대운이 좋습니다.

손님 : 또 오겠습니다.

양띠 생(未年生) 사주

1. 45세 은행원이 부부 및 사귀는 여자 문제로 래방했다.
2. 못키울 나무라서 목(木, 남편)이 거추장스럽다.
3. 45세 언니한테는 辛卯年에 무슨 일이 생기는가?
4. 래정법과 일치하지 않는 경우도 있다?

1. 45세 은행원이 부부 및 사귀는 여자 문제로 래방했다.

광진구에서 온 손님

61	51	41	31	21	11	1		時柱	日柱	月柱	年柱
庚	辛	壬	癸	甲	乙	丙	大	己	丁	丁	丁	남
子	丑	寅	卯	辰	巳	午	運	酉	丑	未	未	자

天干 : 甲(갑) 乙(을) 丙(병) 丁(정) 戊(무) 己(기) 庚(경) 辛(신) 壬(임) 癸(계)
地支 : 子(자) 丑(축) 寅(인) 卯(묘) 辰(진) 巳(사) 午(오) 未(미) 申(신) 酉(유) 戌(술) 亥(해)

● **사주의 구조 및 핵심사항** ●

- 신묘년(辛卯年) 늦여름에 래방한 남자의 사주다.
- 사주의 구조를 보면, 늦여름(미월, 未月)에 자신을 나타내는 글자를 인공 火에 비유해서 해석하는 정화(丁火)로 태어났는데, 자신의 힘이 강하므로 金이 용신이고, 土가 길신이다.

필자 : 손님은 사주에서 金이 필요한데, 金은 사업이나 금융 쪽에 맞기 때문에 금융업종이거나 사업쪽인데 무슨 직업을 갖고 계십니까?

손님 : 은행에 근무하고 있습니다.

필자 : 일지(日支, 자기 밑 글자)의 축토(丑土)가 축미충(丑未沖, 축토와 미토가 만나면 깨짐)되었고, 신묘년(辛卯年)운에서 사주의 윗 글자에 있는 신금(辛金)이 재성(財星, 돈)이고, 처를 나타내므로, 손님은 부부궁이 깨졌는데, 오래전부터 힘들었겠습니다. (여기서, 오래전부터라고 한 이유는 일지(日支, 자기 밑글자로 배우자 궁) 축토(丑土)를 월지(月支, 태어난 계절) 미토(未土)가 축미충(丑未沖, 축토와 미토가 만나면 깨짐)하고 있는 것을 시지(時支, 태어난 시간의 밑글자) 유금(酉金)이 유축(酉丑)으로 합(合)을 해서 일시적으로 축미충(丑未沖, 축토와 미토가 만나면 깨짐)을 보류하고 있는 상태인데, 대운에서 묘목(卯木)이 와서 묘유충(卯酉沖, 묘목과 유금이 만나면 충돌함)하면 유축금국(酉丑 金局, 유금과 축토가 만나면 쇳덩이어리가 됨)이 풀리면서 축미충(丑未沖, 축토와 미토가 만나면 깨짐)하기 때문이다.)

손님 : 예, 오래 전부터 갈등을 겪어 오다가 재작년(기축년, 己丑年)부터는 아예 서로 간섭을 안하기로 하고 각 방을 쓰고 삽니다.

필자 : 손님은 여자 하나로는 안되고 반드시 재혼을 하거나 애인을 둬야 맞습니다. (여기서, 이렇게 말을 한 이유는 재성(財星, 돈이고, 처에

해당)인 유금(酉金)이 있는데, 유축금국(酉丑金局, 유금과 축토가 만나면 쇳덩이어리가 됨)이 되어 또 다른 재성(財星, 돈이고 처에 해당)인 金을 만들기 때문이다.)

손님 : 제 사주에 돈이 어느 정도이고, 처복(妻福)이 없는 것입니까?

필자 : 손님은 돈 복(福)이 있으나 형제나 주위사람들 때문에 새는 데가 많고, 운의 흐름이 부진해서 월급이 제대로 관리가 안되었겠지만 앞으로 말년운이 좋기 때문에 수 십억원은 벌 것이니 걱정하지 마세요. 그리고, 원래는 처복(妻福)도 있으나 운의 흐름이 나빠서 그러니 앞으로 좋아질 것입니다.

손님 : 그러면, 사귀는 여자의 사주도 봐주세요.

애인 사주

64	54	44	34	24	14	4		時柱	日柱	月柱	年柱
癸	壬	辛	庚	己	戊	丁	大	辛	乙	丙	己	여
未	午	巳	辰	卯	寅	丑	運	巳	亥	子	酉	자

◉ 사주의 구조 및 핵심사항 ◉

- 사주 구조를 보면, 한겨울(자월, 子月)에 자신을 나타내는 글자를 꽃나무에 비유해서 해석하는 을목(乙木)으로 태어났는데, 乙木 꽃나무가 추위에 떨고 있는 한 떨기 연약한 꽃이다.
- 이 을목(乙木)은 살아있는 생목(生木)이라서 火가 용신이고, 水가 병이며, 金이 흉신이다.

- 日支 배우자궁에 병신(病神, 가장 나쁘게 작용)이 앉아있고, 사해충(巳亥沖, 사화와 해수가 만나면 충돌함)으로 용신을 깨므로 부부관계가 매우 불행한 여인이다.

- 그러나, 인(寅), 묘(卯) 대운에는 사해충(巳亥沖, 사화와 해수가 만나면 충돌함)을 막아주므로 괜찮았으나, 경진(庚辰)대운에 습한 土가 들어와서 용신이 무력해지기 때문에 이 때부터 부부싸움이 심해져서 이 부부도 이혼은 안한 상태에서 각자 따로 살고 있다.

- 앞으로 오는 임진(壬辰), 계사년(癸巳年)이 흉하므로 불행이 예고되어 있다.

2. 못키울 나무라서 목(木, 남편)이 거추장스럽다.

장지동에서 온 손님

68	58	48	38	28	18	8		時柱	日柱	月柱	年柱
乙	甲	癸	壬	辛	庚	己	大	戊	己	戊	乙
未	午	巳	辰	卯	寅	丑	運	辰	酉	子	未
											여자

天干 : 甲(갑) 乙(을) 丙(병) 丁(정) 戊(무) 己(기) 庚(경) 辛(신) 壬(임) 癸(계)
地支 : 子(자) 丑(축) 寅(인) 卯(묘) 辰(진) 巳(사) 午(오) 未(미) 申(신) 酉(유) 戌(술) 亥(해)

● 사주의 구조 및 핵심사항 ●

- 신묘년(辛卯年) 초가을에 온 여자다.
- 이 사주의 구조는 한겨울(자월, 子月)에 자신을 나타내는 글자를 야산의 흙에 비유해서 해석하는 기토(己土)로 태어났는데, 자신의 힘이 약하기 때문에 도와주는 土가 용신이고, 운에서 오는 火가 길신이며, 木이 병신(病神, 가장 나쁘게 작용)이고, 金은 약신과 흉신을 겸한다.

필자 : 신묘년(辛卯年)에 신금(辛金)은 자식이고, 묘(卯)는 남편이고, 직장인데, 을신충(乙辛沖, 을목과 신금이 만나면 충돌을 함)을 해서 남

편, 자식, 직장으로 해석하는 을목(乙木)을 공격하고 있으므로 손님은 금년에 자식일로 궁금할테고, 작년부터 남편 문제 또는 직장일이 생기게 되는데, 그 문제로 오셨지요?

손님 : 예, 맞습니다.

필자 : 손님 사주를 보니까 자식 일이 생기는데, 무슨 일인가요?

손님 : 아들을 곧 결혼을 시키려고 준비 중입니다. 그런데, 아들 일보다는 당장 제가 하는 일이 잘되겠는가가 더 궁금 합니다.

필자 : 직장보다 우선 남편과의 관계부터 살펴보고 넘어가지요. 손님은 남편을 거추장스럽게 생각하는데, 이런 사주 구조를 가지면 결혼하면서부터 곧바로 문제가 발생하게 됩니다. 또, 사주에 남편을 나타내는 글자가 조상궁(년주, 年柱)에 있게 되면 일찍부터 남자친구를 사귀게 되는데, 흐르는 운(大運)에서도 18세부터 왔기 때문에 일찍 남자를 사귀었겠습니다.

손님 : 예, 저는 중학교 때부터 남자친구를 사귀었습니다.

필자 : 사주에 남자가 년주(年柱, 태어난 년의 기둥)에 일찍 나타나 있고, 또, 대운에서도 일찍 나타났으므로 결혼도 일찍했지요?

손님 : 26세에 결혼했습니다.

필자 : 손님 사주는 남편이 거추장스러울 것이라고 앞에서도 말씀드렸는데, 실제로는 어떠신가요?

손님 : 결혼하고서 남편과 별로 사이가 안좋았는데, 제가 2001년부터 사업을 했는데, 남편이 간섭을 심하게 해서 그 때부터 갈등이 커져서 각 방을 쓰면서 살고 있습니다.

필자 : 사람이 살아가면서 부부사이가 좋아야 행복을 느낄 수 있는데, 부부사이가 안좋다면 서로 노력해볼 생각은 없습니까? 사람이 혼자 살 수도 없고, 또 혼자 살게 되면 주위에서 우습게 보는 경향이 많습니다.

손님 : 그것은 그렇지만 저는 남편이 옆에 있는 것 자체를 싫어합니다. 밤에 남편이 나를 보는 것조차도 싫고, 소름이 끼칩니다.

필자 : 손님은 무슨 사업을 하시죠?

손님 : 전에는 식료품 수입도 했고, 올해(신묘년, 辛卯年)부터는 주류 프렌차이점 회사를 운영합니다.

필자 : 같은 형제로 해석하는 土가 용신이고, 木이 病인데, 신묘(辛卯), 임진년(壬辰年)은 木의 힘이 강해지므로, 금년과 내년은 사업이 신통치 않을 것이기 때문에 너무 크게 확장을 자제하세요. 특히, 신묘년(辛卯年)은 일지(日支, 자기 밑글자)에 유금(酉金)과 묘유충(卯酉冲, 묘목과 유금이 만나면 충돌함)을 일으키므로, 금년은 남편과 갈등이 많은 운이고, 남자 문제나, 관재가 생길 수 있기 때문에 조심해야 합니다.

손님 : 금년에 아들을 결혼시킬 계획이라서 남편과 이혼은 안할 생각이고요, 가맹점을 30개에서 40개 정도 만들 계획이었는데, 지금 몇 개밖에 만들지 못했습니다.

필자 : 내 후년(계사년, 癸巳年)부터는 좋아질 것입니다.

손님 : 남편사주와 동업자 사주를 봐주세요?

남편사주

62	52	42	32	22	12	2		時柱	日柱	月柱	年柱
丙	丁	戊	己	庚	辛	壬	大	丁	乙	癸	乙	남
子	丑	寅	卯	辰	巳	午	運	丑	亥	未	未	자

● **사주의 구조 및 핵심사항** ●

- 이 사주의 구조는, 늦여름(미월, 未月)에 자신을 나타내는 글자를 꽃나 무에 비유해서 해석하는 을목(乙木)으로 태어났는데, 자신의 힘이 약간 약하고, 무더운 계절이므로 水가 용신이고, 土가 病이며, 木이 약신이다.

- 사주에 인성(印星, 공부와 모친의 의미)이 용신인 사람들은 대게가 교육직이나 직장인에 많은데, 이 남자는 회사원이다.

- 일지 처궁(日支 妻宮)에 용신이 들어있어서 좋으나, 재성(財星, 마누라를 의미)인 미토(未土)가 병(病)이고, 축미충(丑未沖, 축토와 미토가 만나면 충돌함) 되어 깨져 있어서 부부궁이 나쁨을 알 수 있다.

동업자 사주

64	54	44	34	24	14	4		時柱	日柱	月柱	年柱	
壬	辛	庚	己	戊	丁	丙	大	戊	丙	乙	戊	남
申	未	午	巳	辰	卯	寅	運	子	午	丑	戌	자

◉ 사주의 구조 및 핵심사항 ◉

- 이 사주의 구조는, 늦겨울(축월, 丑月)에 자신을 나타내는 글자를 태양 火에 비유해서 해석하는 丙火로 태어났는데, 자신의 힘을 빼는 기운인 식상(食傷)이 많아서 약하므로, 자신을 도와주는 木이 용신이고, 土가 病이며, 水도 흉신이고, 火는 길신이다.

- 자신의 힘을 빼는 기운인 식상(食傷)이 너무 많아서 病이므로 말이 너무 많고, 잔머리를 잘 굴리는 사람이며, 일지(日支 妻宮)에 있는 오화(午火)와 태어난 시간의 밑 글자에 있는 자수(子水)가 충돌(자오충, 子午沖)하여 깨져서 부인과 헤어져 혼자 산다고 하며, 한때 외국에 나가서 돈을 많이 벌었으나, 51살인 08(무자, 戊子)년에 모두 망했다고 한다.

- 자신의 힘을 빼는 기운인 식상(食傷)이 病이므로 말이 앞서고 과장이 너무 심해서 어떤 때는 당황할 때가 많다고 한다.

- 이 남자는 미(未)대운이 오면, 축미충(丑未沖. 축토와 미토가 만나면 충돌함)해서 그 글자들 속에 들어있는 재성(財星)인 金이 깨지므로 재산을 까먹을 사람이라서 동업자로서는 좋지않겠다고 조언해줬다.

3. 45세 언니한테는 辛卯年에 무슨 일이 생기는가?

영등포에서 온 손님

68	58	48	38	28	18	8		時柱	日柱	月柱	年柱
辛	庚	己	戊	丁	丙	乙	大	癸	丙	甲	丁	여
亥	戌	酉	申	未	午	巳	運	巳	午	辰	未	자

天干 : 甲(갑) 乙(을) 丙(병) 丁(정) 戊(무) 己(기) 庚(경) 辛(신) 壬(임) 癸(계)
地支 : 子(자) 丑(축) 寅(인) 卯(묘) 辰(진) 巳(사) 午(오) 未(미) 申(신) 酉(유) 戌(술) 亥(해)

◉ 사주의 구조 및 핵심사항 ◉

- 신묘년(辛卯年) 한가을에 여동생과 같이 온 언니 사주다.
- 이 사주의 구조는, 늦봄(진월, 辰月)에 자신을 나타내는 글자를 태양 火에 비유해서 해석하는 병화(丙火)로 태어났는데, 火氣가 강하므로 水가 용신이다. 그런데, 용신(가장 필요한 글자)인 水가 허약하므로 이 여자는 자제력이 약해서 자기 마음대로 행동하는 사람이다.

필자 : 손님 사주를 보니까 남편은 안중에도 없고, 본인 마음대로 말하고 행동하겠네요?

손님 : 같이 온 동생과 함께 하하하 하면서 파안대소를 하고는 "저가 그렇습니다"라고 말했고, 그 옆에 있던 동생이 하는 말이 "언니는 자기 마음대로 입니다"라고 하자, 언니는 동생한테 "우리 동생도 한 수 합니다"라고 말했다.

(동생의 사주를 보면 신왕하기 때문에 자기 색깔이 강하다.)

필자 : 본인 사주에 남편이 약해서 증발될 것 같은데, 사주가 이렇게 되면, 남편이 아무 힘이 없겠네요?

손님 : 제가 좀 강합니다.

필자 : 손님은 금년 운이 돈 문제나 문서문제가 궁금해서 왔지요?

손님 : (옆에 앉은 동생의 얼굴을 힐끔 쳐다보면서) 예, 저와 동생의 이름으로 집이 한 채 있는데, 건물이 낡아서 뜯어내고 새로 신축을 하려고 합니다. 언제 지었으면 좋겠습니까?

필자 : 손님 운으로는 내년 말쯤이 좋겠습니다.

손님 : 동생하고 명의가 같이 되어 있는데, 동생은 어떻습니까? 동생 사

주로는 내후년이 좋기 때문에 두 분의 운을 종합하면 내년 말에서 내 후년 초에 신축을 하면 좋겠습니다.

필자 : 손님이 궁금해 하는 것이 돈 문제인데요?

손님 : 선생님, 저와 동생이 같이 오뎅장사를 해볼까 하는데, 해도 되겠습니까?

필자 : 흐르는 운을 보니까 38세 이후부터 돈을 벌겠으니까 해보세요. 그리고, 손님은 초년 운이 저조해서 고생 좀 했겠습니다. 그런데, 고등학교 때 학운이 좋았네요?

손님 : 예, 이화여대를 나왔읍니다만 신혼 초까지 고생을 많이 했었습니다. 제 남편 사주 좀 봐주세요?

남편사주

63	53	43	33	23	13	3		時柱	日柱	月柱	年柱
辛	壬	癸	甲	乙	丙	丁	大	戊	庚	戊	癸	남
亥	子	丑	寅	卯	辰	巳	運	寅	寅	午	卯	자

● 사주의 구조 및 핵심사항 ●

- 신묘년(辛卯年) 한가을에 온 남자다.
- 이 사주의 구조는, 한여름(오월, 午月)에 자신을 나타내는 글자를 무쇠 金에 비유해서 해석하는 경금(庚金)으로 태어났는데, 자신의 힘이 약하므로 土가 용신이라서 사람은 착하지만 사주 밑 글자(지지, 地支)에 인오화국(寅午火局, 인목과 오화가 만나면 불덩이라가 됨)을 형성하고 있어서 성격이 예민하다.

- 재다신약(財多身弱, 돈 글자가 많아서 사주가 약하게 됨) 사주라서 돈 복이 없고, 마누라한테 구박당하는 팔자인데, 위의 마누라사주에서 화극수(火剋水, 큰 불은 수(水)를 말림)하므로 처(妻)가 남편을 극하고 있는 모습이 증명됐다.

- 병진(丙辰)대운이 좋아서 경찰에 입문했는데, 진급이 늦어서 고민한다고 한다.

- 33 갑인(甲寅)대운에 돈 글자인 인목(寅木, 인목과 오화가 만나 불덩어리를

만듬)이 와서 인오화국(寅午火局)을 지으면서 갑경충(甲庚沖, 갑목과 경금이 만나면 충돌함)하므로 자기 재산으로는 큰 돈을 손해봤다고 한다.

- 계축(癸丑)대운은 운이 괜찮은데, 임자(壬子), 신해(辛亥)대운은 수극화(水剋火, 물로 불을 끔)해주긴 하지만 다른 한편으로는 수생목(水生木, 물이 나무를 생해줌)해서 木을 키우므로 좋은 운이 아니다.

4. 래정법과 일치하지 않는 경우도 있다?

관악구에서 온 손님

68	58	48	38	28	18	8		時柱	日柱	月柱	年柱
癸	甲	乙	丙	丁	戊	己	大	甲	辛	庚	丁	남
卯	辰	巳	午	未	申	酉	運	午	未	戌	未	자

天干 : 甲(갑) 乙(을) 丙(병) 丁(정) 戊(무) 己(기) 庚(경) 辛(신) 壬(임) 癸(계)
地支 : 子(자) 丑(축) 寅(인) 卯(묘) 辰(진) 巳(사) 午(오) 未(미) 申(신) 酉(유) 戌(술) 亥(해)

● **사주의 구조 및 핵심사항** ●
- 신묘년(辛卯年) 한가을에 온 남자 사주로 딸 이름을 지으려고 온 손님이다.
- 이 손님은 자신의 출생 시간이 미시(未時, 13:30~15:30까지)인지 오시(午時, 11:30~13:30까지)인지 잘 몰라서 검증해본 바, 오시(午時)로 보기로 했다.

손님 : 선생님, 제 딸아이 이름을 지으려고 왔습니다. 좋은 이름으로 잘 지어주세요.

필자 : 알겠습니다. 정성껏 지어드리겠습니다. 그러면, 먼저, 딸아이의 생년월일을 알려주세요.

딸 사주

63	53	43	33	23	13	3		時柱	日柱	月柱	年柱
壬	辛	庚	己	戊	丁	丙	大	壬	丙	乙	辛	여
寅	丑	子	亥	戌	酉	申	運	辰	戌	未	卯	자

손님 : 생년월일은 2011年 7月 30日(토) 8時 52分입니다.

필자 : 손님의 얼굴을 보니까 출산이 많이 늦은 것 같은데, 둘째 아이입니까, 셋째 아이입니까?

손님 : 사실은 어제(신묘년 8월 4일) 입양한 아이입니다. 우리아이의 사주를 봐주세요?

필자 : 신생아의 사주를 가지고 이러쿵 저러쿵 하는 것은 즐겁지 않습니다만 정 궁금하시다면 특별한 사연이고 하니 봐 드리겠습니다. 이 아이의 사주는 무더운 늦여름에 태양 火로 태어나 사주 밑 글자 술

토(戌土)가 있고, 을목(乙木)과 미토(未土)가 있는데, 묘미합목(卯未合木, 묘목과 미토가 합을 해서 목을 만듦)해서 목생화(木生火, 목이 화를 생해 줌)하기 때문에 자신의 힘이 강하므로 水가 가장 필요한 글자이고, 金도 좋은 기능을 합니다. 또, 배우자궁(日支)에 있는 술토(戌土)와 자식궁(時支)에 있는 진토(辰土)가 충돌(진술충, 辰戌沖)을 해서 부부궁이 불안한데, 태어난 계절(月支)인 未土와도 술미형(戌未刑)까지 하고 있어서 부부궁이 더욱 불안합니다. 이렇게 배우자궁인 일지(日支, 배우자궁)가 이중으로 충(沖)과 형(刑)이 중복이 되어 깨지면 거의 이혼을 하게 됩니다. 또한, 모친을 살펴보면, 을목(乙木)과 묘목(卯木)이 나타나 있는 엄마인데, 자식궁에 있는 진토(辰土)속에도 을목(乙木) 꽃나무가 숨어있는데, 진술충(辰戌沖, 진토와 술토가 만나면 충돌함)해서 깨졌고, 태어난 계절인 미토(未土)와 년지(年支, 태어난 년의 밑글자)의 묘목(卯木)이 묘미합목(卯未合木, 묘목과 미토가 합하여 목이 됨)을 해서 양 어머니인 새로운 木을 만드므로 새 엄마로 볼 수 있고, 부친은 년상(年上, 태어난 년의 윗글자)에 신금(辛金)이 있으나 乙木을 만나서 충돌(을신충, 乙辛沖)해서 깨졌고, 일지(日支) 술토(戌土)속에도 부친을 나타내는 신금(辛金)이 있는데, 술미형(戌未刑), 진술충(辰戌沖)으로 깨져서 아버지와도 인연이 없습니다만 양 아버지는 나타나지 않습니다. 그런데, 이 사주는 인물이 잘났고, 똑똑합니다.

손님 : 감사합니다. 그러면, 저의 사주도 봐주시겠습니까? 그런데, 출생 시간이 미시(未時, 13:30~15:30)인지, 오시(午時, 11:30~13:30)인지 잘 모릅니다.

필자 : 앞에 있는 본인의 사주를 보면서. 손님의 성격은 을미시(乙未時)가 되면 큰 돈이나 또는 노력하지 않고 얻는 돈인데, 갑오시(甲午時)가 되면 올바른 돈이며, 정직한 돈을 추구하는 성품이며, 마누라 또한 자신이 생각하기에는 을목(乙木) 꽃나무가 아닌 갑목(甲木) 큰 나무로 생각됩니다. 또, 오시(午時)가 되면 태어난 월(月)의 밑글자인 술토(戌土)와 자기 밑 글자인 미토(未土)가 흔들리는 현상인 술미형(戌未刑) 하는 것을 오화(午火)가 오미합(午未合)으로 막아주어 부부갈등이 감소하기 때문에 큰 갈등이 없이 살게 되는데, 이 부부 역시 큰 갈등이 없이 삽니다. 어느 시간이 맞는 것 같습니까?

손님 : 오시(午時)가 맞는 것 같습니다.

필자 : 이 사주는 늦가을에 태어났지만 글자 속에 열기가 많아서 약하기 때문에 뒷심이 부족하고, 예민한 성격이며, 친구를 아무나 사귀지도 않고, 깔끔한 성격입니다. 또, 오시(午時)가 되면, 火가 病이 되고, 여기서 火는 자식에 해당하는데, 자식은 혈통인데, 혈통이

病이 된 사람들은 혈통에 이상이 있음을 말하기 때문에 아들이 없는 경우가 많고, 혹시 아들이 있다면 그 아들이 속을 썩일 수 있습니다만, 자식을 못낳는다고 단정할 수는 없습니다.

손님 : 제 성격이 좀 까다로운 편입니다.

필자 : 손님은 초년이 좋아서 편안한 성장과정을 거쳤겠고, 고등학교 때 의운을 보니까 중상류 이상의 대학에 진학했겠습니다.

손님 : 예, 건국대에서 경영학을 전공했고, 지금은 회사에 다닙니다.

필자 : 손님은 무슨 이유로 아이를 입양하게 되었습니까?

손님 : 지금까지 다섯 차례에 걸쳐서 인공임신시술을 받았는데, 임신이 안돼서 가족과 상의 끝에 이 아이를 입양하게 되었습니다.

필자 : 정말 좋은 일 하셨습니다. 축하드립니다. 그런데, 임신이 안된 이유를 찾기 위해서 부인의 사주가 궁급합니다.

부인 사주

63	53	43	33	23	13	3	大	時柱	日柱	月柱	年柱	여
己	庚	辛	壬	癸	甲	乙	運	丁	甲	丙	戊	
酉	戌	亥	子	丑	寅	卯		卯	寅	辰	申	자

● **사주의 구조 및 핵심사항** ●

- 이 사주의 구조는, 늦봄(진월, 辰月)에 자신을 나태는 글자를 큰 나무에 비유해서 해석하는 갑목(甲木)으로 태어났는데, 사주 밑 글자에서 인묘진목국(寅卯辰木局, 인목, 묘목, 진토가 만나면 나무 다발을 만듦)을 이루어 강하므로 火가 용신이고, 金이 흉신이다.

필자 : 봄에 거목(巨木)이 꽃을 활짝피웠으므로 인물이 잘났고, 총명한 부인입니다.

손님 : 그렇습니까? 저는 보통으로 생각합니다.

필자 : 부인의 사주에서는 火가 가장 필요하기 때문에 자식이 없다고 볼 수 없는데, 단지 이유를 찾는다면 비록 멀지만 년지 신금(年支 申金)과 일지 인목(日支 寅木)이 인신충(寅申沖, 인목과 신금이 만나면 충돌함)이 되어 그 속에 들어있는 자식의 뿌리가 잘렸다고 볼 수 있지만 이 한 가지 이유만으로 자식이 안생긴다고는 단정할 수 없

습니다. 따라서, 사주학에서는 모든 것을 100% 알기가 어렵습니다. 또, 이 사주는 교육계통에 잘 맞는 사주인데 무슨 직업을 가졌습니까?

손님 : 미대를 나와서 미술을 가르치다가 지금은 쉬고있습니다.

필자 : 손님은 언제 결혼했습니까?

손님 : 제 나이 35세 때인 2001년에 결혼했습니다.

결론적으로, 위 남자의 사주에서 신묘년(辛卯年)은 동료나 친구문제 또는 돈 문제, 여자문제라야 하는데, 전혀 그렇지 않았다. 이 남자는 래방의 목적이 딸의 이름을 지으려고 왔다가 자기 사주를 본 경우라서 래정법과는 일치하지 않았다. 그리고, 래정법은 자기의 사주가 궁금해서 래방한 당사자한테 잘 맞는다.

원숭이띠 생(申年生) 사주

1. 자식이 많은 사주
2. 56세 미모의 여인이 무슨 일로 래방했나?
3. 교육자가 자식문제로 래방했다.
4. 생년월일을 잘모르는 남자가 무슨 일로 래방했나?
5. 56세 남자가 문서문제로 래방했다.
6. 경인년(庚寅年, 2010년)에 식신(食神)을 충(沖)하므로 유방확대수술을 했다.
7. 68세 재미교포 여인이 무슨 일로 래방했나?
8. 이 남자는 가게를 계약(문서)하기 위해서 래방했다.
9. 당신은 재혼하거나 애인두고 살 팔자입니다.
10. 여자 팔자에 식상(食傷)이 발달하면 남자 복이 없다.
11. 이혼을 해야 좋을까요? 말아야 좋을까요?

1. 자식이 많은 사주

채널 A(동아방송)에 나온 사주

62	52	42	32	22	12	2		時柱	日柱	月柱	年柱	
戊	己	庚	辛	壬	癸	甲	大	庚	丙	乙	戊	여
午	未	申	酉	戌	亥	子	運	寅	戌	丑	申	자

天干 : 甲(갑) 乙(을) 丙(병) 丁(정) 戊(무) 己(기) 庚(경) 辛(신) 壬(임) 癸(계)
地支 : 子(자) 丑(축) 寅(인) 卯(묘) 辰(진) 巳(사) 午(오) 未(미) 申(신) 酉(유) 戌(술) 亥(해)

● **사주의 구조 및 핵심사항** ●

- 신묘년(辛卯年) 늦겨울에 채널 A(동아방송)에서 사주 샘플을 갖고 와서 필자한테 2일간 촬영해간 것중 2회분으로, 45세 여자 사주인데, 사주의 구조는, 늦겨울(축월, 丑月)에 병화(丙火)가 신약하고 춥기 때문에 火가 용신이고, 木이 길신이며, 金이 病이고, 운에서 오는 水가 흉신이며, 술토(戌土)는 吉하나, 戊土, 丑土는 흉신이다.
- 자식을 나타내는 식상(食傷)인 무토(戊土), 축토(丑土), 술토(戌土)가 나타나 있고, 신금(申金)속에 무토(戊土)가 있고, 인목(寅木)속에도 무토(戊土)가 있어서 총 5개인데, 나중에 방송을 보니까 자식이 쌍둥이를 포함해서 총 6명이란다.

- 사주 밑 글자에는 축술형(丑戌刑, 축토와 술토가 만나면 서로에게 상처를 줌)이 있고, 인술화국(寅戌火局, 인목과 술토가 만나면 불덩어리를 만듬)이 있다.

- 이 사주는 2012. 1. 17. 채널 A(동아방송)에서 설 특집 4부작으로 방송하기 위해서 필자한테 샘플을 갖고 와서 2일간 촬영해 간 사주중 2회분에 방영된 내용인데, 이 사주에서는 자식이 몇 명인가를 알아보기 위해서 본것이다.

- 女子사주에 자식을 나타내는 육친이 식상(食傷)인데, 이 사주에는 식상(食傷)인 무토(戊土), 축토(丑土), 술토(戌土)가 나타나있고, 신금(申金) 속에 무토(戊土)가 있고, 인목(寅木)속에도 무토(戊土)가 있어서 총 5개가 있다.그런데, 현재와 같은 의료가 발달한 사회현실 속에서 자식의 숫자를 논한다거나, 남 여 성별을 논하는 것은 적중률이 낮기 때문에 필자는 이 사주를 가지고 자식의 "숫자를 정확히 맞히는 것은 의미가 없고, 자식이 많다"라고 말을 했는데," 나중에 방송을 보니까 쌍둥이를 포함해서 총 6명이라고 했다.

2. 56세 미모의 여인이 무슨 일로 래방했나?

송파구에서 온 손님

63	53	43	33	23	13	3		時柱	日柱	月柱	年柱
癸	甲	乙	丙	丁	戊	己	大	癸	壬	庚	丙	여
未	申	酉	戌	亥	子	丑	運	卯	子	寅	申	자

天干 : 甲(갑) 乙(을) 丙(병) 丁(정) 戊(무) 己(기) 庚(경) 辛(신) 壬(임) 癸(계)
地支 : 子(자) 丑(축) 寅(인) 卯(묘) 辰(진) 巳(사) 午(오) 未(미) 申(신) 酉(유) 戌(술) 亥(해)

● **사주의 구조 및 핵심사항** ●

- 신묘년(辛卯年) 늦여름에 온 되는 미모의 여인이 세련된 모습으로 래방했다.
- 사주의 구조는, 초봄(인월, 寅月)에 자신을 나타내는 글자를 강물로 해석하는 임수(壬水)로 태어났는데, 월상(月上, 태어난 월의 윗 글자)에 편인(編印, 이모에 해당)인 경금(庚金)이 있고, 시상(時上, 태어난 시간의 윗 글자)에 겁재(劫財, 성을 달리하는 형제)인 계수(癸水)가 있으며, 년지(年支, 태어난 년의 밑 글자)에 편인(編印, 이모 또는 의붓엄마에 해당)인 신금(申金)이 있으며, 인월(寅月)은 아직 한기(寒氣, 찬 기운)가 가시지 않는 계절이고 자기 힘이 강하므로 인목(寅木)이 용신이고, 火가 약(藥), 길신이며, 金이 병신(病神)이고, 水가 흉신이다.

208 래정법

– 여기서, 용신을 인목(寅木)이라고 했는데, 사실상은 火가 더 유용하므로 火가 정용신이지만, 이 丙火는 인목(寅木)속에 숨어 있으므로 인목(寅木)이 용신이라고 했다. 그런데, 필자는 책에는 木이 용신이라고 했지만 손님과 대화할 때는 火를 사실상의 용신이라고 말을 한다. 왜냐하면, 실제 통변할 할 때는 손님한테 알아듣지 못할 용신이라는 말을 할 필요도 없거니와 실제적으로 가장 필요로 한 것을 가지고 이야기를 하는 것이 훨씬 설득력이 강하고 알아듣기 쉽기 때문이다.

– 결론적으로, 필자는 이와 같은 사주를 설명할 때, "이 사주는 초봄에 강물인 임수(壬水)로 태어나 나무를 기르고 있는데, 초봄은 아직 춥고, 또 사주에 찬성분인 金과 물이 많아서 냉하므로 이 나무를 잘 기르기 위해서는 불이 가장 필요하다"라고 말을 한다.

필자 : 손님께서는 정말 미인이십니다.

손님 : 선생님, 감사합니다.

필자 : (이 여인은 너무 잘생겨서 혹시 남편 복이 없을 수도 있겠고, 남편 복이 있다면 귀부인임을 염두에 두고) 저는 개인적으로 사람의 얼굴을 볼 때 미인보다는 복이 있게 생긴 얼굴을 가진 사람을 좋아합니다.

대게, 미인은 외롭게 사는 경우를 많이 봅니다.

손님 : 맞습니다. 저도 그렇게 생각합니다.

필자 : 손님 사주를 보니까 남편 덕도 없고, 돈 복도 없을 것 같은데, 금년 운이 문서 문제 또는 활동문제가 생겼는데, 그 일로 오셨지요? (신묘년, 辛卯年)은 임수(壬水)일간을 기준해서 볼 때, 신금(辛金)이 인성(印星)이므로 문서이고, 묘목(卯木)은 상관(傷官)으로 진로 또는 활동이므로.)

손님 : 예, 집을 팔려고 하는데, 안팔려서 고민이고, 또, 무슨 일을 해도 되겠는지가 궁금해서 왔습니다.

필자 : 손님사주를 보면, 작년(경인년, 庚寅年)에 벌써 변동 수가 생겼는데, 못팔았습니까? 금년에 집을 판다면 운도 안좋고, 집값도 떨어졌는데, 많이 줄여서 가야겠습니다.

손님 : 그렇게 할 생각입니다.

필자 : 이 여자의 남편은 무토(戊土)로, 무토(戊土)가 인목(寅木) 속에 들

어있는데, 인신충(寅申沖)하여 깨졌으므로, 손님 사주에는 남편과 살 수가 없는데, 멀리는 2004년(甲申年)부터 남편과 돈이 깨졌는데, 남편과의 관계는 어떠하신가요?

손님 : 사실은 남편이 몇 년 전에 갑자기 돌아가셨습니다.

필자 : 남편이 돌아가셨다면, 2014(갑신년, 甲申年)에 인신충(寅申沖)하므로, 그 해 였거나 정해년(丁亥年, 2007년)으로 인목(寅木)과 해수(亥水)가 합(인해합, 寅亥合)하면 인목(寅木)속에 들어있는 병화(丙火)가 해(亥)중에 임수(壬水)한테 공격을 받게 되어 꺼지는데, 병화(丙火)가 꺼지면 寅木(寅木)속에 들어있는 갑목(甲木)과 해수(亥水)속에 들어있는 갑목(甲木)이 목극토(木剋土, 목이 토를 공격함)를 해서 무토(戊土)가 깨지므로, 그해에 그렇지 않으면 경인년(庚寅年)에 인신충(寅申沖)하므로, 그해로 보이는데, 언제인가요?

손님 : 2007년(정해년, 丁亥年) 밤에 주무시다가 갑자기 심장마비로 돌아가셨습니다.

필자 : 참 안타깝네요. 남편이 안계시면 생활비를 어떻게 하시나요? 손님 운으로는 무엇을 할 수도 없고, 무척 어려운데요?

손님 : 저는 아무 재주도 없고요, 남편만 믿고 살아왔는데 남편이 돌아가시고 나서 생활이 무척 어렵습니다.

필자 : 내년까지는 섣불리 어디에 투자하시면 손해보게 되니까 절대 투자 같은 것은 하지마세요.

손님 : 투자할 돈도 없습니다.

필자 : 손님 사주에는 돈이 없는데, 그래도 33세부터 10년간은 돈이 붙을 운이었습니다. 팔 집은 어디에 있고, 몇 평짜리입니까?

손님 : 송파구 잠실동에 있는 아파트로 50평인데, 남편 명의로 갖고 있던 것인데, 오래전 살 때 20억을 줬는데, 금년에 팔려고 하니까 15억도 안주겠다고 합니다.

필자 : 부동산 매매에 있어서는 운만 가지고 판단해서는 안되고요, 지금의 경기라든가 국가의 운을 함께 봐야 답이 나옵니다. 지금은 부동산 경기가 나쁘고 손님의 운도 나쁘기 때문에 시세대로 내놓으면 안팔리고요 파격적으로 싼 값에 내놓아야 팔릴 것입니다. 손님 사주에 금년에 천을귀인(임수(壬水)와 계수(癸水)일주는 묘(卯)와 사(巳)

가 천을귀인임)이 도와주는 해운이니까 그 귀인을 기대해봅시다.

손님 : 꼭 팔리게 해주세요.

필자 : 작년(경인년, 庚寅年)에 인신충(寅申沖)해서 돈과 부친과 시어머니가 손상을 입으므로, 돈 손해라든가 친정 부친 또는 시어머니하고 관계는 어떠하셨나요?

손님 : 작년(경인년, 庚寅年)에 돈 몇 억을 친구한테 꿔줬는데 전혀 못받고 있고요, 또, 작년에 시어머니도 돌아가셨습니다.

필자 : 그렇군요. 손님은 작년부터 좋은 운이 들어오면서 나쁜 일도 생기게 됩니다. 남들과 돈 거래는 하지마세요. (운에서 활동을 의미하는 식상(食傷)운이 왔으므로) 작년부터 활동을 하고 싶을 것인데, 무엇을 하려고 합니까?

손님 : 제가 노래를 좋아해서 K여고 동창생인 친구와 뚜엣으로 노래봉사를 하러 다니는데, 우연한 기회에 KBS 방송국에서 담당 PD한테서 출연요청이 있어서 공연을 한 후에 가수 회원증도 받았고 앞으로 노래를 해볼까 합니다.

필자 : 사주를 보니까 취미생활로는 좋습니다만 직업적으로 한다해도 돈은 안되겠습니다.

그러면, 돌아가신 남편 사주를 한번 볼까요?

사망한 남편 사주

51	41	31	21	11	1		時柱	日柱	月柱	年柱
乙	甲	癸	壬	辛	庚	大	乙	丁	己	壬	남
卯	寅	丑	子	亥	戌	運	巳	亥	酉	辰	자

● **사주의 구조 및 핵심사항** ●

- 07년에 잠을 자다가 심장마비로 사망했다고 하는데, 위 부인의 사주와의 인연을 파악하기 위해서 사망한 남편의 사주를 봤다.
- 사주의 구조를 보면, 한가을(유월, 酉月)에 자신을 나타내는 글자를 인공 火에 비유해서 해석하는 정화(丁火)로 태어났는데, 丁火가 태어난 시간의 밑 글자 사화(時支 巳火)에 뿌리가 있고, 태어난 시간의 윗 글자에 을목(乙木)이 있어서 자신의 힘이 약한데, 일지 해수(日支 亥水)와 일간(日干)의 뿌리인 사화(巳火)가 충돌해서 깨졌고, 또, 사화(巳火)는 월지 유금(月支 酉金)과 사유금국(巳酉金局, 사화와 유금이 만나면 쇠덩이리가 됨)을 지어서 변질되었다.
- 火가 용신이고 木이 길신이다.

- 초년 대운이 나빠서 무척 고생을 했으며, 직장생활을 하다가 사주와의 인연(木이 길신이므로)에 따라서, 41 甲寅대운부터 유통사업을 해서 돈을 벌었는데, 56세 정해년(丁亥年, 2007)에 용신이며 약한 일간(日干, 자기를 나타내는 글자)의 뿌리인 사화(巳火)를 충돌하므로 사업이 부진해서 고민하다가 갑자기 사망했다고 한다.

큰 딸 사주

70	60	50	40	30	20	10		時柱	日柱	月柱	年柱
乙	甲	癸	壬	辛	庚	己	大	戊	丙	戊	癸	여
丑	子	亥	戌	酉	申	未	運	子	寅	午	亥	자

◉ 사주의 구조 및 핵심사항 ◉

- 이 사주의 구조는, 한여름(오월, 午月)에 자신을 나타내는 글자를 태양 火에 비유해서 해석하는 병화(丙火)로 태어났는데, 자신의 힘이 약해 보이나, 계수(癸水)를 무토(戊土)가 무계합화(戊癸合火, 무토와 계수가 합하여 화를 만들어 냄)시켰고, 인오합(寅午合, 인목과 오화가 합하여 화를 만들어 냄)을 해서 힘이 강하므로 水가 용신이고, 土가 병(病)이다.

- 이 사주에서 무토(戊土)가 무계합화(戊癸合火, 무토와 계수가 만나면 화가 됨), 무계합화(戊癸合火), 인오합화(寅午合火, 인목과 오화가 만나 화를 만

듬)는 오행(五行)상 火가 발생하는데, 이 火는 일간(日干, 자기를 나타내는 글자) 丙火의 기준에서 보면, 같은 火이므로 이복형제가 되므로 모친이 재혼할 수 있음을 암시하고 있다.

- 초년 기미(己未)대운은 좋았고, 고등학교 때의 세운(歲運, 한해의 운)이 별로 좋지 않았으나 서울대 어문계열학과를 나왔고, 경인년(庚寅年)에 어렵게 대기업에 입사했다.

- 이 여자의 사주에 부친을 나타내는 재성(財星, 돈 글자)인 金이 없어서 아버지와 인연이 박하고, 설령 재성(財星, 돈 글자)인 경신금(庚辛金)이 있다해도 화국(火局, 불덩어리)에 녹고, 水에 설기(洩氣, 힘이 빠짐)를 당해서 약하다.

둘째 딸 사주

64	54	44	34	24	14	4		時柱	日柱	月柱	年柱
癸	甲	乙	丙	丁	戊	己	大	丙	丁	庚	丙	여
巳	午	未	申	酉	戌	亥	運	午	酉	子	寅	자

● 사주의 구조 및 핵심사항 ●

- 외국어대 태국어과 학생이다.

- 이 사주의 구조는, 한겨울(자월, 子月)에 자신을 나타내는 글자를 인공 火에 비유해서 해석하는 정화(丁火)로 태어났는데, 자신의 힘이 강하므로 火가 병(病)이고, 木이 흉신이며, 金이 용신이며, 水가 약신이다.

- 이 사주를 군겁쟁재(群劫爭財, 형제가 많으면, 밥이 작아짐)로 까지는 볼 수 없지만, 태어난 달의 윗 글자(월상, 月上)의 경금(庚金)은 병 정화(丙丁火)가 극(剋, 공격)을 하고 있고, 일지(日支, 자기 밑글자) 유금(酉金)은 인오합(寅午合, 인목과 오화가 만나면 합을 함)해서 화극금(火克金, 화가 금을 공격함)하고 있는데다가, 유금(酉金)입장에서 보면 가장 무서운 오화(午火)가 바로 옆에서 화극금(火克金, 화가 금을 공격함)하고 있다. 따라서, 金이 용신이긴 하지만, 군겁쟁재(群劫爭財, 형제가 많으면, 밥이 작아짐)를 당하고 있는 것과 같은 효과가 있게 된다.

- 이 사주에서도 인오화국(寅午火局, 인목과 오화가 만나면 불덩어리가됨)을 지어서 이복형제가 생기므로 모친이 재혼할 수 있음을 암시하고 있다.

3. 교육자가 자식문제로 래방했다.

송파동에서 온 손님

67	57	47	37	27	17	7		時柱	日柱	月柱	年柱
辛	壬	癸	甲	乙	丙	丁	大	辛	戊	戊	戊	여
亥	子	丑	寅	卯	辰	巳	運	酉	辰	午	申	자

天干 : 甲(갑) 乙(을) 丙(병) 丁(정) 戊(무) 己(기) 庚(경) 辛(신) 壬(임) 癸(계)
地支 : 子(자) 丑(축) 寅(인) 卯(묘) 辰(진) 巳(사) 午(오) 未(미) 申(신) 酉(유) 戌(술) 亥(해)

● 사주의 구조 및 핵심사항 ●

- 신묘년(辛卯年) 늦여름에 키가 훤칠하게 크고, 잘생긴 여자손님이 남자 아이를 데리고 왔다.
- 이 사주의 구조는, 한여름(오월, 午月)에 자신을 나타내는 글자를 큰 산에 비유해서 해석하는 무토(戊土)로 태어났는데, 비겁(比劫, 형제나 친구 등)이 힘이 강하고 오화(午火)도 생해주므로 신왕해서 金이 용신인데, 용신이 강해서 좋은 사주다.

- 그러나, 이 사주에서 남편은 진토(辰土)속 들어있는 을목(乙木)인데, 진

토(辰土) 속에 들어있고, 진유합(辰酉合, 진토와 유금이 합을 합)되어 있기 때문에 보잘것 없는 남편이나, 日支 배우자궁에 앉아있어서 外助를 잘해주는 남편이다. 따라서, 이런 구조를 가지면 남편이 스트레스를 많이 받게 되는데, 식상(食傷, 자식글자를 나타냄)인 金으로부터 공격을 많이 받기 때문이다.

– 이 여자는 상관(傷官, 관성인 남편을 상하게 함)을 용신으로 쓰므로 자유분방한 성품을 가졌고, 힘이 강하므로 결단력이 크기 때문에 어떤 문제를 결정하는데 있어서 신속하다. 또, 상관(傷官)은 남편 또는 윗사람을 공격하는 성분이므로 틀에 짜여진 생활보다는 자유로운 활동을 원하므로 비조직성 직업에 잘 맞다.

필자 : 신묘년(辛卯年)은 무토(戊土) 일간(日干)의 기준에서 보면 식상(食傷, 자식이나 진로를 나타냄)과 관성(官星, 남편이나 직장을 나타냄)이므로 손님은 자식문제로 왔거나 아니면 직장문제로 오셨지요?

손님 : 저는 직장보다도 자식문제를 상담하기 위해서 왔습니다. 또, 저의 사주도 봐주세요.

필자 : 자식이라면 누구를 보려고 하는가요?

손님 : 아들입니다.

필자 : 아들이 몇 살인가요?

손님 : 16살입니다.

필자 : 어디, 아들사주를 보고 이야기 합시다.

아들 사주

66	56	46	36	26	16	6		時柱	日柱	月柱	年柱
乙	甲	癸	壬	辛	庚	己	大	丁	辛	戊	丙	남
巳	辰	卯	寅	丑	子	亥	運	酉	卯	戌	子	자

◉ **사주의 구조 및 핵심사항** ◉

- 중학교 2년생이다.
- 이 사주의 구조는, 늦가을(술월, 戌月)에 자신을 나타내는 글자를 보석 金에 비유해서 해석하는 신금(辛金)으로 태어났는데, 시지(時支, 태어난 시간 밑 글자)에 유금(酉金)이 있고, 월주(月柱, 태어난 기둥)에 무술 토(戊戌土)가 있지만, 술토(戌土)는 화고(火庫, 화를 보관되어 있는 창고)라서 토생금(土生金, 토가 금을 도와줌)이 안되고, 유금(酉金)도 묘유충(卯酉沖, 묘목 과 유금이 만나면 충돌함)되어 깨져서 신금(辛金)이 아주 약하기 때문에 金이 용신으로, 관살(官殺, 자신을 공

격하는 글자)이 강해서 관인상생(官印相生, 중간에서 화해를 시켜준다는 뜻)으로 土를 쓰는 것이 좋지만 술토(戌土)라서 못쓴다.

- 그런데, 태어난 年의 윗 글자에 있는 병화(丙火)와 태어난 시간의 윗 글자인 정화(丁火)가 술토(戌土)에 근기(뿌리)를 갖고 있으며, 묘술화(卯戌火, 묘목과 술토가 만나면 화를 생성함)까지 있어서 火가 강한데, 강한 火가 신금(辛金)을 공격하므로 매우 흉한 사주다.

필자 : 이 아이는 작년(경인년, 庚寅年)부터 공부는 안하고 여자한테만 신경을 쓰고 있네요. (木이 재성(財星, 돈 글자)이므로, 신묘년(辛卯年)에 묘목(卯木)이 도화살(桃花殺, 이성간의 문제를 일으키는 살)을 띤 여자이기 때문에 이렇게 말을 한 것이다.)

손님 : 예, 요즘 여자 친구 이야기를 자주하고 있습니다.

필자 : 이 아이 사주는 가을 보석으로 태어났는데, 火가 너무 많아서 공격을 심하게 당하기 때문에 이 아이가 정신적으로 큰 혼란을 겪고 있어서 정상적인 생활이 어려울 것입니다. 사주가 이렇게 되면, 주관이 뚜렷하지도 않고, 변덕스럽기 때문에 다루기가 굉장히 힘이 들게 됩니다. 저는 이런 사주를 많이 봐 왔습니다.

이때, 당사자인 이 命主(사주의 주인)에게는 더 이상 불길한 말을 해줄 수 없어서 밖으로 나가게 한 후, 대화를 이어갔다.

필자 : 이렇게, 관성(官星, 자기를 공격하는 인자)인 火에 자신인 金이 공격을 심하게 받으면 정신적으로 과민해지기 때문에 사회 적응력이 매우 떨어지며, 심하면 정신분열증으로까지 발전하는 경우도 있습니다. 이 아이는 어떻습니까?

손님 : 우리 아이가 초등학교 때부터 학우들과 어울리지를 못해서 따돌림이 극심했고, 학교에서 말썽을 피워서 06(병술, 丙戌)年부터 07(정해, 丁亥)年까지 1년 반 동안 신경정신과 치료를 받았으며, 도저히 어려울 것 같아서 09(기축, 己丑)年에 미국으로 보냈다가 1년 반 만에 다시 와서 금년(신묘년, 辛卯年) 2학기부터 학교에 보내려고 합니다.

필자 : 이 아이는 예민해서 아이큐는 높을 것입니다만 지금은 공부보다는 정신을 안정시켜 주는 것이 급선무입니다. 엄마가 너무 힘들겠습니다.

손님 : 이 아이 때문에 눈물도 많이 흘렸습니다.

필자 : 이런 사주의 경우는 철학원에서 택일을 해서 낳는 것이 좋은데, 어떻게 낳았습니까?

손님 : 우리 아이를 낳을 때 자연분만을 하려고 했는데, 뜻대로 되지를 않아서 제왕절개수술을 해서 낳았습니다. 참, 우리 아이 이름이 어떻습니까?

필자 : 이 이름을 보니까 오행도 맞지않고, 수리도 안 맞는 걸로 봐서 작명가가 짓지 않았는데, 바꿔주는 것이 좋을 것 같습니다.

손님 : 그러면 이름도 바꿔주세요.

- 이제부터는 엄마사주를 보도록 합시다.

필자 : 손님 사주는 여름 土라서 원래 나무를 기르는 것이 가장 좋은데, 나무가 없기 때문에 金을 키우는 사주입니다. 이렇게 되면, 말하는 직업이나 전문직에 종사하는 것이 좋은데, 맞습니까?

손님 : 현재 대학교수입니다.

필자 : 적성에 잘 맞는 직업을 선택하셨고, 09년은 운도 따라줬습니다.

손님 : 맞습니다. 운이 좋았던 것 같습니다. 다른 사람들은 저보고 관운

이 좋다고 말합니다.

필자 : 이런 사주를 사주학에서는 관운이 좋다라고 한 것보다는 노력도 많이 하는 형이고, 운도 좋았다고 말할 수 있습니다. 사주 오행 중에서 한 가지만 발달해 있어도 관운(官運, 직업운)이나 재운(財運, 돈이나 처복) 상관없이 잘살게 됩니다. 신묘년(辛卯年)에 식상(食傷, 말이나 행동을 의미함)인 신금(辛金)과 관성(官星, 남자나 직업을 나타냄)인 묘목(卯木)이 같이 왔는데, 묘유충(卯酉沖, 묘목과 유금이 만나면 충돌)을 하기 때문에 직업 이동이나 변동수가 보이므로 손님은 직장을 옮기려고 합니까, 아니면, 자리 이동이 있습니까?

손님 : 사실은 제가 근무하고 있는 직장이 앞으로 세종시로 옮겨가게 되는데, 그곳으로 가야할지 아니면, 다시 서울에 남아있어야 할지가 걱정입니다.

필자 : 그것은 운보다도 상식적인 면으로 답을 해야 하는데, 만약, 세종시로 내려가게 되면, 남자라면 괜찮겠지만 주부혼자서 갈 수도 없는 노릇이기 때문에 서울에 남아 있는 것이 좋을 것 같습니다.

손님 : 저도 그렇게 생각하고 있습니다.

필자 : 손님 사주에는 손님의 눈높이에서 보면, 남편이 너무 작아 보입니다만 외조는 잘해주겠습니다. 또, 심한 콤플렉스를 갖고 있을 것이기 때문에 조그만 듣기싫은 말에도 상처를 받겠네요.

손님 : 맞습니다. 우리 남편은 큰 회사의 임원으로 근무하고 있는데, 착해서 저한테 잘해줍니다. 그리고, 가끔, 남편이 하는 말이 "당신은 잘나서 좋겠다"라는 말을 하고요, 소심합니다. 그래서, 제가 남편한테 무척 조심합니다.

남편사주

69	59	49	39	29	19	9		時柱	日柱	月柱	年柱
乙	甲	癸	壬	辛	庚	己	大	癸	癸	戊	丙	남
巳	辰	卯	寅	丑	子	亥	運	丑	卯	戌	午	자

● 사주의 구조 및 핵심사항 ●

- 이 사주의 구조는, 늦가을(술월, 戌月)에 자신을 나타내는 글자를 빗물에 비유해서 해석하는 계수(癸水)로 태어났는데, 자신의 힘이 약하므로 비견(比劫, 친구나 형제)인 水가 용신이고, 재성(財星, 돈이나 처를 나타냄)인 火가 흉신이며, 관성(官星, 자식이나 직업운)인 土가 病神이다.

- 따라서, 처(妻)가 잘나긴 했으나, 식상(食傷, 자식글자이고, 언행을 나타냄)이 왕한 여자이고, 위에서 본 아들 사주가 나쁘다.

- 초년 대운이 좋아서 유복하게 성장했으며, 공부도 잘했고, 재다신약(財多身弱, 돈과 여자를 나타내는 글자가 많아서 약해짐) 사주라서 공처가다.

- 대게, 비견(比肩, 친구나 형제 등)을 용신으로 쓰는 사주들은 성실한데, 이 男命도 성실한 사람이다.

4. 생년월일을 잘모르는 남자가 무슨 일로 래방했나?

여의도에 사는 손님

63	53	43	33	23	13	3		時柱	日柱	月柱	年柱
戊	丁	丙	乙	甲	癸	壬	大	壬	癸	辛	丙
戌	酉	申	未	午	巳	辰	運	戌	巳	卯	申

天干 : 甲(갑) 乙(을) 丙(병) 丁(정) 戊(무) 己(기) 庚(경) 辛(신) 壬(임) 癸(계)
地支 : 子(자) 丑(축) 寅(인) 卯(묘) 辰(진) 巳(사) 午(오) 未(미) 申(신) 酉(유) 戌(술) 亥(해)

◐ 사주의 구조 및 핵심사항 ◐

- 신묘년(辛卯年) 한가을에 온 남자다.
- 이 사주의 구조는, 중춘(卯月)에 자신을 나타내는 글자를 빗물로 해석하는 계수(癸水)로 태어났는데, 자신의 힘이 약하므로 金이 용신이고, 水가 길신이며, 火가 병이다.

- 이 남자는 자신의 생년을 잘 몰라서 시골 동네 친구 어머니한테 물어보니까 자기 딸하고 같은 해에 낳았다고 알려줘서 지금까지 자기의 생년을 알고 있다고 했다.

원숭이띠 생(申年生) 사주 227

필자 : 손님은 무슨 사연으로 생년을 모르는가요?

손님 : 예, 어머니가 씨받이를 하기 위해서 남의 첩으로 들어가 저를 낳았다고 하는데, 저는 어렸을 때에 다른 집으로 양아들로 입양이 돼서 살았습니다. 그런데, 친부모도 돌아가시고, 양부모도 돌아가시고 안계십니다.

필자 : 그렇다면, 본인의 사주에서 양부모와 친부모가 나타나야하고, 배 다른 형제도 나타나야 합니다. 그런데, 이 사주를 보면, 간상(干上, 사주 윗글자)에 병신합수(丙辛合水, 병화와 신금이 합하여 수가 됨)되므로, 위에 있는 글자에 배 다른 형제가 나타났고, 지지(地支, 사주의 밑글자)에 사신합형(巳申合刑, 사화와 신금이 합하여 상처를 입음) 하므로 밑에 있는 글자에도 배다른 형제가 나타납니다. 그리고, 묘술합화(卯戌合火, 묘목과 술토가 합하여 화를 만듬)로 부친이 두 분이라는 것도 나타났는데, 모친이 두 분이라는 것은 표면적으로는 나타나있지 않지만 을경암합(乙庚暗合, 사주 밑글자 속에 들어있는 글자로, 을목과 경금이 몰래 함을 함), 또, 을경암합(乙庚暗合) 하므로, 글자 속에 들어있는 글자끼리 합을 해서 모친이 두 분이 나타납니다만 이것만으로는 모친이 두 분이라는 것을 확정하기 어렵습니다.

필자 : 신묘년(辛卯年)에 신금(辛金)은 계수(癸水)일간의 문서가 되고, 묘목(卯木)은 식상(食傷, 진로나 활동을 나타냄)으로, 하는 일이므로, 손님은 금년에 문서를 쥐거나 또는 하시는 일 문제가 궁금해서 오신것 같은데 무슨 일로 오셨습니까?

손님 : 예, 제가 하는 사업이 잘될 것인가가 궁금해서 왔습니다.

필자 : 손님은 무슨 일을 하십니까?

손님 : 어려서는 직장생활을 하다가 지금은 수년 전부터 건설업을 하고 있습니다.

필자 : 42세까지는 운이 좋지 않아서 돈을 많이 벌지는 못했을 것으로 보이는데 맞습니까?

손님 : 예, 50세 가까이 돼서 돈을 벌었습니다.

필자 : 그렇다면 손님은 04년부터 05년까지 金운에 돈을 벌었지요?

손님 : 예, 그 때가 노무현 대통령 시절인데 06년까지도 돈을 많이 벌었

습니다. 그 때는 부동산 경기가 좋아서 돈을 많이 벌었습니다.

필자 : 火가 병신(病神)이므로, 06 병술년(丙戌年)에 돈을 벌었다는 것이 이해가 안가네요?

손님 : 그 때는 건설경기가 무척 좋아서 건물 분양이 잘됐습니다.
(여기서, 호경기 여부는 자신의 운도 중요하지만 업종에 따라서 그 당시의 경기가 크게 작용한다는 것을 알 수 있다.)

필자 : 火가 병신(病神)이므로, 손님은 42세 전인 90(경오, 庚午)년 전후, 그리고, 94(갑술, 甲戌)년에 어려웠을 것인데 맞습니까?

손님 : 94(갑술, 甲戌)년에 부도가 나서 고생을 많이 했습니다.

필자 : 42세 이후에도 2002(임오, 壬午)년경에 어려웠지 않았습니까?

손님 : 그때도 어려웠습니다.

필자 : 손님은 부인과 성격이 안맞겠습니다.

손님 : 많이 안맞습니다.

필자 : 손님은 여러 여자와 인연이고, 항상 대문 밖에 애인을 두고 살 팔자입니다.

손님 : 30살(을축, 乙丑)년에 여자를 만나서 동거를 하다가, 96(무인, 戊寅)년에 헤어졌고, 34살 때인 89(기묘, 己卯)년에 지금의 부인과 결혼해서 남매를 두었고, 오래전부터 애인이 있어서 두 집 살림을 하고 있습니다.

필자 : 손님의 운은 기복이 심하십니다.

손님 : 98(무인, 戊寅)년에도 집이 경매를 당해서 이사를 했습니다.

부인사주

61	51	41	31	21	11	1	大	時柱	日柱	月柱	年柱
丙	丁	戊	己	庚	辛	壬	運	己	己	癸	甲	여
寅	卯	辰	巳	午	未	申		巳	巳	酉	午	자

● 사주의 구조 및 핵심사항 ●

- 이 사주의 구조는, 중추(유월, 酉月)에 자신을 나타내는 글자를 야산의 흙에 비유해서 해석하는 기토(己土)로 태어났는데, 자신의 힘이 강하므로 金, 水가 용신이고, 火가 病이며, 木과 土가 흉신이며, 일지(日支, 배우 자궁)에 병신(病神, 가장 나쁘게 작용)이 있어서 남편과 뜻이 안맞는데, 식상(食傷, 자식을 의미)이 관성(官星, 남편을 나타냄)인 木을 공격하고 있어서 더욱 그렇다.

- 자신의 힘이 강한 사주들은 자기 아집이 강해서 밀어붙이는 힘이 대단히 강해서 자기주장을 앞세운다.

- 초년대운이 나빠서 운이 저조했으나, 41 무진(戊辰)대운 중 진(辰) 대운은 좋으나, 그 이후에는 운의 흐름이 좋지 않다.

- 남편인 갑목(甲木)은 양쪽에 있는 기토(己土)와 갑기합(甲己合, 갑목과 기토가 만나서 합을 함), 갑기합(甲己合)을 해서 바람을 피운다.

딸 사주

70	60	50	40	30	20	10		時柱	日柱	月柱	年柱	
乙	丙	丁	戊	己	庚	辛	大	壬	庚	壬	壬	여
未	申	酉	戌	亥	子	丑	運	午	辰	寅	申	자

◉ 사주의 구조 및 핵심사항 ◉

- 이 사주의 구조는, 초봄(인월, 寅月)에 자신을 나타내는 글자를 무쇠 金에 비유해서 해석하는 경금(庚金)으로 태어났는데, 자신의 힘이 약하므로 더 키워야 하는데 냉하므로 火와 土가 용신이고, 水가 병신(病神)이다.

- 경인년(庚寅年)에 서울여대에 입학해서 심리학과를 공부하고 있다.

아들사주

64	54	44	34	24	14	4		時柱	日柱	月柱	年柱	
戊	丁	丙	乙	甲	癸	壬	大	戊	乙	辛	甲	남
寅	丑	子	亥	戌	酉	申	運	寅	卯	未	戌	자

◉ 사주의 구조 및 핵심사항 ◉

- 고등학교 2학년이다.
- 이 사주의 구조는, 늦여름(미월, 未月)에 자신을 나타내는 글자를 꽃나무에 비유해서 해석하는 을목(乙木)으로 태어났는데, 자신의 힘이 약하므로 木이 용

신(用神, 가장 필요로 한 글자)이고, 水가 길신(좋게 작용하는 글자)이며, 金은 흉신(나쁘게 작용하는 글자)인데, 술미형(戌未刑, 술토와 미토가 만나면 상처를 입음)이 있어서 묘미합(卯未合, 묘목과 미토가 합을 함)이 안된다.

- 재성(財星, 돈 글자)인 土가 많은데, 을목(乙木)이 재성(財星)인 土를 경영하려고 하므로 경영, 경제가 진로인데, 이 남자는 다음에 장사를 하겠다고 한다.

5. 56세 남자가 문서문제로 래방했다.

당산동에서 온 손님

70	60	50	40	30	20	10		時柱	日柱	月柱	年柱
壬	辛	庚	己	戊	丁	丙	大	戊	丙	乙	丙	남
寅	丑	子	亥	戌	酉	申	運	戌	子	未	申	자

天干 : 甲(갑) 乙(을) 丙(병) 丁(정) 戊(무) 己(기) 庚(경) 辛(신) 壬(임) 癸(계)
地支 : 子(자) 丑(축) 寅(인) 卯(묘) 辰(진) 巳(사) 午(오) 未(미) 申(신) 酉(유) 戌(술) 亥(해)

◉ 사주의 구조 및 핵심사항 ◉

- 신묘년(辛卯年) 중추에 온 남자다.
- 이 사주의 구조는, 늦여름(미월, 未月)에 자신을 나타내는 글자를 태양 火에 비유해서 해석하는 병화(丙火)로 태어났는데, 사주가 건조하므로 水가 용신이고, 金이 길신이며, 土가 병(病)이고, 木이 약신(藥神)이며, 火가 흉신이다.
- 병화(丙火)일주는 자존심이 강하고, 체면을 중시하며, 직선적인 성격의 소유자이고, 또, 병화(丙火)와 갑목(甲木)일주는 리더격이라서 관리형이다.

필자 : 손님은 리더격으로 태어났기 때문에 할일이 많은 사람이며, 교육

자나 CEO에 잘 맞는데, 무슨 일을 하십니까?

손님 : 지방에서 농협조합장을 몇 년 했고, 일반회사의 회장직도 몇 번 했으며, 제 명의의 회사도 경영하고 있습니다.

필자 : 신묘년(辛卯年)의 세운(歲運, 한해의 운)의 윗 글자인 신금(辛金)은 병화(丙火)일간 기준으로 볼 때, 재성(財星)으로 돈이고, 한 해운의 밑 글자인 묘목(卯木)은 문서이므로, 손님의 사주를 보니까 금년에 문서 잡을 일이 있고, 돈이 움직일 운인데, 무슨 일이 궁금합니까?

손님 : 예, 부동산을 조금 팔았습니다.

필자 : 손님의 사주에서 흘러가는 운을 보니까 어렵지 않았겠는데, 왜 파셨습니까?

손님 : 사실은 생활이 어려워서 판 것은 아니고요, 08(무자, 戊子)년에 군수 선거에 출마했다가 떨어지면서 선거비용이 많이 들어갔는데, 그것을 갚기 위해서 팔았습니다.

필자 : 그렇군요? 손님은 실무형이나 실리를 추구하는 형이 아니고, 관

리형이기 때문에 자신이 직접 사업을 하면 잘 안되는데, 사업 운은 어땠습니까?

손님 : 제 사업도 해봤습니만 주로 회장직을 맡아왔습니다.

필자 : 손님은 초년 운이 저조했는데, 실제로는 어땠습니까?

손님 : 크게 좋지는 않았습니다만 지방대학을 나왔습니다.

필자 : 손님은 40세 이후부터 좋아졌는데, 농협조합장을 언제 역임했나요?

손님 : 38세 93(계유, 癸酉)年부터 47세 2002(임오, 壬午)년까지 약 10년간 했습니다.

6. 경인년(庚寅年, 2010년)에 식신(食神)을 충(沖)하므로 유방확대수술을 했다.

인천에서 온 손님

69	59	49	39	29	19	9		時柱	日柱	月柱	年柱
戊	己	庚	辛	壬	癸	甲	大	丙	戊	乙	戊	여
午	未	申	酉	戌	亥	子	運	辰	申	丑	申	자

天干 : 甲(갑) 乙(을) 丙(병) 丁(정) 戊(무) 己(기) 庚(경) 辛(신) 壬(임) 癸(계)
地支 : 子(자) 丑(축) 寅(인) 卯(묘) 辰(진) 巳(사) 午(오) 未(미) 申(신) 酉(유) 戌(술) 亥(해)

● 사주의 구조 및 핵심사항 ●

- 신묘년(辛卯年) 중추에 온 여자다.
- 이 사주의 구조는, 늦겨울(축월, 丑月)에 자신을 나타내는 글자를 큰 산에 비유해서 해석하는 무토(戊土)로 태어났는데, 자신의 힘이 약하므로 火가 용신이며, 비견(比肩, 친구나 형제)인 戊土가 길신이나, 겁재(劫財, 겁탈하는 인자)는 축토(丑土)는 흉신이고, 진토(辰土)는 습한 土이므로 같은 土라도 흉신에 해당하며, 木이 病神이며, 金도 흉신이다.
- 축월(丑月)은 늦겨울로 춥기 때문에 火가 충분해야 나무를 기를 수 있으므로 약한 土는 나무를 기르기가 어렵기 때문에 木이 나타나면 흉신이다.

필자 : (초년 대운이 나쁘므로) 초년에 운이 좋지않았고, 고등학교 때의 운이 84 갑자(甲子), 85 을축(乙丑), 86 병인년(丙寅年)으로, 고등학교 1학년과 2학 때 좋지않았는데, 대학을 어떻게 갔습니까?

손님 : 재수를 해서 나중에야 대학을 갔습니다.

필자 : 손님은 작년에 역마 충(役馬 沖, 역마를 뜻하는 글자끼리 충돌했다는 뜻)이 왔기 때문에 자리 이동이나 이사 그렇지 않으면 자식문제가 생겼을 것인데, 무슨 일이 생겼습니까?

손님 : 근무지 이동을 했습니다.

필자 : 신묘년(辛卯年)이 무토(戊土)일간 기준으로 상관(傷官, 자식이나 성을 나타냄)이고, 관성(官星, 직장이나 남편을 나타냄)이므로 손님은 금년운이 진로문제나 자식문제 또는 남편문제가 궁금하실 것 같은데, 맞습니까?

손님 : 다른 것보다도 가슴확대수술을 했는데, 재 수술을 하려고 하는데 언제쯤 하는 것이 좋을까 싶어서 왔습니다.

필자 : 가슴 수술을 했다면 작년 경인년(庚寅年)에 식신(食神, 자식이면서 성을 나타냄)이 자궁이고, 가슴인데, 쌍으로 있는 신금(申金)을 인목(寅木)이 와서 충돌 인신충(寅申沖)했으므로 수술을 했을 것으로 생각되는데, 맞습니까?

손님 : 예, 작년에 수술을 했습니다.

필자 : 금년 신묘년(辛卯年)에 묘신쌍귀문(卯申雙鬼門, 묘목과 신금이 있으면 귀문살인데, 쌍으로 있다는 뜻으로, 이런 귀문살이 있으면 우울증이 있기 쉬움)이 발동하므로 쌍귀문살이 발동해서 고민이 있는데, 가슴문제로 고민이 크겠네요?

손님 : 고민입니다.

필자 : 수술이 잘못됐습니까?

손님 : 작년에 수술을 했었는데 불만족해서 재 수술을 해야하는데 걱정입니다.

필자 : (火가 용신이므로) 그렇다면 금년 병술월(丙戌月), 양력 10월 중순에서

11월 초순)에 하도록 하세요.

손님 : 양력으로 10월이 좋다면 곧 날짜를 잡아야 겠습니다.

필자 : 손님은 병화 인성(丙火 印星)을 용신으로 쓰므로, 좋은 직업을 가졌을 것인데, 교육계통이나 직장생활이 맞는데 무슨 직업을 가졌습니까?

손님 : 은행에 근무합니다.

필자 : (대운이 좋지 못했으므로) 직급은 과장 정도 됩니까?

손님 : 차장입니다. 점장이 언제쯤 될 것 같습니까?

필자 : (대운이 좋지 못하므로) 글쎄요. 대운이 안좋아서 지점장에 오르기가 쉽지 않겠습니다만, 2013년부터 2015년까지 좋은 세운(歲運, 한해의 운)이 오기 때문에 그때를 기대해 봐야 겠습니다. 木은 관성(官星)으로 남편에 해당하는데, 남편이 병신(病神)이고, 일지(日支) 남편궁에 흉신이 앉아있으므로 손님은 남편과 뜻이 안맞겠는데, 어떻습니까?

손님 : 남편은 주로 해외에서 많이 근무하기 때문에 주말부부로 생활하고 있는데 큰 갈등은 없습니다.

7. 68세 재미교포 여인이 무슨 일로 래방했나?

채널 A(동아방송)에 나온 사주

78	68	58	48	38	28	18	8		時柱	日柱	月柱	年柱
戊	己	庚	辛	壬	癸	甲	乙	大	癸	壬	丙	甲	여
午	未	申	酉	戌	亥	子	丑	運	卯	戌	寅	申	자

天干 : 甲(갑) 乙(을) 丙(병) 丁(정) 戊(무) 己(기) 庚(경) 辛(신) 壬(임) 癸(계)
地支 : 子(자) 丑(축) 寅(인) 卯(묘) 辰(진) 巳(사) 午(오) 未(미) 申(신) 酉(유) 戌(술) 亥(해)

◉ 사주의 구조 및 핵심사항 ◉

- 신묘년(辛卯年) 중추에 온 68세 여자로, 경인년(庚寅年)부터 5번째 래방한 재미교포 사주다.

- 이 사주의 구조는, 초봄(인월, 寅月)에 자신을 나타내는 글자를 강물에 비유해서 해석하는 임수(壬水)로 태어났는데, 시상(時上, 출생시간의 윗 글자)에 계수(癸水)가 있고, 년지(年支, 태어난 년의 밑 글자)에 신금(申金)이 있어서 강한 세력으로 종(從, 따라감)하지 않고, 신약(身弱, 힘이 약함) 사주라서 金이 용신이고, 水가 길신이며, 火가 病이고, 土는 흉신이다.

필자 : 경인년(庚寅年)과 신묘년(辛卯年)은 임수(壬水)일간을 기준으로 印星과 食傷이므로 손님은 작년(庚寅年)부터 금년운이 모친문제나 문서문제가 있고, 자식문제 또는 하시는 일과 관련해서 궁금해서 오신거지요?

손님 : 예, 친정 어머니가 위독하고, 일본에 있는 가게를 팔아서 딸한테 약국을 내줄까해서 왔습니다.

필자 : 미국에도 철학관이 많이 있을텐데 왜 한국에 있는 저한테까지 오셔서 상담을 하시려고 오셨습니까?

손님 : 미국에도 철학관이 많이 있습니다만 선생님처럼 잘 봐주는 곳이 없고, 또, 미국에서는 15분에 우리 돈으로 30만원 이상을 줘야하고 상담이 길어지면 추가 요금을 내야 하기 때문에 비싸기도 하고 다른 일로 한국에 온 김에 선생님한테 온 것입니다.

필자 : 외국에서는 어디에 살고 계십니까?

손님 : LA에 살고 있습니다.

필자 : 손님사주에는 印星(인성, 여기서는 교육을 의미)이 용신이고, 재다신약(財多身弱, 돈 글자가 많아서 사주가 신약해짐)사주라서 교육관련업이나 그렇지 않으면 사업이 맞는데 혹시 무슨 일을 하십니까?

손님 : 젊어서는 약 6년간 교직에 근무를 했었고, 결혼을 하고 남편과 성격이 안맞아서 45세인 88(무진, 戊辰)년에 헤어지고, 외국으로 건너 가서 이런 저런 장사를 했으며, 둘째 딸이 약사라서 몇 년 전부터는 약국을 경영하고 있습니다.

필자 : 손님은 자녀를 몇 명 두셨으며, 인신충(寅申沖)되어 식신(食神, 자식에 해당)인 寅木과 인성(印星, 어머니에 해당)인 신금(申金) 부딪쳐서 깨졌으므로, 혹시, 자식 한 명을 실패하지 않았습니까?

손님 : 아들 한 명과 딸 두 명을 두었는데, 아들은 저와 뜻이 안맞아서 한국에 살고 있고, 저는 두 딸과 함께 외국에서 살고 있으며, 3명은 유산을 시켰습니다.

필자 : 그리고, 인신충(寅申沖)으로 어머니를 나타내는 인성(印星)인 신금(申金)과 자식을 나타내는 인목(寅木)이 손상을 입었는데, 혹시, 어머니는 일찍 돌아가시지 않았습니까?

손님 : 모친이 금년에 90살로, 지금 병원에 계시는데, 중환자실에 계셔서 언제 돌아가실지가 궁금합니다.

필자 : 사람의 목숨을 알 수는 없습니다. 의학이 고도로 발달한 현대사회에서 수명을 예측한다는 것은 불가능 합니다. 그러면, 모친문제는 나왔고, 또, 무슨 궁금한 사항이 있습니까?

손님 : 둘째 딸이 약사라서 외국에서 딸과 함께 약국을 경영하고 있는데, 미국에는 금년에 큰 재난이 난 후에 음식도 그렇고, 살기가 불안한데, 딸은 한국에서 시집을 보내고 싶어서 미국에 있는 가게를 팔고 한국의 명동에다 약국을 내주려고 하는데, 운이 어떻습니까?

필자 : 금년(신묘년, 辛卯年) 양력으로 11(해, 亥)月 초순이후에나 그렇지 않으면 내년(임진년, 壬辰年)에 좋은 운이 오고, 병(病)이면서 관성(官星, 자신을 극하는 글자)인 술토(戌土)를 없애주므로, 길(吉)운입니다. 그러면, 궁금증이 다 풀렸네요? 이혼한 전 남편의 사주를 알고 계십니까?

이혼한 전 남편 사주

78	68	58	48	38	28	18	8		時柱	日柱	月柱	年柱	
丁	丙	乙	甲	癸	壬	辛	庚	大	戊	丁	己	甲	남
丑	子	亥	戌	酉	申	未	午	運	申	丑	巳	申	자

● 사주의 구조 및 핵심사항 ●

- 이 사주의 구조는, 초여름(사월, 巳月)에 자신을 나타내는 글자를 인공 火에 비유해서 해석하는 정화(丁火)로 태어났는데, 자신의 힘이 약하므로 火가 용신이고, 木이 길신인데, 왜, 木을 용신으로 쓰지 않고 火를 쓴다고 했느냐 하면, 木이 갑기합(甲己合, 갑목과 기토가 합을 함)되어 변질되었기 때문이다.

- 따라서, 이 남자는 초년운이 좋아서 27살 때까지는 좋아서 서울대 공대를 졸업했으나, 27살에 결혼을 한 이후에는 아무 것도 되지를 않아서 놀다시피 하다가, 88년에 이혼을 한 이후에는 소식을 모른다고 했다.

- 일지 처궁(日支 妻宮)에 흉신인 축토(丑土)가 앉아있고, 처를 나타내는 재성(財星)인 신금(申金)이 용신의 뿌리인 사화(巳火)를 사신합형(巳申合刑, 사화와 신금이합하여 서로 상처를 입음)시켜서 변질시켜서 나쁘고, 사축합(巳丑合, 사화와 축토가 합을 함)도 되어 나쁜데, 시지(時支, 태어난 시간의 밑글자)에 유금(酉金) 처(妻)가 있으므로 재혼을 했을 것이나 재혼을 해도 불행한 삶을 살 것으로 판단한다. (대운이 나쁘므로)

모친 사주

85	75	65	55	45	35	25	15	5	時柱	日柱	月柱	年柱
壬	癸	甲	乙	丙	丁	戊	己	庚	丙	乙	辛	壬	여
寅	卯	辰	巳	午	未	申	酉	戌	子	未	亥	戌	자

● **사주의 구조 및 핵심사항** ●

– 이 사주의 구조는, 초겨울(해월, 亥月)에 자신을 나타내는 글자를 꽃나무에 비유해서 해석하는 을목(乙木)으로 태어났는데, 꽃나무는 병화(丙火, 火이지만 나무를 기준해서 볼 때는 꽃으로도 해석함) 꽃을 피워서 총명하고 인물이 잘났다.

– 겨울 꽃은 추위에 떨고 있으므로 火가 용신이고, 水가 병신(病神, 가장 나쁘게 작용)이다.

– 초년운은 나빴으나 35대운부터 운이 들어서 잘 산다고 하며, 올해(신묘, 辛卯) 들어서 중환자실과 일반 병실을 옮겨 다니고 있으나, 신묘년 유월(辛卯年 酉月) 28일 현재 아직 생존해있다고 한다.

큰 딸 사주

68	58	48	38	28	18	8		時柱	日柱	月柱	年柱
壬	辛	庚	己	戊	丁	丙	大	丁	辛	乙	辛	여
寅	丑	子	亥	戌	酉	申	運	酉	丑	未	亥	자

● 사주의 구조 및 핵심사항 ●

- 이 사주의 구조는, 늦여름(미월, 未月)에 자신을 나타내는 글자를 보석 金에 비유해서 해석하는 신금(辛金)으로 태어났는데, 자신의 힘이 강한 것 같지만, 미토(未土)는 열토(熱土, 열기를 가진 토)라서 土生金을 안해 주므로 약한데, 신금(辛金)은 씻어주는 水를 가장 좋아하므로 水가 용신이고, 金이 길신이며, 인성(印星)인 축토(丑土)는 길신이지만 미토(未土)는 병신(病神)이다.

- 어머니를 나타내는 인성(印星)이 병(病)이므로 이 命主의 남자문제를 모친이 지나치게 간섭해서 트집을 잡아 반대를 하는 바람에 아직 결혼을 못했다고 하며, 자기 사주에 일지(日支, 배우자궁)와 월지(月支, 태어난 달의 밑글자)가 축미충(丑未沖, 축토와 미토가 만나면 충돌함)되었고, 신금(辛金)은 원래가 관성(官星, 남편에 해당)인 火를 가장 싫어하므로 남편운이 없기 때문에 결혼을 하기가 어렵다.

- 축미충(丑未沖)되어 어머니인 土가 깨졌으며, 축미충(丑未沖)되어 아버지를 나타내는 재성(財星, 아버지에 해당)인 미토(未土)속에 들어있는 을목(乙木)도 깨졌으므로 부모가 이혼했다고 판단한다.

- 초년 대운이 좋아서 서울대 공업경영학과를 나왔다고 하며, 미국에서 MBA 공부를 했고, 미국에 있는 삼성에 다니다가 퇴사했다고 한다.

둘째 딸 사주

63	53	43	33	23	13	3		時柱	日柱	月柱	年柱
癸	甲	乙	丙	丁	戊	己	大	癸	辛	庚	壬	여
卯	辰	巳	午	未	申	酉	運	巳	巳	戌	子	자

● 사주의 구조 및 핵심사항 ●

- 이 사주의 구조는, 늦가을(술월, 戌月)에 자신을 나타내는 글자를 보석 金에 비유해서 해석하는 신금(辛金)으로 태어났는데, 자신의 힘이 약하므로 비겁(比劫, 친구나 형제 등)인 金이 용신이고, 火가 病이며, 水가 약신이다.
- 여기서, 인성(印星, 어머니에 해당)인 술토(戌土)는 열토(熱土, 열기를 가진 토)라서 쓰지 못하고, 겁재(劫財, 이복형제에 해당)인 경금(庚金)이 사화(巳火)에 장생(長生, 사주학의 전문용어로 태어났다는 뜻)하므로 金이 용신이고, 火가 병신이며, 土는 흉신이고, 水가 약신이다.

- 여자 사주에 남자를 나타내는 관성(官星)이 병(病)이 되면 남자 복이 없어서 결혼이 늦어지거나 흠이 있는 남자와 인연이 되기 쉽다. 그래서, 이 여자는 신묘년(辛卯年)까지 미혼이다.

- 또한, 이 여자는 관성(官星)인 사화(巳火)와 술토(戌土)가 사술귀문(巳戌鬼門, 사화와 술토가 만나면 우울증 같은 것을 일으키는 살)을 형성하는데, 쌍으로 있으므로 이를 쌍귀문(雙鬼門)이라고 하는데, 쌍귀문이 있는 사람들은 긍정적인 사고보다는 비관적인 사고를 하는 경향이 있다.

- 이 여자의 사주에서는 인성(印星, 어머니에 해당)과 재성(財星, 아버지에 해당)의 충돌여부를 확인할 수가 없어서 부모의 이혼여부를 확인할 수가 없다. 다만, 인성(印星)이 흉신이며, 재성(財星)은 나타나있지 않는데, 사주에 나타나있지 않는 것은 인연이 멀다.

- 이 사주에는 의료와 관련인 현침살(懸針殺, 주로 의료와 관련된 살 이름)인 신금(辛金)과 술토(戌土)가 있어서 서울대 약학과를 나와서 약국을 경영하고 있다.

8. 이 남자는 가게를 계약(문서)하기 위해서 래방했다.

옥수동에 사는 손님

63	53	43	33	23	13	3	時柱	日柱	月柱	年柱	
壬	辛	庚	己	戊	丁	丙	癸	丙	乙	丙	남
寅	丑	子	亥	戌	酉	申	巳	申	未	申	자
						大運					

天干 : 甲(갑) 乙(을) 丙(병) 丁(정) 戊(무) 己(기) 庚(경) 辛(신) 壬(임) 癸(계)
地支 : 子(자) 丑(축) 寅(인) 卯(묘) 辰(진) 巳(사) 午(오) 未(미) 申(신) 酉(유) 戌(술) 亥(해)

● 사주의 구조 및 핵심사항 ●

- 신묘년(辛卯年) 늦가을에 온 남자다.

- 이 사주의 구조는, 늦여름(미월, 未月)에 자신을 나타내는 글자를 태양 火에 비유해서 해석하는 丙火로 태어났는데, 자신의 힘이 강하므로 조후(온도와 습도를 조절해주는 인자)를 시켜주는 水가 용신이고, 金이 길신이며, 火가 病이고, 木과 土가 흉신이다.

필자 : 원래 태양을 나타내는 丙火로 태어나면, 똑똑하고, 직선적이며, 자존심이 강한 성격입니다.

손님 : 맞습니다. 제 성격이 좀 그렇습니다.

필자 : 손님 사주는 그릇이 커서 크게 벌리는 것을 좋아하는 스타일이라서 손해볼 때도 있습니다.

손님 : 제가 크게 벌리는 습성이 있는데, 그것 때문에 손해를 많이 본 경우도 있습니다.

필자 : 손님은 초년에 직장생활을 하지만, 나이를 먹어서는 사업을 하게 되는데, 이런 사주로 태어나면, 水가 용신이고, 金이 길신이면서 역마살(驛馬殺, 많이 움직임)이므로, 물과 관련된 사업을 하거나 혹은 자동차와 관련된 사업도 인연이 있습니다. 어떤 사업을 하십니까?

손님 : 고기집을 하고 있습니다.

필자 : 사주와 잘 맞습니다. 그런데, 금년(신묘년, 辛卯年)에 일간(日干, 본인) 丙火를 기준해서 신금(辛金)은 돈이고 여자이며, 묘목(卯木)은 인수(印綬)로 문서이므로, 돈이 움직이고, 문서를 잡게 되는데, 무엇을 해보려 합니까?

손님 : 아까 말씀드린대로 현재 고기집을 운영중인데, 좋은 위치에 새로 지은 건물이 있어서 커피와 빵집을 할까하고 계약을 하려고 하는데, 운이 어떨지 궁금해서 왔습니다.

필자 : 내년까지는 괜찮습니다만 내후년부터는 안좋습니다. 너무 크게 벌리지 않았으면 합니다만, 자리가 좋다면 일단 오픈을 한 다음 내년에 적당한 값을 받고 파는 것도 괜찮겠습니다. 저는 88년부터 91년까지 경제동향 일기를 썼기 때문에 경제의 흐름도 많이 알고 있고, 1회 때 공인중개사 자격증을 땄기 때문에 부동산 지식도 갖고 있습니다.

손님 : 그렇습니까? 앞으로 사업관계를 선생님과 상의해서 결정하겠습니다.

필자 : 제가 성실한 조언자가 돼 드리겠습니다. 그런데, 손님 사주에 여자가 두 명인데, 첫 여자인 년지(年支)의 신금(申金)은 자기 위에 남자를 머리에 이고 있어서 임자있는 사람이고, 일지(日支) 배우자궁에 있는 신금(申金)이 내 여자인데, 시지(時支, 태어난 시간의 밑글자)의 사화(巳火)와 사신합형(巳申合刑, 巳申合刑, 사화와 신금이 합을 하면서 서로 상처를 입음)하고 있어서 처궁이 불안해서 재혼격입

니다. 또, 손님은 역마살(驛馬殺)인 신금(申金)을 두 개씩이나 갖고 있어서 돌아다니니길 좋아하는 성격이네요.

손님 : 제가 돌아다니길 좋아하는 사람입니다. 또, 본처(本妻)와 이혼하고 지금 내연의 妻와 살고 있습니다.

필자 : 손님은 운에서 水運이 올 때 돈을 벌고, 火運이 오면 어렵게 됩니다. 몇년도부터 사업을 시작하셨나요?

손님 : 제가 90년도에 사업을 시작했는데, 91년까지는 많이 힘이 들었지만, 돈을 많이 벌었던 해는 92(壬申)년과 93(癸酉)년 경으로, 그 때는 돈을 주체 못할 정도로 많이 벌었습니다만 2006(丙戌)年 무렵에 큰 어려움을 겪었습니다.

필자 : 손님은 흐르는 운에서 43세(庚子대운)에 새 여자가 나타나고, 무인년(戊寅年)에 인신충(寅申沖, 인목과 신금이 만나면 충돌함)을 해서 부인을 충돌시켜서 깼기 때문에 부인과 크게 갈등이 생기거나 이별 수가 생겼겠네요?

손님 : 예, 바로 그 해(무인년, 戊寅年)에 이혼을 했습니다.

필자 : 자식은요?

손님 : 딸 하나를 두었습니다. 딸 사주좀 봐주세요.

필자 : 본처(本妻)하고 이혼을 한 이유를 알기 위해서는 양쪽 사주를 같이 봐야 정확하게 알 수 있습니다만, 이 사주만을 가지고 볼 때는 본인 탓이 더 컸다고 볼 수 있습니다. (사주에 여자가 두 명이고, 역마성(驛馬星)이라서 방랑기질이 있으므로) 이혼한 本妻의 사주를 아십니까?

손님 : 모릅니다.

필자 : 그러면, 손님은 본처(本妻)와 이혼한 후, 재혼은 했습니까? 혼자 살 팔자는 아닌데요?

손님 : 98년(무인, 戊寅)에 이혼한 후, 재혼을 하지 않고 지내다, 2009(己丑)년에 지금 살고 있는 여자를 만났습니다만 결혼식은 안올리고 살고 있습니다. 그러면, 그 여자 분의 사주를 볼까요?

내연의 처 사주

62	52	42	32	22	12	2		時柱	日柱	月柱	年柱	
乙	丙	丁	戊	己	庚	辛	大	辛	庚	壬	壬	여
未	申	酉	戌	亥	子	丑	運	巳	辰	寅	寅	자

◉ **사주의 구조 및 핵심사항** ◉

- 이 사주의 구조는, 초봄(인월, 寅月)에 자신을 나타내는 글자를 무쇠 金에 비유해서 해석하는 경금(庚金)으로 태어났는데, 경금(庚金)은 사화(巳火, 여기서는 4월을 의미함)에서 장생(長生, 태어났다는 뜻)하므로 아직 태어나지도 않은 金과 같아서 매우 약하다. 따라서, 더 키워야 하는데, 경금(庚金)은 자신을 키워주는 火를 좋아하기 때문에 火가 용신이고, 土가 길신이며, 金 길신, 水가 病神, 木은 흉신이다.

- 경진(庚辰)일주는 괴강성(魁罡星)이라서 고집이 세며, 식신(食神, 여기서는 성격을 나타내는 인자)인 임수(壬水)가 태어난 年과 月의 윗 글자에 나타나 있는데, 초봄의 壬水로 냉하므로 이 女命은 성질이 나면 냉한 기운을 쏟아내게 된다.

- 이 여자는 48세 기축년(己丑年)에 앞의 남자를 만났는데, 이 남자가 알기로는 이 女命이 미혼이었으며, 아직도 공부를 하고 있는 학생신분이었다고 한다.

- 초년 대운이 水運으로 나빴으나, 무술(戊戌)대운은 약한 金을 도와주므로 좋았겠지만, 진술충(辰戌冲)을 해서 배우자궁을 깨므로 나쁘다. 본 필자는 아마도 이 때에 결혼생활에 타격이 있었을 것이라고 추정한다.

딸 사주

64	54	44	34	24	14	4		時柱	日柱	月柱	年柱
甲	乙	丙	丁	戊	己	庚	大	己	己	辛	丙
午	未	申	酉	戌	亥	子	運	巳	未	丑	子

◉ 사주의 구조 및 핵심사항 ◉

- 이 사주의 구조는, 늦겨울(축월, 丑月)에 자신을 나타내는 글자를 야산의 흙에 비유해서 해석하는 기토(己土)로 태어났는데, 자신의 힘이 강한 듯 보이지만 내면적으로는 더 많은 火가 와줘야 하는 약한 사주다. 이 사주를 강한 사주로 보면 안된다.

- 부친은 재성(財星, 여기서는 부친으로 해석)으로 子水와 축(丑)중 계수(癸水)인데, 흉신이고, 모친인 丙火는 병신합(丙辛合, 병화와 신금이 합을 함)되어 변질되었기 때문에 부모가 이혼한 것이다.

- 초년 대운이 나빠서 공부를 하지 않는다고 한다.

- 이 여자의 진로를 보면, 진로는 대게 용신 방향으로 가는 경우가 많은데, 火가 용신이므로 火와 관련된 직업이다. 따라서, 火는 인성(印星)으로 공부에 해당하고, 교육에도 해당하며, 전기, 시각과 관련 직업군에 맞겠다고 했더니 부친되는 사람의 대답은 이아이가 디자인에 재능이 있다고 대답했다. 디자인도 시각분야에 해당하기 때문에 맞다.

9. 당신은 재혼하거나 애인두고 살 팔자입니다.

송파동에 사는 손님

62	52	42	32	22	12	2	時柱	日柱	月柱	年柱
乙	丙	丁	戊	己	庚	辛	辛	丁	壬	戊	여
卯	辰	巳	午	未	申	酉 大運	丑	巳	戌	申	자

天干 : 甲(갑) 乙(을) 丙(병) 丁(정) 戊(무) 己(기) 庚(경) 辛(신) 壬(임) 癸(계)
地支 : 子(자) 丑(축) 寅(인) 卯(묘) 辰(진) 巳(사) 午(오) 未(미) 申(신) 酉(유) 戌(술) 亥(해)

● 사주의 구조 및 핵심사항 ●

- 신묘년(辛卯年) 초겨울에 온 여자로 경기도의 모 기관에 근무중이다.
- 이 사주의 구조는, 늦가을(술월, 戌月)에 자신을 나타내는 글자를 인공 火에 비유해서 해석하는 정화(丁火)로 태어났는데, 약하다. 약하게 만든 요인이 土와 金이 많기 때문으로, 실제적으로는 水와 金이 가장 나쁘기 때문에 비겁(比劫, 친구나 형제)인 火가 용신이고, 건토(乾土, 마른 토)는 약선 겸 길신이며, 습토(濕土, 습한 토)는 흉신이다.

필자 : 손님은 금년(신묘년, 辛卯年)에 돈과 문서가 움직이는데, 무슨 문제

로 오셨나요?

손님 : 금년에 아파트를 구입했습니다.

필자 : 손님은 남편을 나타내는 임수(壬水) 관성(官星, 남편으로 해석)이 土의 극(剋, 공격을 받음)을 받고 있기 때문에 살아가기가 어렵게 생겼는데, 남편과의 문제점은 없습니까?

손님 : 이혼했습니다.

필자 : 손님은 몇 년도에 결혼했나요?

손님 : 29세(정축년, 丁丑년)에 결혼했습니다.

필자 : 22 기미(己未)대운에 기토(己土)와 미토(未土)가 등장해서 그렇지 않아도 좌불안석인 간상(干上, 사주 윗글자)의 임수(壬水)를 기토(己土)가 기토탁임(맑은 흙인 기토가 강물인 임수를 만나면 흙탕물이 됨) 시키고, 사주 밑 글자에는 축술미삼형살(丑戌未三刑殺, 축토, 술토, 미토가 만나면 서로 상처를 줌)이 작용해서 술토(戌土)위에 앉아있는 임수(壬水) 남편이 흔들리게 되는데, 이렇게 되면, 부부관계가 나

빠지는데, 이 때부터 갈등이 있었습니까?

손님 : 결혼한 다음해인 30세 무인년(戊寅年)에 이혼했습니다.

(여기서, 이혼을 하게 된 이유는, 해운의 윗 글자인 무토(戊土)가 사주에서 남편을 나타내는 임수(壬水)를 토극수(土克水)로 공격하고, 임수(壬水)가 뿌리를 내리고 있는 신금(申金)을 인사신삼형(寅巳申三刑, 인목, 사화, 신금이 만나면 서로 상처를 줌)로 흔들어 대므로 이혼을 한 것이다.)

필자 : 아이가 있습니까?

손님 : 아들 한 명을 두었는데, 남편이 기르고 있습니다.

필자 : 이혼한지가 오래됐고, 미래궁인 시지(時支, 태어난 시간의 밑글자) 축토(丑土)속에 여러번 숨을 했던 남자가 들어있는데, 일지(日支, 배우자궁)의 사화(巳火)와 축토(丑土)가 사축합(巳丑合, 사화와 축토가 합을 함)을 하고 있어서 그 남자를 만나야 하는데, 혹시, 그 남자를 만나지 않았습니까?

손님 : 오랫동안 혼자 지내다가 재작년 1월 달(09년 12월, 기축년 기축월,

己丑年 己丑月)에 기관에 근무하고 있는 남자를 만나서 사귀고 있는데, 그 남자는 부인과 갈등을 겪고 있으나 헤어지지는 않았기 때문에 유부남입니다.

필자 : 손님의 성격은 감성적이고 연약해서 감정의 기복이 심하시겠습니다. 또, 사주에 귀문살(鬼門殺)이란 것이 있는데, 이것이 있는 사람들은 주로 비관적인 사고를 자주 하게 되고, 쉽게 우울증을 앓게 되는데, 손님은 어떻습니까?

손님 : 예, 제가 감정기복이 좀 심하고요, 어떤 때는 비관적인 생각을 문득 문득하게 됩니다.

필자 : 손님의 사주는 도와주는 木도 없고, 일간인 火도 약해서 약한 사주이므로 고립무원이라서 마치 무인도에 갇힌 사람과 같이 외롭고, 고독하지만 성실하시네요?

손님 : 저는 외로움을 많이 탑니다.

필자 : 손님은 신약한 사주라서 에너지가 약하기 때문에 쉽게 지치고, 밤에 잠도 일찍 주무시겠네요?

손님 : 저는 힘이 약하고요, 초 저녁 잠이 많습니다.

필자 : 손님의 초년운은 약했고, 고등학교 1, 2학년 때(갑자, 甲子), 을축년(乙丑年)도 약했지만, 3학년 때(무인년, 丙寅年)는 좋았는데, 어느 대학을 나왔나요?

손님 : 경기도 소재 모 대학에서 경영학을 전공했습니다.

필자 : 이혼한 남편의 사주를 아시나요?

손님 : 사주도 모르고요, 알고 싶지도 않습니다.

필자 : 지금 사귀고 있는 남자의 사주를 아시나요?

손님 : 그 분 것은 밝히고 싶지 않습니다.

10. 여자 팔자에 식상(食傷)이 발달하면 남자 복이 없다.

인사동에서 온 손님

63	53	43	33	23	13	3		時柱	日柱	月柱	年柱	
戊	己	庚	辛	壬	癸	甲	大	壬	癸	乙	戊	여
申	酉	戌	亥	子	丑	寅	運	戌	未	卯	申	자

天干 : 甲(갑) 乙(을) 丙(병) 丁(정) 戊(무) 己(기) 庚(경) 辛(신) 壬(임) 癸(계)
地支 : 子(자) 丑(축) 寅(인) 卯(묘) 辰(진) 巳(사) 午(오) 未(미) 申(신) 酉(유) 戌(술) 亥(해)

● 사주의 구조 및 핵심사항 ●

- 신묘년(辛卯年) 한겨울에 온 여자 손님으로, 사주의 구조는, 중춘(묘월,卯月)에 자신을 나타내는 글자를 빗물로 해석하는 계수(癸水)로 태어났는데, 자신의 힘이 약한데, 土가 너무 많아서 약해졌으므로 土를 막아주는 木이 용신이고, 묘월(卯月)은 아직 한기가 가시지 않았는데, 신금(申金)이 金克木(금이 목을 공격함)을 하고 있는 구조에서는 힘이 강하냐, 약하냐보다는 따뜻하게 해주는 火가 더 필요하고, 金이 病神이며, 土가 흉신이며, 木이 길신이다.
- 자기의 언행으로 남편을 내쫓는 기운이 강해서 남자복이 없고, 일지(日支) 배우자궁에 있는 미토(未土)와 술토(戌土)가 만나면 흔들리는 현상이 발생(술미형, 戌未刑)하여 깨져서 함께 살지 못하고, 남편이 일본에서 살고 있다.

필자 : 손님은 결혼생활을 어떻게 하시나요?

손님 : 남편이 일본에 살고 있습니다.

필자 : 언제 결혼을 했습니까?

손님 : 정식으로 결혼식은 안올리고, 살다가 애를 하나 낳고 일본으로 갔습니다.

필자 : 이혼을 했다는 말씀인가요?

손님 : 이혼을 한 것도 아닙니다.

필자 : 사주에 남자가 흉신이고, 日支 배우자 궁이 깨져 있어서 부부궁이 불안한데 남자는 언제 만났습니까?

손님 : 어려서 만났던 남자는 헤어졌고, 37살에 남자를 만났고, 애를 하나 낳았습니다.

필자 : 사주가 이런 구조가 되면, 자식을 남편으로 삼게 되는데, 손님도

그렇지요?

손님 : 예, 저도 그렇습니다.

필자 : 신해(辛亥)대운 중 해(亥)대운에 해미목국(亥卯未木局, 해수와 미토가 만나 나무 다발을 만듦)이 되어 커진 木이 土를 공격하므로 37세에서 42세 사이에 남자와 헤어지게 되는데, 2006년에 남자가 일본으로 떠났습니까?

손님 : 예, 2006년에 남자가 일본으로 갔습니다.

필자 : 손님은 남자한테 의지하지 못하므로 스스로 벌어서 먹고 살아야 하는데, 금년에 문서가 왔고, 활동영역을 넓히는 운인데, 무슨 일을 하십니까?

손님 : 애를 낳기 전부터 커피숍을 운영하다가 애가 생겨서 그만두었다가 올해(신묘년, 辛卯年) 다시 영업을 시작했습니다. 앞으로 운이 어떻습니까?

필자 : 52세까지는 그런대로 괜찮습니다만, 만족스럽지는 못합니다. 그

리고, 미래궁(時柱)에 남자가 들어 있는데, 임자있는 몸이기 때문에 사귀게 되면 반드시 임자가 있는지의 여부를 확인할 필요가 있습니다.

11. 이혼을 해야 좋을까요? 말아야 좋을까요?

신천동에 사는 손님

66	56	46	36	26	16	6		時柱	日柱	月柱	年柱
乙	丙	丁	戊	己	庚	辛	大	庚	庚	壬	丙	여
酉	戌	亥	子	丑	寅	卯	運	辰	申	辰	申	자

天干 : 甲(갑) 乙(을) 丙(병) 丁(정) 戊(무) 己(기) 庚(경) 辛(신) 壬(임) 癸(계)
地支 : 子(자) 丑(축) 寅(인) 卯(묘) 辰(진) 巳(사) 午(오) 未(미) 申(신) 酉(유) 戌(술) 亥(해)

◎ **사주의 구조 및 핵심사항** ◎

- 신묘년(辛卯年)한 겨울에 온 여자 손님으로, 교회에 다닌다고 했다.
- 사주의 구조는, 늦봄(진월, 辰月)에 자신을 나타내는 글자를 무쇠 金에 비유해서 해석하는 경금(庚金)으로 태어났는데, 자신의 힘이 강하기 때문에 기운을 빼줘야 하느냐, 아니면, 관성(官星, 자기의 기운을 눌러주는 인자) 丙火로 다스려야 하느냐를 봐야 하는데, 원래, 경금(庚金)은 火를 가장 좋아하지만 丙火가 멀리있는데다가 뿌리도 없어서 용신으로 쓰지 못하므로 힘을 빼는 水가 용신이고, 土가 病神이며, 木이 약신(藥神, 병을 치유하는 인자)이고, 金이 吉神이다.
- 자기가 발산하는 기운이 강해서 남편을 공격하므로 남편 덕이 없고, 세운(歲

運, 한해의 운)에서 묘년(卯年)이 오자 묘신귀문살(卯申鬼門殺, 묘목과 신금이 만나면 우울증이 생김)이 작용하여 우울증이 있다.

필자 : 어떻게 오셨습니까?

손님 : 사실은 제가 교회에 다니는데, 철학원 앞을 지나갈 때마다 한번 들어 와보고 싶었는데, 오늘에야 오게 되었습니다.

필자 : 사주학은 종교와 아무 상관이 없습니다.

손님 : 그러면, 저희 가족의 사주를 봐주세요.

필자 : 손님은 남편 덕이 없는데, 어떻게 사십니까?

손님 : 제 사주에 그렇게 나옵니까? 남편 덕이 없습니다.

필자 : 손님은 작년부터 남편하고 이혼하고 싶어졌을 것인데, 이혼을 했습니까?

손님 : 이혼은 안했습니다.

필자 : 손님은 금년에 심한 우울증이 왔는데, 남편 때문이 아닌가 싶네요?

손님 : 그렇습니다.

필자 : 남편하고는 언제 결혼했습니까?

손님 : 제 나이 26살에 결혼했습니다.

필자 : 손님은 초년운이 안좋아서 고생이었지만, 36세 이후에 운이 좋아져서 경제적으로는 잘살아왔겠습니다.

손님 : 제가 초년운이 안좋아서 대학을 어렵게 다녔습니다. 그리고, 신혼 초에도 어려웠습니다.

필자 : 대게, 여자사주에 자식글자를 용신으로 쓰는 사람들은 자식을 낳아서 나이가 들면서 남편의 하는 일이 안되는데, 남편은 어떠했습니까?

손님 : 아이구! 말씀도 마십시오. 제가 젊어서부터 식당 같은 일을 해서 돈을 많이 벌어서 상가도 사고 집도 샀는데, 남편이 주식한다고

다 없앴는데, 지금도 손을 떼지못하고 있어서 작년(경인년, 庚寅年)에는 모든 부동산에 가처분신청을 해서 손을 못대게 해놓았습니다. 금년(신묘년, 辛卯年)에는 이혼을 할까 생각중인데, 어떻게 하면 좋겠습니까?

필자 : 딸은 어떻게 생각하십니까?

손님 : 딸이 이혼하라고 합니다.

필자 : 그렇다면, 부담이 없습니다. 이혼하는 것이 서로를 살리는 길인 것 같습니다. 이혼해서 완전히 남남이 되는 것보다 재산을 지킨다는 의미에서 이혼을 하는 것이 좋을 것 같습니다.

남편 사주

63	53	43	33	23	13	3		時柱	日柱	月柱	年柱
癸	甲	乙	丙	丁	戊	己	大	○	乙	庚	辛
未	申	酉	戌	亥	子	丑	運	○	酉	寅	卯

● 사주의 구조 및 핵심사항 ●

- 신묘년(辛卯年)에 부인이 가지고 온 남자 사주로, 출생시간은 전혀 모른다고 하며, 사주의 구조는, 초봄(인월, 寅月)에 자신을 나타내는 글자를 꽃나무에 비유해서 해석하는 을목(乙木)인데, 힘이 강한가 여부는 알 수 없으나, 이 사주의 구조로 봐서 金이 病이므로 寅木 속에 들어있는 丙火가 용신으로 보이고, 木이 길신이며, 水도 흉신이고, 마른 土는 길신, 습한 土는 흉신이다.
- 사주 밑 글자에 인유원진살(寅酉怨嗔殺, 인목과 유금이 만나면 원망하고 미워함)이고, 묘유충(卯酉冲, 묘목과 유금이 만나면 충돌함)하며, 사주 윗 글자에는 乙木과 辛金이 충돌(을신충, 乙辛沖)하고, 을목과 경금이 을경합(乙庚合)을 하여 을목(乙木)이 金 때문에 살 수가 없는 형국이고, 일지(日支) 배우자궁에 유금(酉金)이 앉아있어서 부부궁이 나쁘다.

필자 : 남편운은 33세부터 42세까지가 좋았으나, 43세부터 62세까지 황금기인 중년운이 아주 나빴네요?

손님 : 맞습니다. 결혼한지 얼마되지 않아서는 좋았습니다만 선생님이 말씀하신대로 42세경부터는 일도 안하고 빈둥빈둥 놀면서 사업한다고 내가 벌어 놓은 돈을 엄청나게 많이 까먹었는데, 한 때는

월 2천만원씩 이자를 물어주곤 했습니다.

필자 : 이런 사주는 건강도 나쁠 것인데요?

손님 : 고혈압과 당뇨를 앓고 있었는데, 59세(무자년, 戊子年)에는 중풍까지 왔습니다. 그런데도 도박에서 손을 못떼고 있어서 더 이상 재산에 손을 못대게 하기 위해서 작년에 가처분 신청을 해놓았습니다.

필자 : 남편의 사주를 보면, 금년(신묘년, 辛卯年)에 일지(日支, 배우자궁) 유금(酉金)을 운에서 오는 묘목(卯木)이 충돌(묘유충, 卯酉沖)하므로 이혼 수가 들었네요?

손님 : 그래서 그런지 이제는 같이 살고 싶지 않고, 딸도 이혼하라고 요구하고 있습니다.

닭띠 생(酉年生) 사주

1. 선생님, 우리 남편 사주 좀 봐 주이소?
2. 두 번째 만난 남자도 원수다.
3. 남편하고 이혼 재판중입니다.
4. 문서문제로 고민입니다.
5. 종교에 만취해 있는 여자.
6. 우리 아들 운좀 봐주세요?

1. 선생님, 우리 남편 사주 좀 봐 주이소?

화곡동에 사는 손님

남편사주

61	51	41	31	21	11	1		時柱	日柱	月柱	年柱
癸	甲	乙	丙	丁	戊	己	大	癸	甲	庚	丁	남
卯	辰	巳	午	未	申	酉	運	酉	寅	戌	酉	자

天干 : 甲(갑) 乙(을) 丙(병) 丁(정) 戊(무) 己(기) 庚(경) 辛(신) 壬(임) 癸(계)
地支 : 子(자) 丑(축) 寅(인) 卯(묘) 辰(진) 巳(사) 午(오) 未(미) 申(신) 酉(유) 戌(술) 亥(해)

◉ 사주의 구조 및 핵심사항 ◉

- 신묘년(辛卯年)에 늦가을 온 남자다.
- 이 사주의 구조는, 늦가을(술월, 戌月)에 자신을 나타내는 글자를 큰나무에 비유해서 해석하는 갑목(甲木)으로 태어나 인목(寅木)과 계수(癸水)에 의지하므로 약한데, 월상(月上, 태어난 달의 윗 글자)의 경금(庚金)과 년지(年支, 태어난 달의 밑 글자)의 유금(酉金), 시지(時支, 태어난 시간의 밑 글자)의 유금(酉金)이 극(剋, 공격)을 하고 있어서 더욱 약해졌다. 따라서, 木이 용신이고, 金이 病이며, 火가 약신이고, 水는 흉신이다.

- 여기서, 힘이 약하기 때문에 木이 용신인데, 왜, 水가 흉신이냐고 의심을 하는 사람들도 있을 것이나, 늦가을 木은 水가 많이 필요하지 않을 뿐만 아니라 水를 쓰게 되면 火가 약화되기 때문에 水는 흉신인 것이다.

필자 : 남편되신 분은 가을 거목(巨木)이 돼서 마음씨가 착하지만, 가부장적인데가 있고, 유금(酉金)을 2개씩이나 갖고 있어서 정확하며, 거짓을 싫어하는 성격입니다.

손님 : 맞십니더.

필자 : 손님은 내년 임진년(壬辰年)에 진술충(辰戌沖, 진토와 술토가 만나면 충돌함)해서 돈 창고인 술토(戌土)가 깨지므로, 돈이 나가거나 투자를 할 것으로 보입니다.

손님 : 그렇지 않아도 그것 때문에 왔습니더. 남편이 내년에 사업을 해도 되겠습니까?

필자 : 내년은 사업을 해서 돈을 버는 해가 아니고, 돈이 나가는 해입니다. 앞에서 말씀 드린대로 내년 운이 돈 버는 해가 아닙니다. 식상(傷官, 표현력으로 해석)인 정화(丁火)를 용신으로 쓰므로, 남편되신 분은 말하는 직업이나 기술성 직업을 가졌을 것으로 보이는데, 무

슨 직업을 가졌습니까?

손님 : 우리 남편은 그동안 서울에 있는 기계 만드는 회사에서 영업을 담당해 오다가 작년(경인년, 庚寅年)에 명예퇴직을 하고 올해부터는 기계 딜러 영업을 해오고 있습니다.

필자 : (대운이 좋았으므로) 그동안 운이 좋아서 잘살았겠고, 내년(임진년, 壬辰年)에 진술충(辰戌沖, 진토와 술토가 만나면 충돌함)하고 진유합(辰酉合, 진토와 유금이 만나 합을 함)해서 병신(病神, 가장 나쁘게 작용함)인 유금(酉金)이 커지며, 세운(歲運, 한해의 운)의 임수(壬水)가 용신인 정화(丁火)를 정임합(丁壬合)시키므로 퇴직할 운인데, 미리 나오셨네요?

손님 : 그동안 잘살아왔는데, 작년에 나왔습니다.

필자 : 남편은 미래궁에 어머니를 나타내는 글자(癸水)가 자리하고 있어서 늦게까지 모친이 짐이 될텐데 어떻습니까?

손님 : 우리 남편이 차남인데, 시어머니를 모시고 있습니다.

필자 : 사주대로 맞네요. 시어머니가 몇살이신가요?

손님 : 금년에 90세입니다.

필자 : 손님 내외분은 어디에 사시나요?

손님 : 저는 화곡동에서 아이들과 함께 살고 있고, 우리 남편은 대구에서 시어머니하고 살고 있습니다.

필자 : 그러면 주말부부입니까?

손님 : 한 달에 한 번 정도 올라오십니다.

필자 : 남편이 연로하신 모친을 모시기가 어렵겠습니다.

손님 : 시숙님 내외분이 계시는데, 안모시겠다고 하고, 시어머니는 요양원같은데는 안가시겠다고 해서 어쩔 수 없이 우리 남편이 모시고 있습니다.

필자 : 그것은 남편의 운명입니다. 대게, 자식궁에 엄마글자가 있으면서

나쁜 영향을 미치는 사람들은 늦게까지 부모 때문에 신경을 쓰게 됩니다.

손님 : 그러면 언제 쯤 남편이 서울로 올라오겠습니까?

필자 : 남편의 심리상태나 처지로 봐서 모친이 돌아가시거나 요양원으로 가셔야 서울로 올라 오실텐데, 그것은 정확히 알 수 없습니다. 다만 내년(壬辰年)에 어머니를 나타내는 水가 진토(辰土, 물창고)에 들어가므로 어머니가 돌아가시거나 요양원으로 가시게 되므로 내년 이후에나 가능하겠습니다.

본인사주(부인)

64	54	44	34	24	14	4		時柱	日柱	月柱	年柱
丁	丙	乙	甲	癸	壬	辛	大	戊	癸	庚	辛	여
未	午	巳	辰	卯	寅	丑	運	午	巳	子	丑	자

● 사주의 구조 및 핵심사항 ●

- 이 사주의 구조는, 한겨울(자월, 子月)에 자신을 나타내는 글자를 빗물로 해석하는 계수(癸水)로 태어났는데, 자신의 힘이 강하므로 火가 용신이고, 水가 병신(病神)이며, 金이 흉신이고, 土가 약신이다.

- 관성(官星, 남편으로 해석)인 土가 약신이고, 일지(日支, 배우자궁)에 용신이 들어있어서 부부사이가 좋지만 다만, 년지(年支, 태어난 시간의 밑 글자) 축토(丑土)와 일지 사화(日支 巳火)가 사축금국(巳丑金局, 사화와 축토가 만나서 금이 됨)을 하므로 갈등 요인을 안고 있다.

  그러나, 말년에 왜 남편과 떨어져 지내는지는 설명이 안된다.

- 대운이 좋아서 그동안 잘 살아 왔다.

2. 두 번째 만난 남자도 원수다.

문정동에 사는 손님

63	53	43	33	23	13	3		時柱	日柱	月柱	年柱
甲	癸	壬	辛	庚	己	戊	大	庚	壬	丁	辛	여
寅	丑	子	亥	戌	酉	申	運	戌	寅	未	酉	자

天干 : 甲(갑) 乙(을) 丙(병) 丁(정) 戊(무) 己(기) 庚(경) 辛(신) 壬(임) 癸(계)
地支 : 子(자) 丑(축) 寅(인) 卯(묘) 辰(진) 巳(사) 午(오) 未(미) 申(신) 酉(유) 戌(술) 亥(해)

● 사주의 구조 및 핵심사항 ●

- 신묘년(辛卯年) 늦가을에 온 여자다.
- 이 사주의 구조는, 늦여름(未月, 未月)에 자신을 나타내는 글자를 강물로 해석하는 壬水로 태어났는데, 자신의 힘이 약하므로 인성(印星, 여기서는 자기를 도와주는 인자) 金이 용신이고, 水가 약신겸 길신이며, 火와 土가 흉신이고, 인목(寅木)도 흉신이다.

필자 : 손님은 무더운 여름에 강물로 태어나서 갈증을 해소시켜주는 운명으로 태어났기 때문에 남들의 사랑을 받고 사는 성실한 분이네요?

손님 : 네. 제가 그렇습니다.

필자 : 손님은 금년에 문서운과 진로문제 또는 자식문제가 생겼네요?

손님 : 금년 9월에 이사를 했고요, 내년쯤에 아들을 장가보내려고 준비 중입니다.

필자 : 재성(財星, 돈으로 해석)인 火가 많으므로, 손님 눈에는 여기 저기 돈이 널려있어서 그 돈을 모두 잡고 싶겠네요?

손님 : 예, 제가 보기에는 돈 벌곳이 굉장히 많습니다.

필자 : 사주에 돈 창고(술토, 戌土)를 갖고 있어서 알뜰하겠네요?

손님 : 알뜰합니다.

필자 : 손님은 남자가 두 명이라서 재혼격이네요?

손님 : 제가 남편 덕이 없습니까?

필자 : 남편을 나타내는 글자가 미토(未土)와 술토(戌土)인데, 이 두 글자가 흉신이고, 또, 남편궁에 자식글자가 앉아있어서 더욱 남편 덕이 없습니다. 사주가 이렇게 되면, 두 남자와 인연이라서 이혼하고 재혼하거나 이혼을 안한다면 애인을 두고 살 팔자입니다.

손님 : 선생님이 그렇게 말씀하시니까 솔직히 말씀드리겠습니다. 저는 첫 남편과 헤어졌고, 지금 남편은 혼인신고도 안하고 사는데, 헤어지려고 합니다.

필자 : 첫 번째 결혼은 언제했습니까?

손님 : 제 나이 19살(을묘년, 乙卯년)에 결혼을 해서 자식을 세 명을 낳았는데, 남편이 알콜중독자로 8년만(임술년, 壬戌年)에 이혼을 했는데, 그 후 그 남자는 병원생활을 하다가 죽었다고 합니다. 그리고, 5년 전(정해년, 丁亥年)에 지금의 남자를 만났는데, 나중에 알고보니까 또라이에다가 신용불량자인데다가 도저히 저와 안맞아서 살 수가 없습니다.

필자 : 손님은 초년부터 운의 흐름이 좋아서 잘살았겠습니다.

손님 : 저는 어려서 편하게 살아왔고, 남편 덕 없는 것을 제외하고는 돈 버는 일은 잘돼서 수십억원을 벌었습니다.

필자 : 아버지 덕이 없는데 아버지는 어떻습니까?

손님 : 9살 때 아버지가 돌아가셨고, 21살 때 엄마도 돌아가셨습니다. 그런데, 선생님, 지금 살고 있는 남자와 헤어져야겠는데, 언제 헤어지면 좋겠습니까?

필자 : 내년(壬辰年)에 진술충(辰戌沖, 진토와 술토가 만나면 충돌함)해서 관(官, 남편으로 해석)이 깨지므로, 이혼할 기회가 올 것입니다. 재작년(己丑年)에 축술미삼형살(丑戌未三刑殺, 축토와 미토와 술토가 만나면 서로에게 상처를 줌)이 작용하여 남편이 흔들렸고, 관재구설수도 생기게 되고, 작년(경인년, 庚寅年)에 식신(食神, 남편을 공격하는 인자로 해석)인 인목(寅木)이 인술화국(寅戌火局, 인목과 술토가 만나면 불덩어리를 만듦)을 만드므로, 나쁘고, 올해(신묘년, 辛卯年)에 묘미목국(卯未木局, 묘목과 미토가 만나면 나무 다발을 만듦)을 해서 관성(官星, 남편으로 해석)인 土를 공격하고, 묘유충(卯酉沖, 묘목과 유금이 만나면 충돌함)으로 용신을 깨므로, 남편과 갈등이 심해지며, 내년(임진년, 壬辰年)에는 진술충(辰戌沖)해서 관(官, 남편)을 깨

므로 이혼이 될 것 같습니다. 그런데, 손님은 물장사를 했으면 좋았겠는데, 무슨 직업을 가졌나요?

손님 : 저는 전에 음식장사도 했었고요, 지금은 부동산도 하고요, 전문적으로 서비스업을 하고 있습니다.

이제부터 제 남자 사주를 봐주세요.

내연의 남자 사주

69	59	49	39	29	19	9		時柱	日柱	月柱	年柱
甲	乙	丙	丁	戊	己	庚	大	戊	辛	辛	丁	남
辰	巳	午	未	申	酉	戌	運	戌	亥	亥	酉	자

● **사주의 구조 및 핵심사항** ●

- 이 사주의 구조는, 초겨울(해월, 亥月)에 자신을 나타내는 글자를 보석 金에 비유해서 해석하는 신금(辛金)으로 태어났는데, 자신의 힘이 약하지만, 丁火가 나타나있고, 술토(戌土)속에도 丁火가 있어서 화기(더운기운)는 더 이상 필요하지 않으며, 보석은 水를 가장 좋아하기 때문에 水가 용신이다. 혹자들은, 이 사주가 금수상관격(金水傷官格, 격 이름)이라서 火가 용신이라고 할 것이다. 그러나, 格은 맞지만 분명한 것은 신금(辛金) 보석은 얼어있지 않는 한 丁火를 가장 싫어하기 때문에 水를 써야 한다.

- 보석은 丁火를 보면, 기껏 가공해놓은 보석을 다시 가공할 것으로 인식하기 때문에 火를 싫어하게 되고, 또 강하게 火를 만나면 또라이가 된다.

- 초년 대운은 金운이라서 좋았으나, 이 남자는 39 기미(己未) 대운부터 火운이 등장했으므로 가진 것을 모두 버렸고, 이혼도 했으며, 빚을 많이 진 신용불량자가 되었는데, 어쩌다가 위 여자를 만났으나 정상적인 사고를 하지 않으므로 위 여자가 이혼을 요구한다. 을사(乙巳) 대운까지 개선될 희망이 없다.

3. 남편하고 이혼 재판중입니다.

울산에서 온 손님

65	55	45	35	25	15	5		時柱	日柱	月柱	年柱
己	戊	丁	丙	乙	甲	癸	大	甲	戊	壬	丁	여
未	午	巳	辰	卯	寅	丑	運	寅	辰	子	酉	자

天干 : 甲(갑) 乙(을) 丙(병) 丁(정) 戊(무) 己(기) 庚(경) 辛(신) 壬(임) 癸(계)
地支 : 子(자) 丑(축) 寅(인) 卯(묘) 辰(진) 巳(사) 午(오) 未(미) 申(신) 酉(유) 戌(술) 亥(해)

● 사주의 구조 및 핵심사항 ●

- 신묘년(辛卯年) 한겨울에 온 여자로, 사주의 구조는, 한겨울(자월, 子月)에 자신을 나타내는 글자를 큰 산에 비유해서 해석하는 무토(戊土)로 태어났는데, 자신의 힘이 약하므로 火가 용신(用神, 가장 필요하게 쓰이는 글자)이고, 土가 길신이며, 水가 病神, 金이 흉신, 木은 길신과, 흉신을 동시에 한다.

- 일지(日支, 배우자궁) 진토(辰土)속에 을목(乙木) 정관(正官, 정 남편)이 있는데, 진유합(辰酉合, 진토와 유금이 합을 함)됐고, 신자수국(辰子水局, 신금과 자수가 만나 물바다를 이룸)하여 변질된데다가 흉신이므로 남편과의 성격이 맞지 않고, 시주(時柱, 태어난 시간의 기둥)에 있는 시상(時上, 태어난 시간의 윗글자)의 관성(官星, 남자이면서 자신을 컨트롤하는 인자)인 木은 신약한 戊土를 木剋土해서 나

쁘지만, 사주 밑글자의 인목(寅木)은 신약한 戊土가 장생(長生, 새로 태어남)을 하므로 좋은데, 태어난 시간의 기둥에 관성(官星, 남자로 해석)이 나타나 있기 때문에 미래에 만날 남자다.
- 간상(干上, 사주 윗글자)에는 정임합(丁壬合, 정화와 임수가 합을 함)이 있고, 사주 밑 글자에는 자유귀문(子酉鬼門, 자수와 유금이 있으면 우울증 등이 오기 쉬움)이 있다.

필자 : 손님은 사주가 戊土로 태어나 신약하기 때문에 인성(印星, 도와주는 인자)인 火가 필요한데, 이런 구조가 되면 마음씨가 착하지요?

손님 : 예, 남한테 모질게 못합니다.

필자 : 태어난 年과 月의 윗 글자에 정임합(丁壬合, 정화와 임수가 합을 함)이 있는데, 혹시, 친정 조부님께서 두 번 결혼하셨습니까?

손님 : 맞습니다. 할머니가 두 분입니다.

필자 : 손님은 40세를 전후해서 우울증이 있었을 것인데 맞나요?

손님 : 예, 제가 38엔가 39살엔가 우울증을 겪었습니다.

필자 : 손님은 남편하고 성격이 맞지 않겠습니다.

손님 : 그렇습니다.

필자 : 손님은 작년부터 남편과 갈등이 시작되어 금년에는 끝내겠고, 진로 문제가 있겠네요?

손님 : 그렇지 않아도, 남편과 지금 이혼소송중인데, 이혼하기로 합의를 봤기 때문에 곧 이혼을 할 것입니다.

필자 : 손님 사주에는 남편이 큰 사람이라서 본인은 똑똑한 분으로 보이는데, 맞습니까?

손님 : 자기 나름대로는 똑똑합니다.

필자 : 그런데, 왜, 이혼을 하려고 하십니까?

손님 : 성격이 안맞아서 입니다.

필자 : 손님 사주로 보면, 초년과 중년은 어려웠지만, 45세이후부터 잘

살아 오고 있는데, 직업이 있습니까?

손님 : 가정주부로만 생활해 왔습니다.

필자 : 남편은 무슨 일을 하십니까?

손님 : 장사도 했고, 운수사업도 했는데, 몇 년 전부터 모래운반을 하기 위해서 100억원을 들여서 차를 샀는데, 2년 전(기축년, 己丑年)부터 사업이 안되서 고전하고 있습니다.

필자 : 재산을 이혼상속 받게 되면 얼마나 되나요?

손님 : 집이 경남 울산인데요, 울산에 집이 두채가 있고, 현금도 몇억원이 있습니다만 서울에 오면, 많지 않습니다. 그런데, 제가 앞으로 무엇을 해먹고 살아야합니까?

필자 : 글쎄요, 마땅치가 않네요. 사주에서 뚜렷하게 나타난 게 없어서 조언해드리기가 매우 어렵습니다. 어떻든 내년은 돈 벌이가 시원찮을 것 같은데, 아이템이 정해지면 다시 한 번 방문해 주세요.

4. 문서문제로 고민입니다.

방이동에서 사는 손님

61	51	41	31	21	11	1		時柱	日柱	月柱	年柱	
丙	乙	甲	癸	壬	辛	庚	大	乙	癸	己	丁	여
辰	卯	寅	丑	子	亥	戌	運	卯	丑	酉	酉	자

天干 : 甲(갑) 乙(을) 丙(병) 丁(정) 戊(무) 己(기) 庚(경) 辛(신) 壬(임) 癸(계)
地支 : 子(자) 丑(축) 寅(인) 卯(묘) 辰(진) 巳(사) 午(오) 未(미) 申(신) 酉(유) 戌(술) 亥(해)

● 사주의 구조 및 핵심사항 ●

- 신묘년(辛卯年) 한겨울에 온 여자다.
- 이 사주의 구조는, 중추(유월, 酉月)에 자신을 타나내는 글자를 빗물로 해석하는 계수(癸水)로 태어났는데, 자신의 힘이 강하고, 냉하므로 火가 용신이고, 木이 길신이며, 水가 병신(病神)이고, 金이 흉신이며, 기토(己土)는 일부 길신 역할을 하지만 축토(丑土)는 흉신이다.

- 여기서, 다른 설명은 안헷갈릴 것인데, 기토(己土)에 대한 설명은 헷갈릴수 있기 때문에 보충설명을 하자면, 火를 용신으로 쓰기 때문에 己

土는 火의 기운을 빼앗으므로 흉신 역할을 하지만, 한편으로는 土克水해서 土가 水를 막아주므로 약신의 역할도 일부 해준다.

필자 : 손님은 인정많고, 정확한 것을 좋아하는 성격이네요?

손님 : 예, 맞습니더. 제가 퍼 주기를 좋아하고요, 약속 같은 것이 철저합니다.

필자 : 손님은 남편과 성격이 안맞겠습니다.

손님 : 예, 안맞습니더.

필자 : 손님은 금년(신묘년, 辛卯年)에 인성(印星)인 유금(酉金)과 운에서 오는 묘목(卯木)이 충돌(묘유충, 卯酉沖)하므로 문서문제나 진로가 막혀서 고민일텐데 맞습니까?

손님 : 맞습니더. 금년에 남편회사를 확장하다가 건설회사와 말썽이 나서 지금까지 중단상태입니다.

필자 : 계약서를 잘못썼습니까?

손님 : 회사건물을 증축하면서 계약이 잘못되어서 시공업자가 돈을 많이 요구하기에 안주고 소송을 해서 이겼는데, 아직 공사가 재개되지 않았습니다. 언제 쯤 재개될 것 같습니까?

필자 : 내년 늦은 봄(진월, 辰月)에 진유합(辰酉合)하여 묘유충(卯酉沖)을 막아주므로, 그때에나 해결이 될 것 같습니다. 그런데, 남편은 무슨 사업을 합니까?

손님 : 전자 칩을 만들어서 삼성전자에 납품하는 회사를 하고 있습니다.

필자 : 손님 사주를 보니까 남편한테보다 자식한테 지나치게 올인을 하고있네요? (식신(食神)이 길신이므로)

손님 : 예, 제가 좀 그렇습니더.

필자 : 엄마가 자식을 사랑하는 것은 인지상정이라서 이해는 가지만 그래도 가정의 안녕을 위해서라면 부부가 서로 사랑을 해야합니다.

손님 : 대부분 엄마들이 자식 사랑을 하는 것 아닙니까?

필자 : 손님은 초년운이 안좋았고, 고등학교 때도 안좋았네요?

손님 : 그래서, 저는 고등학교만 나왔고, 결혼 초에도 운이 별로 안좋았습니다.

필자 : 그러나, 41세이후부터 운이 아주 좋아서 돈을 벌었겠네요?

손님 : 맞습니다. 40세를 넘으면서 남편의 일도 잘되고 편히 살고 있습니다.

필자 : 71세를 넘기면서부터는 더 운이 좋아지네요?

손님 : 아이고, 감사합니다. 이제, 남편사주를 봐주세요.

본 남편 사주

70	60	50	40	30	20	10	時柱	日柱	月柱	年柱
壬	癸	甲	乙	丙	丁	戊	壬	癸	己	丁	乾
寅	卯	辰	巳	午	未	申	子	丑	酉	酉	命

(大運)

필자 : 남편의 생년월일을 말씀하세요?

손님 : 음력으로 ○○년 팔월 15일이고, 태어난 시간은 子時라고 합디더.

필자 : 이 사주라면, 남편과 성격이 안맞겠네요?

손님 : 성격이 딱 맞는 것은 아니지만 맞춰 가면서 삽니다.

필자 : 남편의 스타일은 밀어붙이는 힘이 대단히 강하겠습니다.

손님 : 딱 맞습니다.

필자 : 남편은 어려서부터 운이 안좋았네요?

손님 : 그래서, 대학을 못가고 공고를 나왔지만, 대기업에 취직을 했답니다.

필자 : 남편은 30대 이후에 사업을 시작했을 것으로 보이는데, 돈을 많이 벌었겠습니다.

손님 : 그동안 돈은 많이 벌었습니다.

필자 : 그런데, 올해(신묘년, 辛卯年)에 운이 안 좋아졌습니다.

손님 : 그러니까 그런 말썽이 생겼겠지요? 선생님, 그러면, 언제 좋아지겠습니까?

필자 : 2013(癸巳年)년부터는 한 3년간은 운이 좋아집니다만, 계속해서 좋은 운만 오는 것은 아닙니다.

손님 : 그러면, 어떻게 해야합니꺼?

필자 : 이제부터는 사업 확장할 것이 아니고 지켜야합니다.

손님 : 알겠습니다. 지금 진행중인 송사시비건은 언제 해결이 되겠습니까?

필자 : 2013(癸巳年)년부터 운이 좋아지니까 그 때가서 잘 해결되겠습니다.

5. 종교에 만취해 있는 여자.

풍납동에 사는 손님

손님 : 이런데 못가게 하는데……. (사무실을 들어오면서 혼자말로)

필자 : 예? 무슨 말씀이세요? 누가 못가게 하세요?

손님 : 아니, 내가 그냥 하는 소리예요.

필자 : 사주를 보려고 오셨습니까?

손님 : 전에 사주를 한 번 봤는데, 하나도 안맞아서 그 뒤로는 처음 왔습니다.

필자 : 역술인마다 공부한 양이 다르기 때문에 해석하는 방법이 다를 수 있습니다만 제가 정확하게 봐드릴테니까 봐 보도록 합시다.

손님의 생년월일을 말씀해 보세요.

손님 : 저는 음력으로 ○○년 6월 ○○일이고요, 태어난 시간은 어머니가 저를 낳고 나니까 환하게 날이 세서 아침 밥을 해먹었다고 합니다.

61	51	41	31	21	11	1		時柱	日柱	月柱	年柱	
甲	癸	壬	辛	庚	己	戊	大	丁	己	丁	丁	여
寅	丑	子	亥	戌	酉	申	運	卯	酉	未	酉	자

天干 : 甲(갑) 乙(을) 丙(병) 丁(정) 戊(무) 己(기) 庚(경) 辛(신) 壬(임) 癸(계)
地支 : 子(자) 丑(축) 寅(인) 卯(묘) 辰(진) 巳(사) 午(오) 未(미) 申(신) 酉(유) 戌(술) 亥(해)

◎ **사주의 구조 및 핵심사항** ◎

− 신묘년(辛卯年) 한겨울에 온 손님이다.
− 이 사주의 구조는, 늦여름(미월, 未月)에 자신을 나타내는 글자를 야산의 흙에 비유해서 해석하는 기토(己土)로 태어났는데, 자신이 힘이 강하고, 건조하므로 水가 정용신이나 없어서 金을 용신으로 쓰고, 火가 병이며, 木이 흉신이다.

필자 : (출생시간을 특정하기 위해서) 그 당시 절기표를 보니까 해뜨는 시간이 05시 41분이었는데, 해가 떠서 환했다고 하고, 아침밥을 해서 먹었다고 했으니까 해가 뜨고 약 1시간 정도는 지났을 것으로 짐

작이 되기 때문에 묘시(卯時, 05:30~07:30)입니다. 그런데, 출생시간이 불명확할 때는 시간을 특정지은 후에 사주를 봐야 하는데, 그럴려면 시간을 정해보겠습니다. 만약, 묘시(卯時)가 되면 부부사이가 나쁜데, 부부관계가 나쁘면 묘시(卯時)가 맞고, 그렇지 않고 부부관계가 좋다면 진시(辰時)가 될 수도 있습니다. 부부관계가 어떻습니까?

손님 : 우리부부는 지금까지 잘 살고 있습니다.

필자 : 그러면, 진시(辰時)로 봐야 하는데요?

손님 : 그러시지 말고 그냥 묘시(卯時)로 봐주세요.

필자 : 손님은 묘시(卯時)가 맞을 것입니다.

손님 : 왜 그렇습니까?

필자 : 물론, 앞에서 해 뜨는 시간을 보고 묘시(卯時)로 예상을 했지만, 금년에 남편하고 갈등이 생기는 해운이기 때문에 철학원을 찾아온 겁니다. 묘시(卯時)가 되면, 분명히 부부사이가 나쁘기 때문에 각

방을 쓰면서 살거나, 주말부부로 살거나 그렇지 않으면 이혼했을 수도 있습니다. 어떻습니까?

손님 : 지금까지 잘 살고 있습니다. 묘시(卯時)로 봐주세요.

필자 : 그럼, 그렇게 하겠습니다. 우선, 손님의 성격부터 말씀드리면, 신왕하기 때문에 추진력과 밀어붙이는 힘이 강해서 무슨 일이나 자기의 주장대로 관철시키려고 하는 경향이 있고, 유금(酉金)이 두 개나 있어서 매우 정확하기 때문에 남들한테는 신뢰를 주는 형이지만, 다른 한편으로는 너무 정확한 것을 좋아하기 때문에 본인의 정신건강에 해가 될 수 있습니다.

손님 : 연신 손으로 십자가를 그리면서, 제가 시간관념과 약속관념이 정확하고요, 남한테 돈도 안빌리고, 내 돈도 안빌려주는 성격입니다.

필자 : 손님사주는 늦여름에 태어났지만 火가 너무 많아서 무덥고 건조하기때문에 물이 시급히 필요하지만 없어서 金을 대용으로 쓰는 사주인데, 그 金이 일지(日支) 배우자궁에 앉아있어서 남편글자인 묘목(卯木)이 들어오려고 하는 것을 묘유충(卯酉沖, 묘목과 유금이 만나면 충돌함)하므로 거부하고 있는데, 이렇게 되면, 남편의 입장

에서 보면, 불만이 매우 크게 됩니다. 그래서, 손님이 남편을 밀어내는 구조를 갖고 있습니다.

손님 : 아니, 남편이 저를 밀어내는 것이 아니고요?

필자 : 물론, 정확한 것은 남편의 사주를 같이 봐야만 알 수 있지만, 본인 사주로만 보면, 아이를 낳고 아이들의 나이가 들면서 남편과 갈등이 있게 됩니다. 남편 사주를 같이 보시겠습니까?

손님 : 돈이 없습니다.

필자 : 손님 사주를 보니까 잘살아왔는데, 돈이 없다는 말이 믿기지 않습니다.

손님 : 돈을 안가지고 왔습니다.

필자 : 손님은 어려서부터 운이 좋았기 때문에 잘살아 왔는데, 혹시 직업을 갖고 계셨습니까?

손님 : 예, 제가 21살때부터 무용학원을 운영했었는데, 돈을 잘 벌었고,

주식도 해서 재미를 봤습니다.

필자 : 몇 살에 결혼했습니까?

손님 : 25살에 결혼했습니다.

필자 : 이런 사주를 가진 여자들의 약 80%는 혼자 살거나 부부사이가 나쁜 경우가 대부분인데, 손님은 결혼이후 남편과 잘살아왔습니까?
(재차 물었다.)

손님 : 결혼 초 임신을 했는데, 시동생들 학비를 대줘야 하기 때문에 돈을 벌어야 한다면서 애를 떼라고 하면서 폭력을 행사해서 당하고 살았습니다. 또, 결혼한지 몇 년 후인 31살 때 (87, 정묘년, 丁卯年에 묘유충(卯酉沖)하므로 나쁘기 때문에) 그 당시로서는 큰 30평 아파트를 내가 번 돈으로 샀는데, 그 돈으로 시동생들 학비 대줘야 하는데 왜 집을 샀느냐고 폭력을 행사해서 제가 거의 정신이상이 올 정도였습니다. 그리고, 99년(기묘년, 己卯年)에 묘유충(卯酉沖, 묘목과 유금이 만나면 충돌함)하므로 남편이 바람이 나서 이혼을 해달고 때리고, 칼로 저를 찔렀는데, 제가 하나님께 기도를 많이해서 그런지 칼이 부러지는 바람에 다치지 않았었습 니다.

필자 : 아니, 처음부터 남편하고 잘살고 있다고 해 놓고 지금 와서 무슨 말씀을 그렇게 하세요?

손님 : 아니, 저의 말씀은 남편하고 헤어지지 않고 살고 있다는 뜻이었습니다. (변명을 하느라고)

필자 : 제가 처음에 묘시(卯時)가 되면 남편하고 사이가 나쁠 것인데, 맞느냐고 몇 차례 물었을 때 사실대로 말을 해야지 남편하고 사이가 좋다고 해놓고 지금와서 안좋다고 하는 것은 앞뒤가 맞지 않습니다. 남편은 무슨 직업을 가졌습니까?

손님 : 현직 군인입니다. (연신 십자가를 그리면서) ....저희 자식들은 어떻습니까?

필자 : 본인의 사주를 놓고 이야기를 해야지 사주도 안보고 어떻게 알겠어요? 예를 들면, 병원에 가서 본인의 혈액 검사를 해놓고, 남편의 건강을 이야기 하는 것과 다를 바 없습니다. 애들 사주를 보시겠습니까?

손님 : 돈이 없습니다.

필자 : (알미워서 따지듯이) 아니, 처녀 때부터 돈을 잘벌었다고 했었고, 지금 운도 좋아서 잘살아 오고 있고, 남편도 군인인데, 무슨 돈이 없다고 하시나요?

손님 : (필자의 질문에는 대답을 안 하고서) 그런데, 이런 말씀을 드려야할지 모르겠는데요, 사실은 금년(신묘년, 辛卯年)초에 (묘유충卯酉沖하므로) 친척 문제로 남편과 싸움이 나서 또 맞았는데, 그 후부터 친척집을 안간지 1년이 되었는데, 이번 설에 가야합니까 안가야 합니까?

필자 : 그것은 인간적인 면과 도덕적인 면에서 생각하세요. 역술인인 내가 그런 것까지 알려줍니까?

이 때 다른 예약 손님이 왔는데도 계속 질문을 하기에 예약손님부터 받아야 한다고 말을 하자 일어서더니 가지도 않고 기다렸다가 예약손님이 끝난 후에 다시 와서 끈길지게 물었다.

6. 우리 아들 운 좀 봐주세요?

송파동에 사는 손님

62	52	42	32	22	12	2		時柱	日柱	月柱	年柱
庚	辛	壬	癸	甲	乙	丙	大	甲	丁	丁	丁	남
子	丑	寅	卯	辰	巳	午	運	辰	亥	未	酉	자

天干 : 甲(갑) 乙(을) 丙(병) 丁(정) 戊(무) 己(기) 庚(경) 辛(신) 壬(임) 癸(계)
地支 : 子(자) 丑(축) 寅(인) 卯(묘) 辰(진) 巳(사) 午(오) 未(미) 申(신) 酉(유) 戌(술) 亥(해)

● 사주의 구조 및 핵심사항 ●

- 신묘년(辛卯年)에 노모가 가지고 온 남자 사주다.
- 사주의 구조는, 늦여름(미월, 未月)에 자신을 나태는 글자를 인공 화에 비유해서 해석하는 丁火로 태어났는데, 자신의 힘이 강하므로 水가 용신 이고, 金이 길신이며, 未土가 병신(病神)이고, 진토(辰土)는 길신이며, 甲木은 흉신이다.
- 사주 밑 글자(지지, 地支)에는 진해원진살(辰亥怨辰殺, 진토와 해수가 있으면 미워 하고 원망하는 살)과 귀문살(鬼門殺, 우울증 등이 생김)이 있으나 나타난 영향은 확인할 수 없었다.

필자 : 아드님 사주는 신왕해서 추진력이 강한 사람이네요?

손님 : 예, 우리 아들은 추진력이 대단합니다.

필자 : 아드님은 공직에 근무하거나, 대기업에 근무합니까?

손님 : 공직에 근무하고 있습니다.

필자 : 아드님은 내년(임진년, 壬辰年)에 승진하거나 영전할 것 같은데, 그 문제로 오셨지요?

손님 : 예, 승진소리가 있는데, 어떻게 되겠는가 싶어서 궁금해서 왔습니다. 언제 하겠습니까?

필자 : 금년 말부터 운이 들어왔습니다. 승진을 하거나 영전을 하겠습니다. 그런데, 어느 부처 소속입니까?

손님 : 법무부 고위 공무원입니다.

필자 : 만약에 계묘시(癸卯時)가 되면 진시(辰時)보다 아이큐가 굉장히 높

을 것 같은데, 그렇게 되면 성격이 예민할 것입니다.

손님 : 예민하지는 않습니다만 아이큐가 140이 넘습니다. 사법고시에 합격했습니다.

묘시(卯時)로 본 사주

62	52	42	32	22	12	2		時柱	日柱	月柱	年柱
庚	辛	壬	癸	甲	乙	丙	大	癸	丁	丁	丁
子	丑	寅	卯	辰	巳	午	運	卯	亥	未	酉

필자 : 진시(辰時, 07:30~09:30)가 되면 시(時)와 일지(日支, 배우자궁)가 귀문살(鬼門殺, 주로 비관적인 사고를 하는 살)이고, 원진살(怨嗔殺, 서로 미워하고 원망하는 살)이므로 아들 내외간에 갈등이 있을 수 있는데 어떻습니까?

손님 : 아들 내외는 잘삽니다.

필자 : 묘시(卯時)가 되면 혹시, 손님(모친)이 이복형제가 있거나, 배다른 형제가 있을 수 있는데요?

손님 : 전혀 없는데요?

필자 : 제가 보기에는 묘시(卯時)가 맞는 것 같습니다. 정확한 출생시간을 모르십니까?

손님 : 제가 기억하기로는 아침 7시 5분 정도인데, 전에 어느 철학원에 가서 사주를 봤더니 고시에 합격하는 사주는 진시(辰時)라고 해서 진시(辰時)로 알고 있습니다.

필자 : 그렇습니까? 저는 卯時로 보입니다. 그런데, 초년운이 나빴고, 고등학교 운도 별로였는데, 혹시, 재수를 했습니까?

손님 : 고등학교 때 성적이 좋지 않아서 재수를 해서 서울대를 갔습니다.

필자 : 아드님 운은 04(甲申年)부터 09(己丑年)까지는 좋았습니다만, 庚寅年이 안좋았습니다.

손님 : 그래서, 2010년에 외국에 나갔다가, 2011년에 귀국했습니다.

필자 : 내년(壬辰年)은 좋습니다만, 2013 癸巳年부터 3년 간은 안좋습니

다. 그러나, 대운이 워낙 좋기 때문에 놀지않겠고, 오히려 더 큰 발전이 있겠습니다.

손님 : 고맙습니다.

여기서, 이 命主를 가지고 온 노모의 생김새나 말투, 글씨 쓰는 것으로 봐서 유식한 사람임에 틀림없었으므로 본인이 기억하고 이는 아들의 출생시간이 묘시(卯時)임에 틀림이 없어 보였다.

개띠 생(戌年生) 사주

1. 손님사주에는 남편이 도망가려고 합니다.
2. 30세 여자가 辛卯年에 무슨 일로 왔나?
3. 못키울 나무는 베어내야 한다.
4. 54세 여자가 자식과 일문제로 래방했다.
5. 모 대학 석좌교수가 무슨 일로 왔나?
6. 壬辰일주는 부부관계가 나쁘다.
7. 세 배 자식 키우는 남자
8. 인성(印星)이 용신이라서 영어학원 차리는 게 꿈이란다.
9. 능력있는 집안
10. 임진(壬辰)일주(日主) 여자로 태어나면 남편 덕이 없다.
11. 결혼할 남자 고르기가 너무 어렵다.
12. 다자무자(多者無者)는 없는 것과 같다.
13. 월지(月支)를 충(沖)하므로 집을 팔려고 한다.
14. 여자사주에 식상(食傷)이 많으면 남편과 살지 못한다.

1. 손님사주에는 남편이 도망가려고 합니다.

방배동에 사는 손님

64	54	44	34	24	14	4		時柱	日柱	月柱	年柱
丙	丁	戊	己	庚	辛	壬	大	癸	庚	癸	戊	여
辰	巳	午	未	申	酉	戌	運	未	子	亥	戌	자

天干 : 甲(갑) 乙(을) 丙(병) 丁(정) 戊(무) 己(기) 庚(경) 辛(신) 壬(임) 癸(계)
地支 : 子(자) 丑(축) 寅(인) 卯(묘) 辰(진) 巳(사) 午(오) 未(미) 申(신) 酉(유) 戌(술) 亥(해)

● 사주의 구조 및 핵심사항 ●

- 신묘년(辛卯年) 늦가을에 온 여자다.
- 이 사주의 구조는, 초겨울(해월, 亥月)에 자신을 나타내는 글자를 무쇠 金에 비유해서 해석하는 경금(庚金)으로 태어났으므로 금수상관격(金水 傷官格, 사주학에서 격 이름)인데, 水가 너무 많아서 약하고 많으므로 土가 용신이고, 火가 길신이며, 水가 병신(病神)이고, 金도 흉신이다.

- 술토(戌土)와 미토(未土)는 멀지만 술미형(戌未刑, 술토와 미토가 만나면 서로 상처를 입음)을 하려하고, 해수(亥水)와 미토(未土)가 해미합(亥未

合, 해수와 미토가 만나 합을 함)을 하고, 무계합화(戊癸合火, 戊癸合火, 무토와 계수가 합을 해서 화를 만드는데, 두 번을 만든다는 뜻)해서 가상의 火(남편)를 만들고 있어서 재혼할 팔자다.

필자 : 사주를 보니까 손님의 성격은 전문용어로 금수상관격(金水傷官格, 사주학의 격 이름)이라서 두뇌가 좋고, 인정이 많아서 너무 퍼주는 것이 흠으로, 자기와 코드가 맞는 사람한테는 무척 잘해주지만 코드가 맞지 않으면, 겨울 찬물을 쏟아 내놓기 때문에 냉정하기 이를데 없습니다. 그러나, 어머니와 같은 성분인 인성(印星)을 용신으로 쓰기 때문에 평소에는 다정한 면도 갖고 있습니다.

손님 : 예, 제 성격이 그렇습니다. 퍼 줘야 마음이 편합니다.

필자 : 손님은 금년(신묘년, 辛卯年)에 경금(庚金)일간 입장에서 보면, 신금(辛金)은 겁재(劫財, 자기한테 피해를 형제로 해석)로 식구가 늘어난 형국이고, 묘목(卯木)은 사주에 있는 해수(亥未)와 해묘미목국(亥卯未木局, 해수, 묘목, 미토가 만나면 나무 덩어리를 만듬)을 이루므로 돈 문제가 생기게 됩니다. 맞습니까?

손님 : 예, 금년에 아들을 장가보내느라고 돈이 엄청 들어갔습니다. 밥

못먹는 것은 아니지만 어떻든 돈이 많이 깨졌습니다. 돈과 관련된 문제가 또 하나 있습니다. 잘 좀 봐주세요?

필자: 손님 사주는 흐르는 대운이 화운(火運)으로 운이 좋은 듯하지만, 마냥 좋은 것이 아니고, 원래 사주에 있는 水와 火가 충돌을 하는데, 火는 남편글자이므로 남편과 큰 갈등이 생기게 됩니다. 이런 것을 전문용어로는 傷官見官이라고 합니다. 그 해가 08 무자년(戊子年)에 일지 자수(日支 子水)와 대운 오화(午火)가 자오충(子午沖)하고, 기축년(己丑年)에 축토(丑土)가 사주 원국(元局, 사주 틀)에 있는 미, 술토(未, 戌土)와 축술미삼형살(丑戌未三刑殺, 축토, 술토, 미토가 만나면 서로 상처를 입음)을 일으키는데, 이렇게 되면, 술토(戌土)속에 들어있는 정화(丁火)인 남편 글자와 미토(未土)속에 들어있는 정화(丁火)인 남편글자가 둘 다 깨지게 되므로 작게는 남편과 갈등이고, 크게는 이별수가 생기게 되는데, 남편이 자기만 살겠다고 도망가려고 합니다.

손님: 선생님이 말씀하신대로 09(기축, 己丑)년에 남편이 16살 연하의 여자와 바람이 나서 난리를 피우다가 결국 작년(경인년, 庚寅年)에 명예 퇴직을 했습니다.

필자 : 남편이 무슨 직업을 가졌습니까?

손님 : 군무원이었습니다.

필자 : 손님 사주에는 火가 남편인데, 남편글자가 나타나 있지 않고 土(戌土와 未土) 속에 들어있는데, 온통 水가 가득해서 火를 끄려고 하고 있고, 또, 일지(日支) 남편궁에 火를 끄는 水가 자리잡고 있어서 남편하고 성격이 안맞습니다. 또한, 남편의 입장에서 보면, 水가 자기를 공격하려하고 있기 때문에 마누라의 언행이 마음에 안들게 됩니다.

손님 : 지금까지는 잘 몰랐는데, 이번에 알아보니까 남편이 저한테 큰 불만을 갖고 살아왔더라고요. 시어머니 모시는 문제에서부터 시작해서 제가 자기(남편)을 너무 쪼인다는 거예요. 저는 이런 것이 크게 불만일거라고 생각하지 않았거든요.

필자 : 아닙니다. 본인의 사주에서 이미 남편은 불만을 많이 갖고 있다고 앞에서도 설명드렸습니다. 이것이 내 팔자입니다. 그러나, 더 정확한 것은 남편의 사주를 봐야 알 수 있습니다. 또, 남편의 바람이 일시적인가 이혼을 할 것인가도 말입니다. 상관견관(傷官見官, 상

관이 관을 만나면 흉한일이 생김) 남편이 이혼하자고 할 것인데, 맞습니까?

손님 : 남편이 이혼을 하자고 하면서 재산을 3분의 1만 준다고 합니다. 저는 집에서 살림만해왔기 때문에 돈 벌 줄도 모르고 아무것도 모르는데, 어떻게 이혼을 하겠습니까?

필자 : 손님은 결혼한지가 얼마나 되었습니까?

손님 : 제가 대학을 졸업하고, 공무원으로 근무할 때 남편을 만났는데, 그 때가제 나이 25세였으니까 약 30년이 되었습니다.

필자 : 그렇다면, 재산은 2분의 1을 주장할 수 있습니다. 그 문제에 있어서는 걱정안해도 됩니다.

손님 : 남편이 군인연금을 받는데, 그것은 어떻게 됩니까?

필자 : 군인연금은 군인이었던 당사자가 재직시에 혼인관계가 유지된 상태에서 당사자가 사망시에는 그 배우자가 70% 정도를 받지만, 이혼을 하게 되면, 배우자한테 연금 혜택이 없고, 혹시 재혼을 하더

라도 그 재혼한 여자한테도 혜택이 없습니다. 그래서, 어지간하면 인내하고 그냥 사세요.

손님 : 저는 그냥 살고 싶습니다. 그런데, 남편이 이혼하자고 합니다.

필자 : 그렇다면, 앞에서 언급한 또 하나의 돈 문제가 있다고 하는 것이 이 문제였네요?

손님 : 맞습니다.

필자 : 남편사주를 압니까?

손님 : 남편 사주를 기억은 못하겠고요, 집에 가면 알 수 있습니다.

필자 : 집이 어디신데요?

손님 : 관악구 방배동입니다.

필자 : 그러면, 지금 집에 가서 남편 사주를 갖고 오시겠습니까?

손님 : 가슴이 떨려서 제 차를 운전을 못하겠고, 택시타고 갔다 오겠습니다.

잠시 후, 손님이 남편의 사주를 가지고 왔다.

							남편 사주			
69	59	49	39	29	19	9	時柱	日柱	月柱	年柱
戊	丁	丙	乙	甲	癸	壬	丙	庚	辛	甲	남
寅	丑	子	亥	戌	酉	申	戌	午	未	午	자
						運				

🌀 사주의 구조 및 핵심사항 🌀

- 신묘년(辛卯年) 58세다.
- 이 사주의 구조는, 늦여름(미월, 未月)에 자신을 나타내는 글자를 무쇠 金에 비유해서 해석하는 경금(庚金)으로 태어났는데, 월상(月上, 태어난 달의 윗글자)의 신금(辛金)이 도와 주고 있고, 시지(時支, 태어난 시간의 밑글자) 술토(戌土)속에 신금(辛金)이 들어있으나, 술토(戌土)속에 들어있는 신금(辛金)은 경금(庚金), 신금(辛金)의 뿌리가 되지 못하고, 오술 화국(午戌火局, 오화와 술토가 만나면 불덩어리를 만듦)을 이루고, 오미반화국(午未半火局, 오화와 미토가 만나면 절반의 불덩어리를 만듦)을 이루므로 未土도 열토라서 土生金이 안되므로 하는 수없이 이 사주에 가장 세력이 강한 火로 종(從, 따라감)하는 수 밖에 없다. 따라서, 종살격(從殺格, 격 이름)이다.

필자 : 남편 사주의 원국(元局, 사주 틀)이 참 좋습니다. 이런 사주는 운만 맞으면 한자리 해먹게 됩니다만, 운이 나빠서 그렇지 못했네요? 머리가 참 좋은 분이지만, 초년 학운기인 경술(庚戌), 신해(辛亥), 임자(壬子)년의 세운(歲運, 한해의 운)이 나빠서 고학을 하거나 무척 고생하면서 공부를 했을 것으로 보이는데, 학교는 어느 대학을 나왔습니까?

손님 : 고려대학교를 졸업했고, 대학원까지 나왔습니다.

필자 : 이런 사주는 관직이나 언론, 방송, 교육계통에 잘 맞는데, 직업은 무엇이었습니까?

손님 : 군인였습니다.

필자 : 남편은 火가 용신으로, 火는 말에 해당하므로 외국어에 인연인데, 전공과목은 무엇입니까?

손님 : 외국어입니다.

필자 : 이 분은 39세 이후에 운이 없어서 크게 발전을 하지 못할 뿐만 아

니라 가깝게는 04년부터 그 직을 유지하기 힘들겠고, 특히, 08 (무자년, 戊子年)에 종(從, 따라감)된 火의 중심인 오화(午火)를 자오충(子午沖, 자수와 오화가 만나면 충돌함)하고, 09년(기축년, 己丑年)은 화국(火局, 불덩어리)을 이루고, 축토(丑土)와 미토(未土)와 술토(戌土)가 만나면 서로에게 상처를 주는 축술미삼형살(丑戌未三刑殺)을 만들어서 화국(火局)을 흔들어 대므로 더욱 힘들어졌습니다. 좀 심하게 말하면, 39세부터는 이미 정신이 나간 것이나 마찬가지입니다. (종살(從殺)을 역세(거꾸로 갔다는 뜻)하므로)

손님 : 남편은 굉장히 똑똑한 분이었는데, 직장에서는 상사와 자주 마찰이 생겨서 아주 힘이 들었습니다.

필자 : 그것 역시 사주에서 말하는 정신이 나갔기 때문입니다. 제 정신이 아닌데, 지금 상태는 어떻습니까?

손님 : 아까 말씀드린대로, 08년경부터 20세 연하의 여자와 바람이 나서 난리를 피우다가 작년(경인년, 庚寅年)에는 명예퇴직을 했습니다.

필자 : 남편 사주를 보면, 정신이 나간 사람으로 되돌아오기가 어려운데, 내년(임진년, 壬辰年)에도 진토(辰土)와 술토(戌土)가 만나 충돌(진술

충, 辰戌沖)해서 화국(火局)을 흩트려 놓으면 큰 액운이 발생하고, 또, 상관견관(傷官見官, 상관이 관을 만나면 흉한 일이 생김)하면 액운이 발생하기 때문에 이혼하기가 쉽습니다.

손님 : 저는 이혼하기 싫은데, 이혼안하면 안되겠습니까?

필자 : 이혼을 안하면, 남처럼 살아야 하는데, 그렇게 살 각오가 되어있으면 살고 그렇지 않으면 헤어지게 됩니다.

손님 : 저는 아무 경제적인 능력이 없기 때문에 이혼하면 안됩니다.

필자 : 이것도 다 내 팔자입니다. 손님의 사주를 보면, 남편이 숨이 막히기 때문에 자기 살기 위해서 도망을 가려고 합니다. 그런데다가, 남편의 사주에도 제 정신이 아니기 때문에 엉뚱한 생각과 판단을 하게 됩니다.

손님 : 정말 가슴이 답답하네요. 회복기미는 없겠습니까?

필자 : 혹시, 2013(계사, 癸巳)년부터 3년간은 화운(火運)이 오므로 일시적으로 다소 낳아질 것입니다만, 근본적인 치유는 어렵겠습니다. 그

리고, 남편은 아무 일도 안하려고 할텐데요? (정신이 망가져서)

손님 : 퇴직하고 사설학원에서 강사로 한 4개월 근무를 하더니 "그런 하찮은 일을 어떻게 하느냐?"며 그만두고, 요새는 거의 낚시만 하러 다닙니다. 아마도 그 여자와 같이 간 것 같아요.

필자 : 본인 눈으로 확인하지 않았다면, 예단하지 마세요. 추측을 하게 되면 본인만 더 괴롭습니다. 또, 손님 사주에는 시지(時支, 태어난 시간의 밑글자)의 미토(未土)속에 들어있는 정화(丁火)가 남자이므로, 미래의 남자가 기다리고 있어서 이혼하더라도 혼자 살지 않습니다.

손님 : 정말 그럴까요?

필자 : 틀림없습니다. 남편 사주를 보니까 자식을 하나 잃었을 것 같은데요? 병화(丙火) 관성(官星)이 술토(戌土)에 입묘(入墓, 무덤에 들어갔다는 뜻)했는데, 특히, 시지(時支, 태어난 시간의 밑글자)에서 관성(官星, 남자에서는 관성이 자식으로 해석)이 입묘(入墓, 무덤에 들어간다는 뜻)하면 자식이 죽습니다.

손님 : 그것이 나옵니까? 첫째 아들을 낳았는데, 하루 만에 죽었습니다. 그런데, 선생님, 남편 사주에 바람기가 있습니까? 바람기는 주로 도화살(桃花殺)로 보는데, 남편 사주에는 도화살(桃花殺)이 있긴 합니다만 진도화(眞桃花), 도화는 진짜 도화가 있고 일반 도화가 있는데, 여기서는 일반도화라는 뜻)가 아니라서 강하지는 않지만, 더 중요한 것은 남편의 정신이 제 정신이 아닙니다.

필자 : 남편과 바람피우는 여자의 사주를 아시나요?

손님 : 모릅니다. 우리 아들 사주 좀 봐주세요?

아들 사주

70	60	50	40	30	20	10		時柱	日柱	月柱	年柱
戊	丁	丙	乙	甲	癸	壬	大	丁	癸	辛	甲	남
寅	丑	子	亥	戌	酉	申	運	巳	卯	未	子	자

◉ **사주의 구조 및 핵심사항** ◉
― 이 사주의 구조는, 늦여름(미월, 未月)에 자신을 나타내는 글자를 빗물에 비유해서 해석하는 계수(癸水)로 태어났는데, 계수(癸水)가 약하므로 형제나 친구

로 해석하는 비겁(比劫)인 水가 용신이고, 金이 길신이며, 火가 병이고, 土도 흉신이며, 木도 흉신이다.

필자 : 아들이 참 착하네요? (여름 물이 나무를 기르고 있으므로)

손님 : 예, 착합니다.

필자 : 그런데, 고등학교 2, 3학년 때인 신사(辛巳), 임오(壬午)년의 운이 나빴는데, 어느 대학을 갔습니까?

손님 : 아이가 착하고 공부도 무척 잘했는데, 그만 고등학교 3학년 때 아파서 공부를 제대로 못해가지고 지방대 건축과를 나와서 지금 건축사입니다.

필자 : 그 당시의 운으로 보면 잘 갔습니다. 그런데, 이 사주에서 아픈데를 찾아보면, 수화상극(水火相剋, 수와 화가 만나면 싸움)하므로, 눈이나 심장 계통이나 비뇨계통에 이상이 있었을 것으로 보이는데, 어디가 아팠나요?

손님 : 즐겁지 않는 일이라서 밝히기 싫습니다만, 사실은 그 때 비뇨기과

에도 다녔고, 심장수술을 했습니다. 선생님 정말 잘보십니다. 그런데, 우리 아들이 처복(妻福)이 있습니까?

필자 : 마누라와 부친을 나타내는 정화(丁火)와 자신인 계수(癸水)가 충돌(정계충, 丁癸沖)하므로, 큰 기대는 하지 마세요. 사주에서 부친과 妻를 나타내는 글자(丁火)와 자신(癸水)이 충돌(丁癸沖)을 하고 있는데, 이렇게 되면, 아버지와 성격이 안맞게 되고, 결혼 후에 妻와도 안맞을 수 있습니다.

손님 : 아버지와는 전혀 안맞아서 갈등이 심합니다.

그런데, 그것이 며느리하고도 안맞으면 어떻게 하지요?

필자 : 잘살면 좋겠습니다만 안맞을 수 있습니다.

특히, 40대 후반 해(亥) 대운에 사해충(巳亥沖, 사화와 해수가 만나면 충돌함)하므로 그럴 수 있습니다.

2. 30세 여자가 辛卯年에 무슨 일로 왔나?

종로구에서 온 손님

67	57	47	37	27	17	7	大	30	時柱	日柱	月柱	年柱
壬	辛	庚	己	戊	丁	丙	運		癸	己	己	壬	여
辰	卯	寅	丑	子	亥	戌			酉	亥	酉	戌	자

天干: 甲(갑) 乙(을) 丙(병) 丁(정) 戊(무) 己(기) 庚(경) 辛(신) 壬(임) 癸(계)
地支: 子(자) 丑(축) 寅(인) 卯(묘) 辰(진) 巳(사) 午(오) 未(미) 申(신) 酉(유) 戌(술) 亥(해)

☯ 사주의 구조 및 핵심사항 ☯

- 신묘년(辛卯年) 한여름에 30세 여자가 이모와 같이 왔었다.
- 이 사주의 구조는, 한가을(酉月, 酉月)에 자신을 나타내는 글자를 야산의 흙에 비유해서 해석하는 기토(己土)로 태어났는데, 수(水, 물)가 너무 많아서 약해졌기 때문에 財多身弱(재다신약, 돈 글자가 너무 많아서 사주가 약해졌다는 뜻) 사주이므로 비겁(比劫, 친구나 형제로 해석) 용신이고, 이며 금(金)이 흉신이다.

필자: 손님 사주를 보니까 관성(官星, 여자에서는 남편에 해당)인 남자가 나타나있지 않았고, 모친도 나타나 있지 않으며, 아버지를 나타내

는 수(水, 물)가 너무 많아서 자신을 괴롭게 하므로 남자 덕이 없고, 부모 덕도 없습니다. 그리고, 아직 결혼을 안했을 것 같은데, 작년(庚寅年, 경인년)이나 금년(辛卯年, 신묘년)에 남자가 나타날 운입니다만 금년에 헤어질 수 있습니다. 손님이 상담을 받으려고 온 이유가 진로 문제 또는 남자 문제로 왔지요?

손님 : 남자문제도 있고, 부모님하고의 문제도 있어서 왔습니다.

필자 : 부모님 문제라뇨?

손님 : 제한테 남자친구가 없다가 올해 모처럼 남자친구를 사귀게 되었는데, 부모님이 반대해서 헤어졌습니다. 그래서, 집에서 나가 따로 살려고 합니다.

필자 : 대게, 사주에 없는 글자에 해당하는 육친과는 인연이 먼 경우가 많기 때문에 손님은 어머니 덕도 없고, 부친 덕도 없기 때문에 독립해서 사는 것도 괜찮겠습니다. 여자 사주에는 자식에 해당하는 글자가 강하게 있는 상태에서 남자에 해당하는 글자를 만나거나 반대로 남자글자가 있는데 자식글자를 만나면 큰 흉액이 발생하게 되는데, 손님은 금년에 남자와 헤어지거 나 관재구설이 생기는

운입니다.

손님 : 제 생각으로는 부모님 때문에 헤어졌다고 생각하고 있었습니다.

필자 : 사주 밑 글자(지지, 地支)에 자식과 성격을 나타내는 유금(酉金)이 두 개나 있어서, 손님 성격은 너무 정확한 것을 좋아하고, 칼 같은 성격이라서 본인도 피곤하고, 다른 사람들도 피곤해하게 됩니다. 그래서, 남자를 사귀더라도 매우 조심해야합니다. 그런데, 금년에 운에서 남자가 왔는데, 그 칼인 유금(酉金)에 남자인 묘목(卯木)이 잘려나가게(卯酉沖, 묘목과 유금이 만나면 충돌하여 깨짐) 되기 때문에 남자와 헤어진 것입니다.

이 때 같이 온 이모되는 사람이 조카의 성격이 그렇다고 맞장구를 쳐줬다.

필자 : 손님의 운을 보니까 초년 운이 나쁘고, 고등학교 때의 세운(歲運, 한 해의 운)이 정축(丁丑), 무인(戊寅), 기묘(己卯)년으로 좋지 못했는데 재수를 했습니까, 못갔습니까?

손님 : 재수는 안했는데 별로 좋은 대학을 못가고 지방대학에 진학해서 중국어를 전공했으며, 졸업 후에 회사에 다니고 있습니다.

필자 : 대운(10년간씩 바뀌는 운)이 좋지 못하므로, 손님이 다니는 회사가 마음에 들지않겠고, 월급도 많지 않겠습니다.

손님 : 예, 직장이 마음에 들지 않아서 옮기고 싶습니다.

필자 : 손님은 금년에 남자친구와 헤어진 것을 부모 탓이라고 생각할지 모르지만 사실은 본인 팔자 탓이기도 한데, 특히, 부친에 해당하는 水가 너무 많아서 자신을 나타내는 글자인 토(土)를 붕괴시키려고 한 연유이기도 합니다. 또, 본인 팔자에 남자 덕이 없기 때문에 마음에 쏙 드는 남자가 아니라서 부모도 반대했을 것이라고 생각됩니다. 너무 부모님을 원망하지 마시고, 앞으로 좋은 운이 오니까 희망적인 생각을 갖도록하세요. (이 말은 대운이 워낙 나쁜데, 나쁘다고만 해 버리면 실망을 하게 되므로 손님에게 희망을 심어주기 위해서 의도적으로 한 말이다.)

손님 : 선생님 저는 장사를 해보고 싶은데 해도 되겠습니까?

필자 : 손님 사주는 전문용어로 재다신약(財多身弱) 사주라고 하는데, 이 말의 뜻은 사주에 돈 글자가 많다는 뜻으로, 본인 눈에는 보이는 것이 온통 돈이므로 사업을 하려고 하지만, 이런 사주는 운이 나

쓰기 때문에 막상 사업을 하게 되면 실패하기 쉽습니다. 월급쟁이가 가장 좋습니다.

3. 못키울 나무는 베어내야 한다.

서초구에서 온 손님

61	51	41	31	21	11	1		時柱	日柱	月柱	年柱
丁	戊	己	庚	辛	壬	癸	大	壬	己	甲	戊	여
巳	午	未	申	酉	戌	亥	運	申	未	子	戌	자

天干 : 甲(갑) 乙(을) 丙(병) 丁(정) 戊(무) 己(기) 庚(경) 辛(신) 壬(임) 癸(계)
地支 : 子(자) 丑(축) 寅(인) 卯(묘) 辰(진) 巳(사) 午(오) 未(미) 申(신) 酉(유) 戌(술) 亥(해)

◉ 사주의 구조 및 핵심사항 ◉

- 신묘년(辛卯年) 한여름에 온 여자손님이다.
- 사주의 구조는, 한겨울(자월, 子月)에 자신을 나타내는 글자를 야산의 흙에 비유해서 해석하는 기토(己土)로 태어났는데, 자신의 힘이 약하므로 비겁(比劫, 형제나 친구)인 土가 용신(가장 필요한 글자)이고, 목(木)이 병(病, 가장 나쁘게 작용)이며, 수(水)가 흉신(나쁘게 작용)이다.
- 여자 사주에 관성(官星)은 남편인데, 관(官)이 병(病)이 되면, 즉, 남편이 병(病)이 되면 남편 덕이 없으며, 재성(財星, 돈 글자)인 수(水)가 흉신이면, 돈 복이 없다. 따라서, 병신(病神, 가장 나쁘게 작용하는 글자)인 나무는 신속히 베어내야 하는데, 베어내더라도 대운(大運, 10년씩 구분해서 보는 운)과 세운(歲運, 한해의

개띠 생(戌年生) 사주 331

운)에서도 나타나게 되므로 골칫거리다.

- 여명(女命, 여자운명)이 이런 구조로 태어나면, 결혼을 해서 자식이 생기면서 남편과 갈등이 시작되게 되는데, 이 명주(命主, 운명의 주인)는 대운에서 금(金)이 일찍 나타나므로 그 갈등이 결혼하자마자 시작되었다고 본다.

필자 : 손님은 남편과 못살게 되는데, 맞습니까?

손님 : 예, 저는 옛날부터 저희 어머니가 사주를 보고 오셔서 남편하고 살기가 어렵겠다고 하면서도 결혼을 시켜서 하게 되었는데, 결국 제가 집을 나왔습니다.

필자 : 손님은 결혼하자마자 남편과 못살게 되는데 몇 살때 이혼을 했나요?

손님 : 결혼하자마자 싸워서 갈등을 겪다가 자식을 하나 낳고 나서부터는 싸움이 심해져서 결국 살지 못하고 39세(병인, 丙寅)에 제가 집을 나오게 되었습니다.

이 때 손님이 필자한테 물었다.

손님 : 저한테 자식 덕이 있습니까?

필자 : 손님은 자식 덕도 없겠네요? (왜냐하면, 자식궁인 시(時)에 있는 수(水)가 흉신이고, 식상(食傷, 자식글자)인 금(金)도 흉신이기 때문에 그렇게 답한 것이다.)

손님 : 예, 맞는 것 같습니다.

필자 : 손님은 금년(신묘년, 辛卯年)에 큰 고민거리가 있어서 오신 것 같은데 그 고민거리가 남자문제입니까, 그렇지 않으면 관재수입니까?

이 때 손님이 필자한테 질문하기를,

손님 : 관재수가 뭡니까?

필자 : 경찰서에 조사받으러 갈 일이나, 법원에 갈일 말입니다.

손님 : 예, 그렇지 않아도 친구와 친구의 남편한데 돈을 빌려줬는데, 그 친구와 친구 남편이 도망을 갔습니다. 그래서, 고소를 할까해서 선생님을 찾아왔습니다.

필자 : 2년 동안 이자를 받았다고 하니 형사 고소 건은 안되고 민사 고소

건은 되는데, 손님의 운으로 봐서 내년(임진년, 壬辰年)까지는 전혀 가망이 없으니 포기하고 기다리세요. 잘못 고소하면, 수수료만 없애고, 돈도 못받고, 친구도 잃고 모두 다 잃게 될 수도 있습니다. 이런 경우 오히려, 법으로 하기보다는 친구한테, 혼자 사는 내 돈을 떼어먹겠느냐고 감정에 호소하는 게 더 나을 겁니다라는 위로의 말을 남기고 상담을 끝냈다.

따라서, 이 경우도 래정법에서는 세운(歲運, 한해의 운)의 영향이 가장 크게 작용하고 있다는 것을 증명해준 셈이다.

4. 54세 여자가 자식과 일 문제로 래방했다.

잠실에서 온 손님

68	58	48	38	28	18	8		時柱	日柱	月柱	年柱	
癸	甲	乙	丙	丁	戊	己	大	己	壬	庚	戊	여
丑	寅	卯	辰	巳	午	未	運	酉	午	申	戌	자

天干 : 甲(갑) 乙(을) 丙(병) 丁(정) 戊(무) 己(기) 庚(경) 辛(신) 壬(임) 癸(계)
地支 : 子(자) 丑(축) 寅(인) 卯(묘) 辰(진) 巳(사) 午(오) 未(미) 申(신) 酉(유) 戌(술) 亥(해)

🌀 사주의 구조 및 핵심사항 🌀

- 신묘년(辛卯年) 한여름에 온 손님으로 여자다.

- 사주의 구조를 보면, 초가을(신월, 申月)에 자신을 나타내는 글자를 강물에 비유해서 해석하는 임수(壬水)로 태어나, 태어난 월의 윗글자에 경금(庚金)이 있고, 사주 밑 글자에 신유술금국(申酉戌金局, 신금, 유금, 술토가 만나면 쇳덩어리가 됨)이 있어서 힘이 강하므로 火가 용신이고, 土가 길신(좋게 작용함)이다.

- 火는 재성(財星)으로 돈이고, 土는 관성(官星)으로 남편이면서 일지(日支) 배우자궁에 용신인 火가 자리 잡고 있어서 금실 좋은 부부임에 틀

림없다. 그러나, 여자의 사주에 인성(印星, 어머니에 해당)이 많으면 않을수록 인성(印星)으로부터 식상(食傷, 자식에 해당)이 극(剋, 공격함)을 많이 받기 때문에 자식운이 나쁘다.

- 사주 밑 글자의 신유술금국(申酉戌金局, 신금, 유금, 술토가 만나면 쇳덩어리가 됨)은 오화(午火) 때문에 金局이 제대로 성립하지 않지만 어떻든 금국(金局, 쇳 덩어리)에 관련한 육친관계를 알아보기 위해서 물어 본 바, 모친이 두 분이거나 배다른 형제가 있는 것이 아니고, 유복자라고 한다.

- 사주가 이렇게 구성되면, 결혼하면서 크게 발전하기 때문에 본가와 시댁의 신뢰와 사랑을 받게 된다.

- 또한, 재(財, 돈 글자)가 용신(가장 필요한 인자)이고, 돈 창고인 재고(財庫)를 갖고 태어났으며, 대운(큰 흐름)이 좋았으므로 큰 부자로 송파구 잠실동에 있는 66평에 사는 주부이며, 남편이 건설사업을 해서 수백억대 부자다.

- 래정법(來情法)에 대해서 필자는 년주(年柱, 태어난 년의 기둥)에 세운(歲運, 한해의 운)을 대비해서 본다고 배워왔으나, 본 필자는 그 이론에

따르지 않고, 일간(日干, 자기를 나타내는 글자)에 세운(歲運, 한해의 운)
을 대비해서 감명한 바, 틀림없이 잘 맞았다. 따라서, 이 책을 공부한
도반들은 필히 이 이론을 따르기를 당부한다.

– 그러면, 신묘년(辛卯年)이 이 명주(命主, 운명의 주인)의 일간(日干, 자기
를 나태는 글자)을 기준으로 어떤 작용인가를 살펴보자. 일간(日干)이 임
수(壬水)이므로 신금(辛金)은 인수(印綬)로 문서이고, 공부이며, 묘목(卯
木)은 식상(傷官)으로 자식이다. 그러면, 자식의 공부문제 아닌가? 틀
림없이 맞다. 아들의 편입시험문제로 래방했다.

– 그 손님과 대화내용을 래정법에 관련된 사항만 적었다.

필자 : 손님은 자식문제로 오셨습니까, 아니면, 사업 확장 문제로 오셨습
니까? (이 질문은 일간(日干)대비 세운(歲運, 한해의 운)의 지지(地
支, 밑에 있는 글자)가 식상(食傷, 자식글자)인데, 여자사주에 식상
(食傷)은 자식 아니면, 사업 확장 문제이기 때문이다.)

손님 : 아들문제로 왔습니다.

필자 : 그러면, 아들의 사주부터 봅시다.

아들사주										
64	54	44	34	24	14	4	時柱	日柱	月柱	年柱
乙	丙	丁	戊	己	庚	辛	戊	癸	壬	丁	남
巳	午	未	申	酉	戌	亥	午	卯	子	卯	자

● 사주의 구조 및 핵심사항 ●

– 이 사주는 늦겨울(자월, 子月)에 자신을 나타내는 글자를 빗물에 해석 하는 계수(癸水)로 태어났는데, 자신의 힘이 약해 보이나, 습목(濕木)인 묘목(卯木)을 두 개씩이나 기르고 있는데, 이 나무는 베어내야 할 나무가 아니고, 키워야 할 나무이므로 강하냐 약하냐를 떠나서 반드시 火가 필요하므로 즉, 조후용신(기온을 맞춰줘야 좋다는 뜻)이다.

– 대운을 보면, 해(亥) 대운과 경(庚) 대운이 나빴고, 고등학교 때의 세운(歲運, 한해의 운)이 고1 계미(癸未), 고2 갑신(甲申), 고3 을유년(乙酉年)으로 세운(歲運)마저 나쁘므로 공부를 하지 않아서 3수를 해서 정해년(丁亥年)에 법대를 갔으나, 경인년(庚寅年)에 군대를 갔다와서는 경제학을 공부하겠다고 휴학했는데, 신묘년(辛卯年)에 어떻게 될지가 궁금해서 래방했으므로 필자가 앞에서 설명한대로 이론이 맞다.

필자 : 이 아이가 재수해서 대학에 갔습니까? (대운이 나빴고, 고등학교 때의 세운(歲運)도 나빴기 때문에 재수하지 않으면 대학에 갈 수 없었기 때문에 이렇게 말을 한 것이다.)

손님 : 재수가 아니라 3수를 했습니다.

선생님, 우리 아들이 금년에 편입시험을 준비중인데, 합격할 수 있을까요?

필자 : 그 대답을 하기 전에 이 아이가 왜, 법대를 지원했습니까?

손님 : 남편이 권유해서 갔습니다.

필자 : 왜, 이 아이가 전공을 바꾸겠다고 했겠습니까?

손님 : 그것은 모르지요.

필자 : 이 아이의 사주에 돈이고, 경제를 나타내는 글자가 가장 필요하기 때문에 경영이나 경제학을 공부하고 싶을 것입니다.

손님 : 그러면, 우리 아들이 금년에 어떻겠습니까?

필자 : 금년 운이 썩 좋지는 않기 때문에 아들이 가고자 하는 학교에 혹시, 못가기가 쉬우니까 높은 데와 낮은 데를 같이 지원해서 금년에 꼭 들어가도록 하세요. 내년운이 안좋습니다.

손님 : 왜, 내년은 안좋습니까?

필자 : 내년은 임진년(壬辰年)으로 용띠인데, 용은 물에서 사는 상상의 동물 아닙니까? 그래서, 내년은 물의 해인데, 이 아이한테는 물이 나쁘기 때문입니다.

손님 : 우리 아이의 주민등록을 저희 가족이 살고 있는 아파트는 47층이라서 항상 붕 떠있는 느낌이 드는데, 그것 때문에 시험에 떨어지는가 싶어서 개포동으로 옮겨놓았는데, 어떻습니까?

필자 : 그런 것까지 따지기는 어렵습니다만, 원래 개포동의 地名 유래는 서울이 커지기 전에 경기도 광주군의 포구인데, 포구라는 뜻은 물가라는 뜻 아닙니까? 그러니, 굳이 다른 곳으로 옮겨놓으시려면, 잠실 렉슬아파트로 옮겨놓으세요라는 말을 끝으로 상담을 마쳤다.

5. 모 대학 석좌교수가 무슨 일로 왔나?

강원도에서 온 손님

71	61	51	41	31	21	11	1		時柱	日柱	月柱	年柱
丁	丙	乙	甲	癸	壬	辛	庚	大	甲	癸	己	丙	남
未	午	巳	辰	卯	寅	丑	子	運	寅	丑	亥	戌	자

天干 : 甲(갑) 乙(을) 丙(병) 丁(정) 戊(무) 己(기) 庚(경) 辛(신) 壬(임) 癸(계)
地支 : 子(자) 丑(축) 寅(인) 卯(묘) 辰(진) 巳(사) 午(오) 未(미) 申(신) 酉(유) 戌(술) 亥(해)

◉ 사주의 구조 및 핵심사항 ◉

- 신묘년(辛卯年) 초가을에 온 남자다.
- 이 사주의 구조는, 초겨울(해월, 亥月)에 자신을 나타내는 글자를 빗물로 해석하는 계수(癸水)로 태어나 자신의 힘이 약한데, 갑인(甲寅) 木을 갖고 있고, 병화(丙火)가 있는데, 이 갑인(甲寅) 木을 키워야할 生木에 해당한다. 그런데, 이 사주가 약하므로 용신을 어떤 것을 써야 할 것인지 헷갈릴 수 있는 사주로, 신약하다고 해서 억부용신(쓰임새를 정하는 방법 론으로, 강하면 덜어내주고, 약하면 도와주는 원리)을 쓰면 안된다. 이유는 초겨울에 계수(癸水)가 신약해도 나무를 기르기 위해서는 반드시 火가 있어야 나무가 자라기 때문에 火가 용신이고, 木이 길신이며, 水가 병이다.

필자 : 손님 사주를 보니까 말하는 직업인 교육이나 종교 철학 또는 활인업(사람에게 이롭게 하는 직업 또는 일)에 종사할 것 같은데, 무슨 을을 하고 계십니까?

손님 : 예, 학교에 있습니다.

필자 : (나이 대와 대운을 보면서) 손님은 학교에 계셨다면 08년(무자년, 戊子年)에 퇴직했을 것이나, (대운이 용신대운인 火運이므로) 퇴직 후에도 직업을 계속 갖고 계시겠네요?

손님 : 예, 지금도 활동하고 있습니다.

필자 : (대운을 보고) 손님은 교장으로 퇴직했지요?

손님 : 맞습니다.

필자 : 사주 원국이 좋고 대운도 좋으므로 손님은 퇴직 후에도 놀 팔자가 아닌데, 지금은 무슨 일을 하고 계십니까?

손님 : 사실은 모 대학 석좌교수로 재직중이고, 강원도 모 남자 고등학교

교장도 겸하고 있습니다.

필자 : 손님은 금년(신묘년, 辛卯年)에 문서를 쥐거나 새로운 진로를 모색하고 계신데, 그 일로 오셨지요?

손님 : 예, 내년에 대학 총장으로 갈 예정인데, 그 일을 준비하고 있습니다. 금년 운이 어떻습니까?

필자 : 금년 운은 평년작으로 그냥 그냥 그렇고, 내년(임진년, 壬辰年)은 물이 등장해서 사주를 한습하게 만들기 때문에 불리합니다.

손님 : 예, 저는 대학 설립에 중추적인 역할을 하고 있기 때문에 내년에 총장이 될 것으로 봅니다.

필자 : 만약, 총장이 되더라도 내년은 내가 갖고있는 벼슬끼리 충돌(진술충, 辰戌沖, 진토와 술토가 만나면 충돌함)을 일으키고, 그렇게 되면서 돈 창고인 술토(戌土)가 깨지므로 돈이 새거나 관재구설이 따를 수 있으니 조심하셔야 합니다.

손님 : 그러면 언제 좋아집니까?

필자 : 2013년(계사년, 癸巳年)부터 좋아집니다.

손님 : 그 때는 뭐가 좋습니까?

필자 : 그 때는 교총회장이 된다든가 지금보다 훨씬 더 큰 꿈이 실현될 것 입니다. 사주에서 갑목(甲木)과 병화(丙火)를 길신으로 쓴 사주들은 모두 다 똑똑하고, 큰 재목감으로 좋은 사주입니다.
진(辰)대운을 보니까 손님은 40대 말에 어려움이 많았을텐데 어땠습니까?

손님 : 그 때 제가 가고 싶은데로 가지도 못하고 애를 먹었습니다.

필자 : 교수님 대학에 사주학과가 있습니까?

손님 : 아직은 없습니다만 2년마다 개편이 있는데, 2년 후 학과가 개설되면, 한 선생님 모시는 문제를 고려해보겠습니다. 사주를 대단히 잘 보십니다. 명함 한 장 주세요.

이 명주(命主, 운명의 주인)는 초년 대운이 수운(水運)이었으므로 나빠서 이 命主에게 물어봤더니 어려서 집안 형편이 어려워서 무척 고생이 많았다고 대답했다.

6. 壬辰일주는 부부관계가 나쁘다.

압구정동에서 온 손님

61	51	41	31	21	11	1		時柱	日柱	月柱	年柱	
甲	乙	丙	丁	戊	己	庚	大	癸	壬	辛	戊	여
寅	卯	辰	巳	午	未	申	運	卯	辰	酉	戌	자

天干 : 甲(갑) 乙(을) 丙(병) 丁(정) 戊(무) 己(기) 庚(경) 辛(신) 壬(임) 癸(계)
地支 : 子(자) 丑(축) 寅(인) 卯(묘) 辰(진) 巳(사) 午(오) 未(미) 申(신) 酉(유) 戌(술) 亥(해)

● **사주의 구조 및 핵심사항**

- 신묘년(辛卯年) 초가을 온 여자손님이다.
- 이 사주의 구조는, 한가을(酉月, 酉月)에 자신을 나타내는 글자를 강물로 해석하는 임수(壬水)로 태어나 자신의 힘이 강한데, 일지(日支, 자기 밑 글자)에 있는 진토(辰土)가 유금(酉金)과 진유합(辰酉合, 진토와 유금이 합을 함)을 해서 인성(印星, 어머니 글자)인 金으로 변질되어 금생수(金生水, 금이 수를 도와줌)하므로 더욱 힘이 강해져서 木이 용신이고, 金이 병신이다.

- 이 사주에서 용신을 잡는데, 역술인마다 견해를 달리할 수 있는 사주

라서 먼저 용신을 확실히 정하고자 한다.

- 힘이 강한 사주의 용신법은, 우선 관성(官星, 자기를 억제하는 글자)을 쓸 수 있고, 그렇지 않으면 식상(食傷)으로 설기(洩氣, 힘을 뺌)를 하는 것을 쓸 수도 있을 것이다. 그런데, 이 사주의 일간(日干, 자신)의 용도를 보면, 중추(中秋)에 태어난 힘이 강한 임수(壬水)이므로 木이 없다면 土로 제방을 막아서 내년 봄에 농사지을 철에 써야할 물이지만, 이 사주의 경우는 묘목(卯木)이 진토(辰土)에 뿌리를 박고 살아있기 때문에 키워야 할 木이라서 나무를기르는 것이 우선이다.

- 또한, 사주구조를 보면, 관성(官星, 자기를 억제하는 글자)인 무술토(戊戌土)를 일지 진토(日支 辰土)가 진술충(辰戌沖, 진토와 술토가 만나면 충돌함)으로 밀어내고 있고, 묘목(卯木) 자식은 묘진목국(卯辰木局, 묘목과 진토가 만나면 목이 됨)을 지어 끌어안고 있다. 그리고, 이 여자사주에 묘목(卯木)은 자식아닌가? 따라서, 木이 용신이고, 火가 약신이다.

필자: 손님은 문서 문제나 자식문제, 그렇지 않으면 무엇을 해볼까하는 문제로 왔지요?

손님: 예, 전라도 광주에 조그마한 상가가 있는데, 지금 그 상가를 수리

중이라서 언제 세가 나갈까가 궁금하고, 혹은 제가 무슨 장사라도 해볼까하는데 해도 되겠는지 궁금해서 선생님을 찾아왔습니다.

필자 : 사주 원국과 대운을 참조해서, 손님의 사주를 보니까 그동안 잘 살아오셨네요.

손님 : 예, 큰 어려움 없이 잘살아왔습니다.

필자 : 임진(壬辰)일주는 괴강성(魁罡星, 하늘에 있는 큰 별 중의 하나)으로 부부관계가 온전한 경우를 아직까지는 보지 못했는데, 대부분 이혼을 하거나 별거를 하거나, 드물게는 직업상 떨어져 사는 경우가 많습니다. 그런데다 이 사주는 일지(日支, 자기 밑글자로 배우자궁)가 진술충(辰戌沖, 진토와 술토가 만나면 충돌함)을 해서 깨졌기 때문에 온전한 부부관계라고 할 수가 없는데, 병진(丙辰)대운에서 40대 초반부터 진토(辰土)기 진술충(辰戌沖)도 하고, 진유합(辰酉合, 진토와 유금이 합을 함)을 해서 토생금(土生金, 토가 금을 도와줌)으로 병신(病神, 가장 나쁘게 작용)을 도와주므로 40대 초반부터 이미 남편과 불화를 겪었을 것인데 어떻습니까?

손님 : 예, 40대부터 남편과 각방을 사용해 오고 있는데, 지금은 전혀 불

편 하게 생각하지 않고 그냥 삽니다.

필자 : 손님은 묘목 식신(卯木 食神)이 용신이고, 묘목(卯木)과 술토(戌土)가 있으므로 옷이나 글씨 같은 것에 인연인데, 직업이 있습니까?

손님 : 대학에서 의상학을 전공했으나, 서예와 그림에 취미가 있어서 지금은 취미생활을 하고 있습니다.

필자 : (묘목(卯木)이 식상 도화(食傷 桃花)이므로) 손님은 성(性)이 발달해서 남자없이는 안될 것 같은데요?

손님 : 40대 진(辰)대운에는 한 때 남자를 만나기도 했습니다만 지금은 나이가 들어서 그런지 관심이 없습니다.

이런 사주를 가진 여자는 어떤 남편과 인연이 되는가를 검증해보자.

남편 사주

67	57	47	37	27	17	7		時柱	日柱	月柱	年柱
甲	乙	丙	丁	戊	己	庚	大	乙	甲	辛	癸	남
寅	卯	辰	巳	午	未	申	運	丑	申	酉	巳	자

● 사주의 구조 및 핵심사항 ●

- 이 사주의 구조는, 중추(유월, 酉月)에 자신을 나타내는 글자를 큰 나무에 비유해서 해석하는 갑목(甲木)으로 태어나 金이 많아서 약하므로 金이 病이고, 火가 약용신이며, 재성(財星, 돈 글자)도 흉신인데, 일지(日支, 자기 밑 글자로 처궁)에 병신(病神, 가장 나쁘게 작용)이 앉아있어서 부부 궁이 더욱 나쁘다.

- 따라서, 위 부인의 사주에서도 남편과의 관계가 나빴는데, 남편 사주에서도 부부궁이 나쁨을 알 수 있다. 그래서, 세상의 이치가 그러하듯 부부관계 역시 자기 팔자 탓이라는 것을 알 수 있다.

- 이 남자는 대학에서 건축을 공대를 나와 부동산관련 일을 했으며, 진(辰) 대운에 병(病)을 생해주어 나쁘므로 이때부터 직장이 불안해서 왔다갔다했다.

- 신장이 나빠서 경인년(庚寅年)부터 혈액투석중이고, 신묘년(辛卯年)에 직장을 그만두었다.

7. 세 배 자식 키우는 남자

서초구에 사는 손님

67	57	47	37	27	17	7		時柱	日柱	月柱	年柱	
己	戊	丁	丙	乙	甲	癸	大	乙	戊	壬	戊	남
巳	辰	卯	寅	丑	子	亥	運	卯	辰	戌	戌	자

天干 : 甲(갑) 乙(을) 丙(병) 丁(정) 戊(무) 己(기) 庚(경) 辛(신) 壬(임) 癸(계)
地支 : 子(자) 丑(축) 寅(인) 卯(묘) 辰(진) 巳(사) 午(오) 未(미) 申(신) 酉(유) 戌(술) 亥(해)

사주의 구조 및 핵심사항

- 신묘년(辛卯年) 한가을에 온 남자 사주다.
- 이 사주의 구조는, 늦가을(술월, 戌月)에 자신을 나타내는 글자를 큰산에 비유해서 해석하는 무토(戊土)로 태어나 힘이 강하므로 목(木)이 용신이고, 수(水)가 길신이며, 토(土)가 병(病)이다.

- 이 남자는, 필자한테 공부를 했던 분이 모시고 온 남자로, "선생님, 제 친구인데 사주 좀 잘 봐주세요" 했다.

필자 : 안녕하십니까? 한길수입니다. 사주를 보실까요? 재(財, 돈 글자이면서 처를 나타냄)가 군겁쟁재(群劫爭財, 여러 무리의 土가 약한 재성(財星)인 水를 쟁탈함)를 당하고, 일지(日支)가 진술충(辰戌沖, 진토와 술토가 만나면 충돌을 함)해서 깨졌으므로, 이 사주는 사모님 것과 같이 봐야 할 사주입니다.

손님 : 마누라는 없습니다.

필자 : 그래요? 그럼 자식들을 같이 볼까요?

손님 : 예, 자식은 3명입니다.

필자 : 우선 본인사주부터 보겠습니다. (木이 용신이므로) 손님은 공무원이나 조직성 직장에 맞는데, 그렇습니까?

손님 : 아닌데요?

필자 : 그럼, 사업을 하십니까?

손님 : 예, 사업을 합니다.

필자 : 財星(財, 돈이면서 처를 나타냄)인 水가 많은 土한테 군겁쟁재(群劫爭財, 여러 무리가 약한 하나를 쟁탈하려고 함)를 당하고, 재성(財星, 돈 글자이면서 처를 나타냄)인 진토(辰土)속에 들어있는 계수(癸水)가 진술충(辰戌沖, 진토와 술토가 만나면 충돌함)해서 깨졌으므로, 손님 사주에 사업을 하게 되면 재산을 못지킵니다. 직장생활이 더 좋습니다만, 식상(食傷, 여기서는 사업수완으로 작용)이 없이 바로 재(財, 돈이고 처를 나타냄)를 탐하므로, 사업을 한다면 노력을 안하고 돈을 벌려는 생각을 갖고 있습니다. 예를 들면, 도박기질 같은 것 말입니다.

손님 : 전혀 그렇지 않는데요?

필자 : 그래요? 제가 잘못보고 있는 모양입니다. 그럼, 손님은 무슨 사업을 합니까?

손님 : 공매나 경매업을 전문으로 하고 있습니다.

필자 : 그것보세요? 그 업종 자체가 그런(노력을 하지 않고 돈을 벌려는) 심리에서 나온 것입니다.

손님 : 그렇습니까?

필자 : 병인(丙寅)대운에, 대운(大運, 10년씩 구분해서 보는 운)의 뒷 글자인 병화(丙火)가 사주에 돈과 여자를 나타내는 임수(壬水)를 공격하고, 대운의 밑 글자인 인목(寅木)이 사주에 있는 술토(戌土)를 만나서 인술화국(寅戌火局, 인목과 술토가 만나면 불덩어리가 됨)을 지어 화극수(火剋水, 화가 물을 말림)로 水를 증발시키고 있고, 정묘(丁卯)대운에 정화(丁火)가 사주에 있는 돈이고 여자를 나타내는 임수(壬水)를 정임합거(丁壬合去, 정화와 임수가 합하여 목으로 변함)시키므로, 손님은 돈은 많이 만지지만 많은 돈이 없어졌고, 또, 돈 창고(진토, 辰土)가 열려있기 때문에 깨져서 내 돈은 먼저 보는 놈이 임자입니다.

손님 : 사실 그동안 돈을 많이 벌기도 했습니다만, 현금 가진 것은 하나도 없습니다.

필자 : 그럴 것입니다. 신묘년(辛卯年)의 신금(辛金)은 상관(傷官)으로 활동운이고, 묘목(卯木)은 관성(官星)으로 자식이므로 손님의 금년 운은 하는 일 문제나 자식문제 또는 관재수 문제가 있네요?

손님 : 작년부터 관재수가 걸렸는데, 언제 일이 풀릴지가 궁금합니다.

필자 : 내년(임진년, 壬辰年)까지는 안 좋기 때문에 손재수도 생길 운입니다. 조심하셔야겠습니다. 그런데, 손님 사주에는 여자가 여러 명(임수, 壬水)가 있고, 진토(辰土) 속에도 계수(癸水)가 있으나, 진토(辰土)속의 계수(癸水)는 진술충(辰戌沖, 진토와 술토가 만나면 충돌함) 깨졌는데, 실제로는 몇 분을 만났습니까?

손님 : 3번째 여자와 헤어진 후, 지금은 혼자 살고 있습니다.

필자 : 그렇습니까? 그러면, 첫째, 둘째, 셋째 부인과 언제 헤어졌습니까?

손님 : 첫째 마누라는 25살 82 임술년(壬戌年)에, 진술충(辰戌沖, 진토와 술토가 만나면 충돌함)에 결혼도 안한 상태로 아들 하나를 낳고 헤어졌고요, 둘째 처는 결혼을 했는데, 아들 하나를 낳고 31세 88(무진, 戊辰年), 진술충(辰戌沖)해서 헤어졌고, 셋째 마누라는 딸 하나를 낳고 43세(경진년, 庚辰年)에 진술충(辰戌沖)해서 헤어져서 자식이 3명인데, 모두 배가 다릅니다.

필자 : 그러면, 셋째 부인과 헤어진지가 10년이 넘었는데, 그동안 혼자

살 수는 없었겠는데요? 가깝게는 병술년(丙戌年)에 사주에 이미 있었던 진토(辰土)와 술토(戌土)가 만나면 충돌(진술충, 辰戌沖)하게 되므로, 헤어질 운이었습니다.

손님 : 그동안 몇 차례 여자를 만났습니다만 모두 헤어졌습니다.

필자 : 그러면, 전 妻의 사주를 압니까?

손님 : 첫 째와 두 번째는 모르고 마지막 妻의 사주는 압니다.

필자 : 그 부인의 사주를 봅시다.

셋째 부인 사주

62	52	42	32	22	12	2		時柱	日柱	月柱	年柱	
丁	丙	乙	甲	癸	壬	辛	大	癸	戊	庚	癸	여
卯	寅	丑	子	亥	戌	酉	運	丑	申	申	卯	자

● 사주의 구조 및 핵심사항 ●

- 이 사주의 구조는, 초가을(신월, 申月)에 자신을 나타내는 글자를 큰 산에 비유해서 해석하는 무토(戊土)로 태어나 金이 많아서 너무 약하므로 남편인 木을 기를 수 없기 때문에 木이 병신(病神, 가장 나쁘게 작용)이다. 따라서, 비겁(比劫, 형제나 친구 등)인 土가 용신이고, 어쩔 수 없이 金을 약신으로 쓰는 수밖에 없지만, 金은 土의 힘을 너무 빼가므로 평소에는 흉신이라서 독특한 구조를 가지고 있는 사주다.

- 여자의 사주에 관성(官星, 남자를 나타냄)인 木을 베어내야 하므로 그만큼 남편 덕이 없는 팔자라서 위와 같은 남편을 만나게 된 것이다. 이것이 인연의 법칙이다.

- 본인을 나타내는 무토(戊土)는 사주 윗 글자에 있는 계수(癸水)와 무계합(戊癸合, 무토와 계수가 합을 함, 戊癸合을 또 합을 함)을 하고, 남편을 의미하는 관성(官星)인 묘목(卯木)은 을경합(乙庚合, 을목과 경금이 합을 함)을 세 번하므로 내 팔자나 남자 팔자나 여러번 합을 하고 있다.

첫 번째 부인한테서 낳은 長男

67	57	47	37	27	17	7		時柱	日柱	月柱	年柱
己	庚	辛	壬	癸	甲	乙	大	壬	癸	丙	癸	남
酉	戌	亥	子	丑	寅	卯	運	子	未	辰	亥	자

● 사주의 구조 및 핵심사항 ●

- 이 사주의 구조는, 늦봄(진월, 辰月)에 자신을 나타내는 글자를 빗물로 해석하는 계수(癸水)로 태어났는데, 자신의 힘이 너무 강하므로 土가 용신이고, 火가 길신이며, 水가 병신(病神, 가장 나쁘게 작용)이다.

- 운이 없어서 고등학교를 졸업 후, 장기 하사관으로 근무하고 있는 군인인데, 대운이 나쁘므로 차라리 군인의 길을 잘 선택했다.

- 앞으로도 큰 운은 없다.

- 사주에 인성(印星, 어머니를 나타냄)이 없어서 모친과 인연이 없고, 정재(正財, 정 부인)인 병화(丙火)의 입장에서 보면, 관성(官星, 자식을 나타냄)이 여러 명이고, 편재(編財, 애인)인 미토(未土)속에 들어있는 정화(丁火)의 입장에서 보면, 정임합(丁壬合)을 여러번 하므로 여러 번 시집을 갈 것이므로 결국, 이 남자도 여러 번 장가를 가게 될 것이다.

두 번째 처한테서 낳은 次男

69	59	49	39	29	19	9	大	時柱	日柱	月柱	年柱	
庚	辛	壬	癸	甲	乙	丙	運	甲	甲	丁	丁	남
子	丑	寅	卯	辰	巳	午		子	申	未	卯	자

● 사주의 구조 및 핵심사항 ●

- 이 사주의 구조는, 늦여름(미월, 未月)에 자신을 나타내는 글자를 큰 나무에 비유해서 해석하는 갑목(甲木)으로 태어나 사주의 밑 글자에 신자수국(申子水局, 신금과 자수가 만나면 물바다가 됨)이 있고, 해미목국(亥卯木局, 해수와 묘목이 만나면 나무 다발이 됨)이 있어서 강하게 보이지만 태어난 계절이 미월(未月, 늦여름)이고, 정화(丁火)가 두 개 떠 있어서 물이 필요하므로 水가 용신이고, 金이 길신이며, 火가 病이다.

- 초년대운이 나빠서 공부를 안했다고 하며, 현재 직장에 다닌다고 한다.

- 모친을 나타내는 신금(申金)속에 들어있는 임수(壬水)와 子水속에 들어있는 임수(壬水)가 여러 번 정임합(丁壬合, 정화와 임수가 합을 함)을 하고, 신자수국(申子水局, 신금과 자수가 만나면 물바다가 됨)을 지어 가상의 인성(印星, 모친을 나타냄)을 만들어 내어 모친이 여러 명이고, 해미목국(亥未木局, 해수와 미토가 만나 목 다발이 됨)을 지어 가상의 형제를 만들어 내고 있다.

- 재성(財星, 부친을 나타냄)인 기토(己土)에서 보면, 묘(卯)중 갑목(甲木)과 갑기합(甲己合, 갑목과 기토가 합을 함)을 하고, 일간(日干, 자기)과 갑기합(甲己合, 갑목과 기토가 합을 함)을 하며, 시간(時干, 태어난 시간의 윗글자)와도 갑기합(甲己合, 갑목과 기토가 합을 함)을 하므로 재혼격이다.

세 번째 부인한테서 낳은 딸

62	52	42	32	22	12	2		時柱	日柱	月柱	年柱
丁	戊	己	庚	辛	壬	癸	大	壬	辛	甲	庚	여
丑	寅	卯	辰	巳	午	未	運	辰	亥	申	午	자

● **사주의 구조 및 핵심사항** ●

- 이 사주의 구조는, 초가을(신월, 申月)에 자신을 나타내는 글자를 보석 金에 비유해서 해석하는 신금(辛金)으로 태어나 자신의 힘이 강하므로 임수(壬水)가 용신이고, 火가 병신(病神)이다.

- 모친과는 진해원진(辰亥元嗔, 진토와 해수가 만나면 서로 미워하고 원망함)이라서 모친과 인연이 멀고, 모친인 진토(辰土) 입장에서 보면, 갑목(甲木)이 남편인데, 월상(月上, 태어난 계절의 윗글자)에 갑목(甲木)이 나타나 있고, 해수(亥水)속에 갑목(甲木)이 있는데, 월상(月上, 태어난 계절의 윗글자)의 갑목(甲木)은 년상(年上, 태어난 년의 윗글자)의 경금(庚金)한테

갑경충(甲庚沖, 갑목과 경금이 만나면 충돌함)을 맞아서 깨졌다.

- 고등학교 3학년 때 자퇴하고 현재 화장품 가게에서 일한다고 하는데, 부친과는 떨어져 산다고 한다.

- 용신이 남편을 공격하는 상관(傷官)에 해당하고, 관성(官星)인 남편이 병(病)인데다가, 일지(日支, 자기 밑 글자로 배우자궁을 말함)가 공망(空亡, 비어 있다는 뜻)이고, 자기를 나타내는 신해(辛亥)는 고란살(孤鸞殺, 밤을 고독하게 지낸다는 살)이라서 혼자 살 팔자다.

8. 인성(印星)이 용신이라서 영어학원 차리는 게 꿈이란다.

당산동에 사는 손님

69	59	49	39	29	19	9		時柱	日柱	月柱	年柱	
庚	辛	壬	癸	甲	乙	丙	大	戊	己	丁	庚	여
辰	巳	午	未	申	酉	戌	運	辰	未	亥	戌	자

天干 : 甲(갑) 乙(을) 丙(병) 丁(정) 戊(무) 己(기) 庚(경) 辛(신) 壬(임) 癸(계)
地支 : 子(자) 丑(축) 寅(인) 卯(묘) 辰(진) 巳(사) 午(오) 未(미) 申(신) 酉(유) 戌(술) 亥(해)

● 사주의 구조 및 핵심사항 ●

- 신묘년(辛卯年) 한가을에 온 여자다.

- 이 사주의 구조는, 초겨울(해월, 亥月)에 자신을 나타내는 글자를 야산의 흙에 비유해서 해석하는 기토(己土)로 태어났는데, 자신의 힘이 강한 듯 보이나, 년상(年上, 태어난 년의 윗 글자)에 경금(庚金)이 있고, 시지(時支, 태어난 시간의 밑 글자)에 습토(濕土, 습기를 가진 토)인 진토(辰土)가 있어서 열기를 흡수하면서 멀리서 진술충(辰戌沖, 진토와 술토가 만나면 충돌 함)을 하려하고, 해미목국(亥未木局, 해수와 미토가 만나면 나무 다발이 됨)이 되었으므로 약하기 때문에 火가 용신이고, 水가 병이며, 土는 약신이고, 金이 흉신이다.

필자 : 손님사주에 금년(신묘년, 辛卯年)은 기토(己土)일간을 기준해서 볼 때 식신(食神)으로 일이나 진로문제이고, 묘목(卯木)은 직업 또는 관성(官星, 남편에 해당)운이므로, 직업문제 또는 진로문제나 남편문제가 궁금할 것인데, 무슨 문제로 오셨나요?

손님 : 남편문제는 아니고요, 진로문제입니다.

필자 : 진로문제라면 구체적으로 무엇입니까?

손님 : 고려대에서 석사공부를 하려고 하는데 금년에 합격하겠습니까?

필자 : 금년운이 크게 좋지는 않지만 전체적으로 보면, 나쁘지는 않기 때문에 점수로 말하면 70점~80점 정도 나올 것으로 보입니다.

손님 : 그것 밖에 안나옵니까?

필자 : 제 판단으로는 그렇습니다. 손님은 38세까지의 운이 저조했는데, 특히, 고등학교 때(병인, 丙寅), 정묘(丁卯), 무진(戊辰)년의 운이 나빴네요?

손님 : 시골에서 태어나 가정 형편이 어려워서 중학교만 졸업하고 고등학교진학을 못했는데, 30대 초반에야 고등학교를 졸업했고, 올해 대학 4학년입니다.

필자 : 대단한 노력입니다.

손님 : 저는 노력형입니다.

필자 : 나이들어서 공부하는 게 어려운 일인데, 결혼은 했나요?

손님 : 96년에 결혼을 해서 아이가 세 명입니다.

필자 : 손님 사주에는 남편이 나타나 있지는 않지만 배우자궁이 좋아서 남편의 외조가 좋겠습니다.

손님 : 예, 남편이 저한테 잘해주고요, 저도 남편한테 잘해줍니다.

필자 : 손님은 나이를 먹도록 공부를 열심히 하시는데, 무슨 특별한 이유라도 있습니까?

손님 : 공부를 열심히 해서 어린이 영어학원을 차리려고 합니다. 성공하겠습니까?

필자 : 반드시 성공합니다. 그리고, 운명에도 잘 맞습니다.

9. 능력있는 집안

평창동에 사는 손님

딸 사주

65	55	45	35	25	15	5		時柱	日柱	月柱	年柱
己	庚	辛	壬	癸	甲	乙	大	戊	丙	丙	壬	여
亥	子	丑	寅	卯	辰	巳	運	子	子	午	戌	자

天干 : 甲(갑) 乙(을) 丙(병) 丁(정) 戊(무) 己(기) 庚(경) 辛(신) 壬(임) 癸(계)
地支 : 子(자) 丑(축) 寅(인) 卯(묘) 辰(진) 巳(사) 午(오) 未(미) 申(신) 酉(유) 戌(술) 亥(해)

◎ 사주의 구조 및 핵심사항

- 신묘년(辛卯年) 늦가을에 온 여자로, 이 여자의 엄마가 결혼날자를 잡아 달라고 가지고 온 사주다.
- 이 사주의 구조는, 한여름(오월, 午月)에 자신을 나타내는 글자를 태양 火에 비유해서 해석하는 병화(丙火)로 태어났는데, 사주 밑 글자가 오술 화국(午戌火局, 오화와 술토가 만나면 불덩어리를 이룸)을 이루어 자신의 힘이 강하므로 水가 용신이며, 火와 土는 흉신이다. 水가 용신이긴 하지만 일지(日支) 배우자궁과 월지(月支, 태어난 달의 밑 글자)가 자오충(子午沖, 자수와 오화가 만나면 충돌함)

개띠 생(戌年生) 사주

되어 아쉽다.

필자: 딸 사주를 보니까 대단하네요?

손님: 굉장히 똑똑합니다.

필자: 이 사주는 빛과 관련된 직업군이나 언어학에 인연인데, 무슨 공부를 했나요?

손님: 우리 딸은 7살 때부터 미국에서 공부를 했는데, 워싱턴대학에서 심리학과와 신문방송학을 복수로 전공했습니다.

필자: 火는 정신세계를 추구하므로 심리학도 잘맞고, 신문방송학과도 잘 맞습니다. 인연에 맞는 공부를 했네요. 그런데, 딸이 너무 잘나서 탈이네요. 丙火는 리더격으로 원래가 총명한데, 더군다나 사주가 신왕하고 양(陽)에 해당하는 글자들로만 구성되어 있어서 성격이 와일드하고, 글로벌 리더격이다.

손님: 남자 같습니다.

필자 : 딸은 무슨 직업을 가졌나요?

손님 : 미국에서 큰 마케팅회사에 다니는데, 년봉이 우리 돈으로 약 1억 5천만원 정도 됩니다.

필자 : 그러면 남자 친구 사주를 볼까요?

딸의 남자친구 사주

65	55	45	35	25	15	5		時柱	日柱	月柱	年柱
辛	壬	癸	甲	乙	丙	丁	大	丙	乙	戊	辛	남
卯	辰	巳	午	未	申	酉	運	子	亥	戌	酉	자

● **사주의 구조 및 핵심사항** ●

- 이 사주의 구조는, 늦가을(술월, 戌月)에 자신을 나타내는 글자를 꽃나무에 비유해서 해석하는 을목(乙木)으로 태어나 자신의 힘이 약하지만 가을철이고, 金이 病이므로 火가 용신이다.
- 이 남자는 조부 대부터 미국에서 생활한 교포 3세라고 한다.
- 초년 대운이 안좋았으나, 워싱턴대학을 나와서 시에틀 공무원으로 근무하고 있다고 하며, 년봉은 우리 돈으로 1억5천만원 정도 받는다고 한다.

필자 : 이 남자의 사주가 딸의 사주에 비해서 약하네요?

손님 : 예, 좀 약한 것 같은데, 우리 딸은 이런 남자가 좋다고 하네요.

필자 : 딸한테 남자가 쥐어살겠는데요?

손님 : 우리 딸은 그렇게 해야 살거에요. 강하거든요. 그래서, 그냥 결혼 시키려고 합니다.

우리 남편사주 좀 봐주세요?

남편 사주

61	51	41	31	21	11	1		時柱	日柱	月柱	年柱
甲	癸	壬	辛	庚	己	戊	大	丙	甲	丁	丙	남
辰	卯	寅	丑	子	亥	戌	運	寅	辰	酉	申	자

● 사주의 구조 및 핵심사항 ●

- 이 사주의 구조는, 중추(유월, 酉月)에 자신을 나타내는 글자를 큰 나무에 비유해서 해석하는 갑목(甲木)으로 태어나 자신의 힘이 약하나 태어난 계절이 가을이라서 곧 서리가 내릴 예정이기 때문에 쌀쌀한데다가 金의 성분이 많아서 냉하므로 火가 용신이고, 金이 病이다.

필자 : 이 사주야말로 글로벌 리더격으로 태어났네요. 좋은 사주입니다만 좀 약한 게 흠입니다. 이런 사주는 식상(食傷, 여기서는 표현력으로 해석)이 용신이면서 잘 발달해 있어서 교수나, 학자 같은 직업군과 의사와도 인연인데, 무슨 직업을 가졌습니까?

손님 : 교수입니다.

필자 : 무슨 대학에서 어떤 과목을 가르칩니까?

손님 : 서울에 있는 연세대에서 건축공학과 교수입니다.

필자 : 의사가 될 꿈은 없었답니까?

손님 : 시 조부님과 시아버지가 모두 의사였는데, 본인은 어려서 환자들이 집에까지 찾아오는 것이 싫어서 의사가 안됐답니다.

필자 : 서울대 교수가 되었으면 합니다만?

손님 : 건축공학과는 연세대가 가장 권위가 있다고 합니다.

필자 : 남편의 성격은 좋습니다만 다소 보수적이고 가부장적입니다.

손님 : 굉장히 보수적입니다. 그런데, 꽉 막히지는 않았습니다.

필자 : 남편은 초년운이 별로였는데, 어떻게 공부를 했나요?

손님 : 우리 시댁은 남편의 조부 때부터 의사 집안이고, 용신인 丙火 丁火가 조상과 부모궁에 있어서 잘 살아왔기 때문에 경제적으로는 어려운 게 없어서 미국에서 공부를 해서 박사학위를 받았습니다. 그런데, 남편 나이 30세 때 시아버지가 돌아가셔서 어려움을 겪었습니다.

필자 : 이런 사주들은 우리 국민의 10% 내에 든 사주로 보이고, 운이 좋기 때문에 단순한 교수직에 그치지를 않을 것 같은데요?

손님 : 교수직 외에 도시설계와 관련된 프로젝트 사업을 수행하고 있기 때문에 사업도 겸한다고 볼 수 있습니다.

필자 : 이 정도의 교수직은 년봉 약 2억원 정도는 될 것인데요?

손님 : 이것 저것 합하면 더 됩니다. 그런데, 프로젝트 사업은 별도입니다.

필자 : 좋은 사주인데, 도곡동 렉슬 아파트에 삽니까?

손님 : 그렇습니다.

본인 사주

69	59	49	39	29	19	9		時柱	日柱	月柱	年柱
庚	己	戊	丁	丙	乙	甲	大	甲	甲	癸	丁
申	未	午	巳	辰	卯	寅	運	戌	申	丑	酉

● **사주의 구조 및 핵심사항** ●

– 이 사주의 구조는, 늦겨울(축월, 丑月)에 자신을 나타내는 글자를 큰 나무에 비유해서 해석하는 갑목(甲木)으로 태어났는데, 약하지만 추위에 떨고 있으므로 火가 용신이고, 水가 病이다.

필자 : 추운 겨울에 태어난 나무라서 몸이 냉할 것이고, 저혈압이 있을 것인데 어떻습니까?

손님 : 맞습니다. 손발도 차고요, 저혈압입니다.

필자 : 여자사주에서 상관(傷官, 자식으로도 해석)이라는 글자를 용신으로 쓰는 사람들은 대부분 남편과의 성격이 안맞는 경우가 많은데, 손님 사주에서 일지(日支) 배우자궁에도 찬 金의 성분이 앉아있어서 성격은 안맞겠습니다.

손님 : 성격이 안맞는 것은 있지만 잘살고 있습니다.

필자 : 손님은 어려서부터 유복한 환경에서 성장했겠습니다.

손님 : 넉넉한 집안에서 태어나 잘살아왔습니다.

필자 : 초년대운부터 좋아서 유복했고, 상관(傷官, 여기서는 표현력으로 해석)이라는 인자를 용신으로 쓰고 있으며, 운이 좋아서 놀지못할 것으로 보이는데요?

손님 : 발레를 전공했습니다. 그런데, 지금은 놀고 있습니다.

아들 사주

64	54	44	34	24	14	4		時柱	日柱	月柱	年柱
癸	壬	辛	庚	己	戊	丁	大	辛	甲	丙	丙	남
卯	寅	丑	子	亥	戌	酉	運	未	辰	申	寅	자

● **사주의 구조 및 핵심사항** ●

- 이 사주의 구조는, 초가을(신월, 申月)에 자신을 나타내는 글자를 큰 나무에 비유해서 해석하는 갑목(甲木)으로 태어나 자신의 힘이 약하지만 가을철이고, 金이 木을 공격(금극목, 金克木)하므로 金이 病이며, 火가 용신이다.

필자 : 아들 사주는 괜찮습니다만 운이 저조하네요?

손님 : 머리는 좋습니다. 그러나, 돈 욕심이 없습니다.

필자 : 아들은 불(빛)과 관련된 직업과 인연인데요?

손님 : 그래서 그런지 외국영화 번역 일을 하겠다고 합니다.

필자 : (용신을 火(빛)를 쓰므로) 그것 잘 맞네요. 그 일을 하도록 도와주세요.

10. 임진(壬辰)일주(日主) 여자로 태어나면 남편 덕이 없다.

동대문에 사는 손님

61	51	41	31	21	11	1		時柱	日柱	月柱	年柱
戊	己	庚	辛	壬	癸	甲	大	戊	壬	乙	戊	여
午	未	申	酉	戌	亥	子	運	申	辰	丑	戌	자

天干 : 甲(갑) 乙(을) 丙(병) 丁(정) 戊(무) 己(기) 庚(경) 辛(신) 壬(임) 癸(계)
地支 : 子(자) 丑(축) 寅(인) 卯(묘) 辰(진) 巳(사) 午(오) 未(미) 申(신) 酉(유) 戌(술) 亥(해)

● 사주의 구조 및 핵심사항 ●

- 신묘년(辛卯年) 초겨울에 온 손님으로, 사주의 구조는, 늦겨울(축월, 丑月)에 자신을 나타내는 글자를 강물에 비유해서 해석하는 임수(壬水)로 태어났는데, 자신의 힘이 약하나, 축월(丑月)은 추운데다가 축토(丑土)속에 계수(癸水)가 들어 있고, 일지(日支, 배우자궁)의 진토(辰土)와 시지(時支, 태어난 시간의 밑글자) 신금(申金)이 신진수국(申辰水局, 신금과 진토가 만나면 물 덩어리를 만듦)을 해서 냉한 물이라서 火가 정용신(올바른 용신)이나 없기 때문에 木이 가용신(임시로 쓰는 용신)이고, 습토(濕土, 습기가 많은 토)와 金이 흉신이다.
- 임진(壬辰)일주 여자로 태어나면, 남편 덕이 없고, 다자무자(많은 것은 없는 것과 같다는 뜻)로 남편을 나타내는 관성(官星)인 土가 너무 많아서 남편이 없는

것과 같다.

- 木을 용신으로 쓰므로 옷장사를 했다.

필자 : 임진(壬辰)일주는 전문용어로 괴강성(魁罡星)이라서 고집이 세며, 특히, 여자는 남편 덕이 없는 경우가 많은데, 더군다나, 이 사주에는 土가 너무 많고, 일지(日支, 배우자궁)의 진토(辰土)를 년지(年支, 태어난 년의 밑글자) 술토(戌土)가 진술충(辰戌冲, 진토와 술토가 만나면 충돌함)하려고 하므로 남편하고 이혼했거나 그렇지 않으면, 남남처럼 살겠습니다.

손님 : 이혼은 안했습니다.

필자 : 사주학에서는 다자무자(多者無者)라는 말이 있는데, 이 말의 뜻은 너무 많이 있는 것은 없는 것과 같다는 말인데, 손님 사주에는 土가 너무 많기 때문에 남편이 없는 것이나 마찬가지일 것입니다.

손님 : 그것은 맞습니다. 남편이 신혼 초에 직장생활을 10여년 하다가 퇴직을 한 후에는 평생을 놀고 먹습니다.

필자 : 손님은 몇 살 때 결혼했습니까?

손님 : 22살에 결혼했습니다.

필자 : 진토(辰土)속에 들어있는 을목(乙木)이 자식인데, 신진합(辰申合, 신금과 진토가 합을 함)하여 진토(辰土)가 변질되었고, 축진파(丑辰破, 축토와 진토가 만나면 균열을 일으킴)도 됐으며, 진술충(辰戌沖, 진토와 술토가 만나면 충돌해서 깨짐)도 하려고 하므로, 혹시, 자식 중 한명을 잃지 않았습니까?

손님 : 남매를 두었고, 한명은 유산되었습니다.

필자 : 손님은 금년(신묘년, 辛卯年)운이 자식문제나 진로문제가 있을 것인데, 무슨 일로 오셨습니까?

손님 : 애들문제도 있고요, 저의 하는 일을 정리를 할까 하는데, 무슨 일을 했으면 좋을지 궁금해서 왔습니다.

필자 : 손님은 火가 필요하기 때문에 장사가 잘 맞는데, 火는 없고, 그 대신 木이 있기 때문에 木을 용신으로 써 먹을 것인데, 木은 실이라서 옷장사를 하는 것이 좋겠습니다.

손님 : 그렇지 않아도 동대문 시장에서 원단장사도하고, 가게도 몇 개를 갖고 옷장사를 하고 있습니다.

필자 : 참 잘맞네요. 그런데, 운을 보니까 생각보다 돈은 많이 벌지 못했을 것으로 보이네요?

손님 : 열심히 노력을 했기 때문에 먹고 살만큼은 벌었습니다. 조그만 건물도 하나있습니다.

필자 : 운에 비해서 돈을 많이 번 것 같습니다.

손님 : 가게를 정리할까 하는데요?

필자 : 내 후년(2013 계사년, 癸巳年)부터 火運이므로 운이 좋아지는데, 지금까지 해온 사업을 왜 정리하려고 합니까? 앞으로의 운이 좋으니까 그냥하세요.

손님 : 그렇습니까? 부동산을 하면 어떻겠습니까?

필자 : 저도 제 1회 부동산공인중개사 자격증을 갖고 있습니다만 앞으로

부동산으로 돈 버는 시대는 갔습니다. 그냥 본인이 하던 것, 즉, 아는 것을 그대로 하시는 것이 좋습니다.

손님 : 알겠습니다.

필자 : 손님 사주에는 이혼을 안한 것이 오히려 이상할 정도인데요?

손님 : 이혼하면 뭐하겠습니까? 그냥 사는 거죠.

필자 : 자녀에 관해서 어떤 궁금한 것이 있나요?

손님 : 아들이 32살인데 언제 장가를 갈 것인지, 또, 딸이 24살인데, 올해 대학에 무난히 갈 수 있을지가 궁금합니다.

필자 : 그 문제는 각자의 사주를 놓고 이야기합시다. 우선 남편사주부터 봅시다.

손님 : 남편의 출생시간을 모르니 볼 필요가 없네요. 아이들을 사주나 봐주세요.

아들 사주

61	51	41	31	21	11	1		時柱	日柱	月柱	年柱
辛	庚	己	戊	丁	丙	乙	大	乙	壬	甲	庚	남
卯	寅	丑	子	亥	戌	酉	運	巳	午	申	申	자

◉ **사주의 구조 및 핵심사항** ◉

– 사주의 구조는, 초가을(신월, 申月)에 자신을 나타내는 글자를 강물로 해석하는 임수(壬水)로 태어났는데, 자신의 힘이 강하므로 火가 용신이고, 木이 길신이며, 金이 病神이다.

필자: 아들사주의 원국(사주 틀)은 좋으나 운이 나쁘네요?

손님: S 대 대학교수 인데요?

필자: 아들은 학운기가 좋아서 공부는 했겠지만, 그 후의 운이 나쁘기 때문에 교수라면 정교수가 아니고, 상사일 것인데요?

손님: 아직 나이가 젊어서 강사입니다. (아들이 운이 없어서 강사 밖에 못한다는 것을 인정하려하지 않는다.) 장가는 언제 가겠습니까?

필자: 2013 계사년(癸巳年)부터 여자운이 들어오기 때문에 그 때 가게 될

것입니다. 아들은 고등학교 1~2학 때의 운이 나빠서 공부를 못했겠네요?

손님 : 의대를 보내려고 했는데, 성적이 따라주지 못갔습니다.

필자 : 아들의 진로는 경영학이나 전문직이 좋겠는데, 무슨 과목을 강의하나요?

손님 : 의류디자인을 강의하고 있습니다.

필자 : 그것 참 잘맞네요. 사주에 木과 火를 쓰는데, 木은 나무요, 火는 디자인이니까요.

손님 : 언제나 정 교수가 되겠습니까?

필자 : 글쎄요. 50살은 넘어야 할 것 같네요.

손님 : 그 때까지 제가 살 수 있을런지 모르겠네요?

필자 : 아들이 작년(경인년, 庚寅年)에 무슨 일이 있었을 것인데요?

손님 : 그동안 사귀던 아가씨가 있었는데, 작년에 헤어졌습니다.

필자 : 헤어진 이유가 뭡니까?

손님 : 본인들 스스로가 헤어진 것이 아니고, 제가 헤어지라고 했는데, 아가씨의 아버지가 힘든 직업에 종사한다고 해서 헤어지라고 했더니 아들이 나하고 말도 안하고 지냅니다.

필자 : 그렇지 않아도 사주에 어머니에 해당하는 글자인 金이 흉신이라서 더 합니다.

손님 : 그럼, 딸을 봐주세요?

딸 사주

64	54	44	34	24	14	4		時柱	日柱	月柱	年柱
辛	壬	癸	甲	乙	丙	大		辛	壬	戊	戊	여
亥	子	丑	寅	卯	辰	巳	運	亥	寅	午	辰	자

● 사주의 구조 및 핵심사항 ●

- 사주의 구조는, 한여름(오월, 午月)에 자기를 나타내는 글자를 강물에 비유해서 해석하는 임수(壬水)로 태어났는데, 자신의 힘이 약하므로 金이 용신이고, 水가 길신이며, 土가 病이고, 火가 흉신이며, 木도 흉신이다.

필자: 딸은 심성이 참 착한데, 예민한데가 있군요.

손님: 네. 맞습니다.

필자: 이 사주는 남자를 나타내는 무토(戊土)가 줄을 서 있어서 나중에 결혼을 하면 남편 덕이 없습니다. 결혼하기 전 궁합을 봐서 시키는 것이 좋겠습니다.

손님: 알겠습니다.

필자: 딸은 힘이 약해서 뒷심이 부족하네요?

손님 : 맞고요, 작년(경인년, 庚寅年) 양력 1월 달에 자궁수술을 했습니다.

필자 : 그랬어요? 젊은 나이에 안타깝네요.

손님 : 초기라서 치료가 잘되었습니다.

필자 : 딸은 고등학교 때가 04 갑신(甲申), 05 을유(乙酉), 06 병술년(丙戌年)인데, 고 3때가 운이 없는데 대학을 갔습니까, 아니면 재수를 했습니까?

손님 : 고 3 때 미국으로 가서 공부를 하다가 작년에 몸이 아파서 한국으로 들어왔어요. 학교를 다시 보내려고 합니다.

필자 : 내년 운이 좋으니까 도전해보라고 하세요.

11. 결혼할 남자 고르기가 너무 어렵다.

당산동에 사는 손님

70	60	50	40	30	20	10		時柱	日柱	月柱	年柱
壬	癸	甲	乙	丙	丁	戊	大	庚	甲	己	壬	여
寅	卯	辰	巳	午	未	申	運	午	子	酉	戌	자

天干: 甲(갑) 乙(을) 丙(병) 丁(정) 戊(무) 己(기) 庚(경) 辛(신) 壬(임) 癸(계)
地支: 子(자) 丑(축) 寅(인) 卯(묘) 辰(진) 巳(사) 午(오) 未(미) 申(신) 酉(유) 戌(술) 亥(해)

◉ 사주의 구조 및 핵심사항 ◉

- 신묘년 자월(辛卯年 子月)에 개명 개명을 하기 위해서 온 여자 사주다.
- 사주의 구조는, 중추(유월, 酉月)에 자기를 나타내는 글자를 큰 나무에 비유해서 해석하는 甲木으로 태어나 자신의 힘이 약하지만, 태어난 계절이 한가을(유월, 酉月)이라서 날씨가 차갑고, 金의 공격이 심하므로 金이 흉신(凶神)이고, 火가 용신이며, 水가 병신(病神)이고, 기토(己土)와 술토(戌土)는 길신이다.
- 사주 밑 글자(지지, 地支)에는 자수(子水)와 오화(午火)가 만나서 충돌(자오충, 子午沖)하고, 주로 정신적인 작용을 하는 자유귀문살(子酉鬼門殺)이 있어서 운이 나빠지면 우울증이 쉽게 올 수 있다.

필자 : 손님은 날씨가 차가운 유월(酉月, 중추)에 甲木으로 태어났는데, 金의 공격이 심하기 때문에 성격이 예민하며, 두뇌가 좋고, 酉金이 있어서 정확한 것을 좋아하는 성격이네요?

손님 : 네, 제가 그렇습니다.

필자 : 남자든 여자든 사람마다 배우자를 나타내는 글자가 하나씩만 있어야 하는데, 이 사주는 남자를 나타내는 글자가 여러개이고, 자신이 필요로 한 글자는 火인데, 火克金(화가 금을 공격함)하기 때문에 마음에 든 남자를 고르기 어려울 것입니다. 또, 2010년과 2011년에 남자가 오는 운이었는데, 2011년(신묘년, 辛卯年)은 운에서 오는 내 뿌리(甲木의 뿌리)에 해당하는 묘목(卯木)과 사주 속에 들어 있는 남자를 나타내는 유금(酉金)을 묘유충(卯酉沖)으로 충돌을 하기 때문에 남자를 사귀었더라도 헤어질 운이었습니다.

손님 : 2010년에 남자를 사귀었는데, 작년(일반인 기준으로는 신묘년(辛卯年))에 그 남자와 헤어졌습니다.

필자 : 2008(무자년, 戊子年)에도 헤어질 운이었는데, 어땠어요?

손님 : 그 때도 헤어졌습니다. 저는 언제쯤 결혼할 수 있겠습니까?

필자 : 2013년부터 3년간이 좋겠습니다.

손님 : 금년(임진년, 壬辰年)은 안됩니까?

필자 : 안된다기보다는 火운이 더 좋다는 말입니다. 손님은 고등학교 3년 때가 경진년(庚辰年)으로 운이 나빴기 때문에 성적이 제대로 나오지 않았을 것인데, 어땠어요?

손님 : 고 3때 운이 없어서 겨우 대학에 들어갔습니다.

필자 : 손님은 교육계통이나 일반 직장인에 맞는데 무슨 직장에 다니나요?

손님 : 대치동에 있는 고등학교에서 사무직으로 근무를 하고 있습니다. 그런데, 금년 운이 어떤지 좀 봐주세요?

필자 : 2012 임진년(壬辰年)은 水운이 오는데, 水운은 손님한테 불리하기 때문에 불리한 문서운이 오네요.

손님 : 2012년부터 교육제도가 바뀌는 관계로 지금 근무하고 있는 학교에서 다른 학교로 직장을 옮기려고 합니다.

필자 : 어떻든 신경이 쓰이겠지만, 2013년부터는 안정이 되면서 발전을 하게 됩니다. 그리고, 이 사주는 결혼할 남자 고르기도 어렵지만, 결혼을 한다해도 순탄치 않을 것인데, 직업상 주말부부 생활을 한다거나 남편이 국내외 출장을 자주 다니는 남자를 만난다면 괜찮을 수도 있습니다.

12. 다자무자(多者無者)는 없는 것과 같다.

혜화동에 사는 손님

70	60	50	40	30	20	10	大	時柱	日柱	月柱	年柱	남
庚	己	戊	丁	丙	乙	甲	運	甲	己	癸	壬	자
戌	酉	申	未	午	巳	辰		子	丑	卯	戌	

天干 : 甲(갑) 乙(을) 丙(병) 丁(정) 戊(무) 己(기) 庚(경) 辛(신) 壬(임) 癸(계)
地支 : 子(자) 丑(축) 寅(인) 卯(묘) 辰(진) 巳(사) 午(오) 未(미) 申(신) 酉(유) 戌(술) 亥(해)

● 사주의 구조 및 핵심사항 ●

- 신묘년(辛卯年) 한겨울에 모친이 가지고 온 남자 사주다.
- 사주의 구조는, 중춘(묘월, 卯月)에 자기를 나타내는 글자를 야산의 흙에 비유해서 해석하는 기토(己土)로 태어났는데, 자신의 힘이 약하므로 비겁(比劫, 친구나 형제로 해석)인 土가 용신이고, 火가 길신이며, 木이 병이고, 水가 흉신이며, 운에서 金이 오면 약신이다.
- 사주 밑 글자(지지, 地支)에는 자축합토(子丑合土)로 자수(子水)와 축토(丑土)가 합하여 土가 발생했고, 묘목(卯木)과 술토(戌土)가 만나 합을 하여 火가 발생했으나, 육친상의 변화를 확인할 수 없었으며, 사주 윗 글자에 갑기합(甲己合, 갑목과 기토가 만나합을 함)을 하려고 하나, 양쪽이 서로 어느 정도 힘을 갖고 있

어서 合을 해서 본성이 변하지는 않았다.

필자 : 아들의 성격이 예민하지 않습니까?

손님 : 네, 착합니다.

필자 : 사주에서는 자기를 공격하는 인자가 강하게 나타나 있으면, 성격이 예민해지기 때문에 아마도 예민할 것입니다. 그런데, 이렇게 예민한 성격을 가지고 있는 사람들은 아이큐가 높습니다.

손님 : 네, 공부를 잘했습니다.

필자 : 아들이 내년(래방싯점은 사주학적으로 신묘년(辛卯年)이나 손님은 임진년(壬辰年)으로 알고 왔었다.)에 여자문제가 관건인데, 혼사문제로 오셨습니까?

손님 : 네, 그렇습니다.

필자 : 이 아들 사주에는 봄에 비가 너무 많이 내려서 봄 장마가 진 것과 같은데, 여기서, 비는 여자에 해당하기 때문에 불필요한 여자가

너무 많다는 뜻으로, 이것을 전문용어로는 다자무자(多者無者, 너무 많은 것은 없는 것과 같다)라고 해서 너무 많은 것은 없는 것과 같다는 뜻입니다. 따라서, 본인은 상대 여자(배우자감)가 많이 배웠고, 돈도 많으며, 잘 생긴 사람을 원하겠지만, 본인 앞에 나타난 여자들은 하나 같이 본인 마음에 안들기 때문에 배우자감을 고르기가 무척 힘들겠습니다.

손님 : 그래서 그런지는 몰라도, 지금까지 6번을 선을 보였는데, 하나 같이 예쁘지 않다고 하면서 성사가 되지 않아 답답해서 왔습니다. 우리 아들은 무슨 띠하고 맞습니까?

필자 : 그럴 것입니다. 그런데, 사람의 인연을 띠로만 가지고 알 수 없습니다. 설령, 맞는 띠라고 해도 태어난 月과 日, 時에 따라서 천차만별이기 때문에 반드시 사주 전체를 가지고 살펴봐야 맞습니다. 아들사주에는 조상궁에 좋은 글자가 있는데, 조상의 유산을 물려받게 됩니까?

손님 : 우리 아이 할아버지가 잘사셨는데, 삼촌네들 때문에 어떻게 할지 아직은 잘 모르겠습니다.

필자 : 아들은 20세 이후부터 운이 좋았는데, 학교와 성장과정은 어떠했습니까?

손님 : 잘살아 온 집안이기 때문에 사립초등학교를 다녔었고, 외국에 유학을 갔다왔으며, 군대에서도 보안사에서 편히 지내다 왔고요, 지금은 회사에 다니고 있습니다. 그러면, 언제 장가를 가겠습니까?

필자 : 제가 보기에는 2013년(계사년, 癸巳年) 이후가 좋겠습니다.

13. 월지(月支)를 충(沖)하므로 집을 팔려고 한다.

서초구에 사는 손님

74	64	54	44	34	24	14	4		時柱	日柱	月柱	年柱	
丙	乙	甲	癸	壬	辛	庚	己	大	癸	癸	戊	丙	남
午	巳	辰	卯	寅	丑	子	亥	運	丑	酉	戌	戌	자

天干 : 甲(갑) 乙(을) 丙(병) 丁(정) 戊(무) 己(기) 庚(경) 辛(신) 壬(임) 癸(계)
地支 : 子(자) 丑(축) 寅(인) 卯(묘) 辰(진) 巳(사) 午(오) 未(미) 申(신) 酉(유) 戌(술) 亥(해)

☯ 사주의 구조 및 핵심사항 ☯

- 신묘년 축월(辛卯年 丑月)에 부인과 함께 온 남자 사주다.
- 사주의 구조는, 늦가을(술월, 戌月)에 자기를 나타내는 글자를 빗물에 비유해서 해석하는 계수(癸水)로 태어났는데, 자신의 힘이 약하지만 가을은 물이 많이 필요하지 않는 계절이고, 유금(酉金)과 축토(丑土)가 만나 유축금국(酉丑金局, 유금과 축토가 만나 쇳덩어리를 만듬)을 만들어 金生水(금이 수를 생함)하므로 힘이 강하기 때문에 무토(戊土)가 용신이고, 火가 길신이며, 水가 病이고, 金이 흉신이며, 축토(丑土)는 흉신이다.
- 사주 밑 글자(지지, 地支)에는 유금(酉金)과 축토(丑土)가 만나 유축금국(酉丑金局)을 하고, 한 글자 건너긴 하지만 축토(丑土)와 술토(戌土)가 축술형(丑戌刑)

을 해서 돈 창고를 깨고 있다.

필자 : 손님은 태어난 시간을 정확히 아십니까?

손님 : 새벽이라고만 알고 있습니다.

필자 : 새벽이라면 이른 새벽도 있고, 늦은 새벽도 있는데, 사주를 풀기 전에 진단을 해보도록 하지요. 묘시(卯時, 05:30~07:30)가 되면, 부부궁이 깨졌고, 인시(寅時, 03:30~05:30)가 되면, 인유원진살(寅酉怨嗔殺, 인목과 유금이 만나면 서로 미워하고 원망함)이 있어서 부부궁이 나쁜데, 부부관계는 어떠하십니까?

손님 : 부부관계라는 게 뭐 별다른 것이 있습니까? 그냥 사는거지요. 특별하지 않습니다.

필자 : 그러면, 손님은 34세 임인(壬寅)대운이 좋으므로, 34세 이후부터 크게 발전을 했습니까?

손님 : 그것은 맞습니다.

필자 : 그렇다면, 손님의 태어난 시간은 축시(丑時)입니다. 축시(丑時, 01:30 ~03:30)에 태어나면, 힘이 강한 것으로 보기 때문에 火와 土가 필요하므로 35세 임인(壬寅)대운 이후부터 발전을 하게 된 것입니다. 손님 사주는 공무원이나 대기업 같은 직장생활이 가장 잘 맞는데, 무슨 직업을 가졌습니까?

손님 : 대기업에서 간부직으로 근무하다가 정년퇴직했습니다.

필자 : 손님은 2012년 임진년(壬辰年)에 이사, 또는 이동수가 있는데, 그 일로 상담하러 오셨습니까?

손님 : 예, 맞습니다. 서초구에 60평짜리 아파트를 갖고 있는데, 팔아서 이사를 하려고하는데, 집이 팔리지 않아서 고민입니다.

필자 : 저는 1985년도 실시한 제1회 공인중개사시험에 합격을 해서 자격증을 갖고 있지만 실무 경험은 없습니다. 그런데, 최근 부동산 경기가 나빠졌고, 앞으로 부동산으로 돈을 벌지 못한다는 인식이 국민들 사이에 확산이 되어있기 때문에 그 정도 규모의 아파트를 사려고 하지 않을 것입니다. 그래서, 아주 급하지 않는다면, 차라리 2013년이나 2014년 경기가 다소 호전되거든 그때 파시는 게 유리

할 것으로 전망합니다.

손님 : 잘 알겠습니다. 우리 아들사주도 봐주세요.

아들사주

64	54	44	34	24	14	4		時柱	日柱	月柱	年柱	
壬	辛	庚	己	戊	丁	丙	大	丙	己	乙	壬	남
子	亥	戌	酉	申	未	午	運	寅	酉	巳	戌	자

◎ **사주의 구조 및 핵심사항** ◎

- 신묘년(辛卯年)에 부친과 엄마가 함께 가지고 온 남자 사주다.
- 사주의 구조는, 초여름(사월, 巳月)에 자기를 나타내는 글자를 야산의 흙에 비유해서 해석하는 기토(己土)로 태어났는데, 자신의 힘이 강하므로 水가 용신이고, 金이 길신이며, 土가 病神이고, 火가 흉신이며, 木이 약신 역할을 한다.
- 사주 밑 글자에는 주로 정신적인 일으키는 사술귀문살(巳戌鬼門殺)이 있고, 사화(巳火)와 축토(丑土)가 만나면 사축금국(巳丑金局)을 형성한다.

필자 : 이 사주는 비교적 균형과 조화가 맞는 편이라서 좋은 사주입니다. 그러나, 초년운이 약했지만, 고등학교 2~3학년때는 기묘(己卯), 경진년(庚辰年)으로 무난했는데, 대학은 어느 대학을 갔습니까?

손님 : 외국에서 다녔습니다.

필자 : 아들 사주는 금년에 큰 돈이 움직이기 때문에 투자를 하거나, 이사를 할 것 같습니다.

손님 : 그렇지 않아도 우리 아들이 금년에 아들을 낳았는데, 집이 춥다고 하면서 이사를 하겠다고 합니다. 그래서, 사주를 보러 온 것입니다.

필자 : 움직일 운이 왔으니 이사를 해도 괜찮겠습니다. 아들은 24세이후부터 운이 들었기 때문에 돈을 다루는 좋은 직장에 다니는 것 같은데 무슨 직장에 다닙니까?

손님 : 국책은행에 근무하고 있습니다.

필자 : 앞으로 크게 성공할 것입니다. 아들의 성격이 아버지를 많이 닮았네요. 점잖하고, 정확한 것이 말입니다.

손님 : 성격이 그렇습니다.

필자 : 벌써 밤 10시가 되었는데, 더 궁금한 사항이 있습니까?

손님 : 밤 늦게까지 감사합니다.

14. 여자사주에 식상(食傷)이 많으면 남편과 살지 못한다.

독산동에 사는 손님

69	59	49	39	29	19	9		時柱	日柱	月柱	年柱	
乙	丙	丁	戊	己	庚	辛	大	丁	丙	壬	戊	여
卯	辰	巳	午	未	申	酉	運	酉	戌	戌	戌	자

天干 : 甲(갑) 乙(을) 丙(병) 丁(정) 戊(무) 己(기) 庚(경) 辛(신) 壬(임) 癸(계)
地支 : 子(자) 丑(축) 寅(인) 卯(묘) 辰(진) 巳(사) 午(오) 未(미) 申(신) 酉(유) 戌(술) 亥(해)

● 사주의 구조 및 핵심사항 ●

- 신묘년(辛卯年) 늦겨울에 온 여자 사주다.
- 사주의 구조는, 늦가을 술월(戌月)에 자기를 나타내는 글자를 태양 火에 비유해서 해석하는 丙火로 태어났는데, 자신의 힘이 약하지만, 열토(熱土, 열기를 가진 토)인 술토(戌土)가 3개가 있어서 건조하므로 결국은 힘이 강한 것과 같으므로 金이 용신이고, 水가 길신이며, 土가 病이고, 火도 흉신이다.
- 사주 윗 글자의 관성(官星, 남자로 해석)인 임수(壬水)가 土의 공격을 심하게 받아 고립무원이라서 살 수가 없다.

필자 : 손님은 똑똑하고, 인물도 잘났지만 미인박명이라고 남자하고 살 수가 없네요?

손님 : 이혼했습니다.

필자 : 손님 사주는 말과 행동을 나타내는 글자가 土인데, 뿌리도 없이 공중에 떠 있는 남편인 水를 土가 심하게 공격을 하고 있는 구조라서 남자가 자기 살기 위해서는 도망치는 수 밖에 없기 때문에 혼자 산다는 말입니다.

손님 : 제가 쫓아내지 않았는데요?

필자 : 꼭 손님이 남편을 쫓아냈다고는 할 수 없습니다만, 어쨌든 남편이 土의 공격을 피하기 위해서 도망가게 되어 있습니다. 만약, 도망가지 않으면, 죽을 수도 있습니다.

손님 : 네........

필자 : 손님은 초년에 잘 살다가 결혼할 나이인 29세부터는 일이 잘 안 풀렸습니다.

손님 : 예, 2002년(임오년, 壬午年)에도 사업이 안됐고, 06년(병술년, 丙戌年)에도 사업이 부도가 났습니다.

필자 : 손님은 금년에 일 문제로 고민이세요? 아니면, 남자문제로 고민이세요? 또, 한 가지는 이사수가 들었습니다.

손님 : 작년(신묘년, 辛卯年)부터 쉬고 있어서 새로운 일을 금년(임진년, 壬辰年)에 해볼까도 하고, 또, 언제 남자를 만날 수 있을까가 궁금해서 왔습니다.

필자 : 그동안 사귀던 남자가 있었다면, 금년에 헤어질 수도 있겠고, 만약, 사귀던 남자가 없었다면, 금년에 만날 수도 있습니다.

손님 : 저는 무슨 장사가 맞습니까?

필자 : 손님은 그동안 무슨 사업을 했습니까?

손님 : 치킨 체인점 컨설팅사업을 하다가 쉬고 있습니다.

필자 : 말 펀치가 쎄서 잘하시겠습니다. 음식장사가 좋겠는데, 무슨 사업

을 해보려고 하세요?

손님 : 고기집이나 일식집을 해보려고 합니다.

필자 : 금년운은 괜찮습니다다만, 내년(2013, 癸巳年)부터 3년간은 운이 안 좋겠습니다.

돼지띠 생(亥年生) 사주

1. 41세 여인이 남편과 직업문제로 래방했다.
2. 65세 初老(애 늙은이)가 무슨 일로 래방했나?
3. 이사를 가도 되겠습니까? 또, 딸이 언제 고시에 합격하겠습니까?
4. 辛卯年에 여교수가 무슨 일로 래방했나?
5. 당신은 작년부터 관재수가 생겼네요.
6. 41세 여인의 고민은?
7. 41세 동생은 辛卯年에 무슨 일일이 궁금한가?
8. 남편과 애인중 어느 남자를 택할까요?
9. 官이 흉신이므로 官運이 없다.

1. 41세 여인이 남편과 직업문제로 래방했다.

판교에서 온 손님

69	59	49	39	29	19	9		時柱	日柱	月柱	年柱
庚	己	戊	丁	丙	乙	甲	大	己	甲	癸	辛	여
子	亥	戌	酉	申	未	午	運	巳	午	巳	亥	자

天干 : 甲(갑) 乙(을) 丙(병) 丁(정) 戊(무) 己(기) 庚(경) 辛(신) 壬(임) 癸(계)
地支 : 子(자) 丑(축) 寅(인) 卯(묘) 辰(진) 巳(사) 午(오) 未(미) 申(신) 酉(유) 戌(술) 亥(해)

◉ 사주의 구조 및 핵심사항 ◉

- 신묘년(辛卯年) 초가을에 상담 온 여인이다.
- 이 사주의 구조는, 초여름(사월, 巳月)에 자기를 나타내는 글자를 큰나무에 비유해서 해석하는 갑목(甲木)으로 태어났는데, 년지(年支, 태어난 년의 밑 글자) 해수(亥水)와 월상(月上, 태어난 월의 윗 글자) 계수(癸水)의 생을 받고 있으나, 지지(地支, 사주의 밑 글자)에 火가 많아서 약한 사주이므로 水가 용신이고, 火가 병이다.
- 사주에서 갑목(甲木), 을목(乙木)과 인성(印星, 모친이나 공부로 해석)을 용신이나 길신으로 쓴 사람들은 마음씨가 착하다.

필자 : 손님사주를 보니까 남편성인 정관(正官, 정남편)은 년상(年上, 태어난 年의 윗글자)의 신금(辛金)인데, 해수(亥水) 위에 앉아있고, 편관(編官, 애인으로 해석)은 상관(傷官, 남자를 공격하는 인자)인 사화(巳火)속에 들어있는 경금(庚金)으로 불 속에 있으며, 일지(日支, 자기 밑에 있는 글자)와 시지(태어난 시간의 밑글자)時支에도 오화(午火)가 있어서 화극금(火克金, 화가 금을 극함)하므로 견디기 어려운데다가 사해충(巳亥沖, 사화와 해수가 만나면 충을 함)까지 있어서 관성(官星, 남자나 직업을 나타냄)을 보존하기가 어려워서 남편과 부부생활 하기가 어려운데, 상담을 하려고 온 이유가 남편문제나 직장문제로 오셨지요?

손님 : 네, 남편문제도 있고, 일 문제도 있습니다.

필자 : 손님은 관성(官星, 남자나 직업을 나타냄)이 年上에 일찍 나타나있으므로, 일찍부터 남자를 알게 되고, 결혼도 일찍했을 것인데, 몇 살에 했나요?

손님 : 24살 94년 갑술년(甲戌年)에 결혼을 했습니다.

필자 : 남편을 공격하는 인자인 식상(食傷)인 火가 강해서 남편을 나타내

는 金을 녹이므로, 손님은 결혼을 하고 자식이 생기면서 남편의 일이 안되거나 갈등이 심해지게 되는데, 이혼을 했습니까 그렇지 않으면 각 방을 쓰는 중입니까?

손님 : 현재 각 방을 쓰고 있습니다.

필자 : 멀리는 2001(辛巳)년이나 2002(壬午)년, 가깝게는 2006(丙戌)年이나 2007(丁亥)年에 벌써 이혼 수가 왔었고, 작년(庚寅年)에 인목(寅木)과 사화(巳火)가 만나 다투는 인사형(寅巳刑, 인목과 사화가 만나면 서로에게 상처를 줌)이 되어 기히 사주 틀에서 사화(巳火)와 해수(亥水)가 충돌을 하고 있는 상태인데, 운에서 사화(巳火)나 해수(亥水)운이 오면 충돌(사해충, 巳亥冲)을 가중시켜서 사화(巳火) 속에 들어있던 경금(庚金) 손상을 입으므로 각방을 쓴다고 해서 부부문제가 해결될 사주가 아니고, 또 이혼 수가 왔는데, 이혼을 하지 않았습니까?

손님 : 예, 결혼하고 몇 년 후부터니까 2001년경부터 남편과 갈등이 심해졌는데, 2006년인가 2007년인가부터 각 방을 써 오다가 작년(경인년, 庚寅年)에 서류상 이혼을 했습니다만, 한 집에서 서로 각방을 써오고 있습니다.

필자 : 그러면 완전한 이혼은 아니네요?

손님 : 그렇습니다.

필자 : 미련이 남아있단 말인가요?

손님 : 예, 남편이 다른 것은 괜찮은데, 3년에 한 번씩 돈을 갖다 버린 것이 미워서 이혼을 했지만 가능하면 고쳐서 살 수 있으면 살고 싶은데 다시 살 수 있겠는가 봐주세요.

필자 : 남편의 사주와 자식들의 사주를 보면 다시 살 수 있을 것인지를 알 수 있습니다.

손님 : 그러면 지금 봐 주세요?

필자 : 그렇다면 남편사주하고 자식 사주는 잠시 후에 보기로 하고 직업 관계를 먼저 보도록 합시다. 손님의 직업은 사주에서 물이 필요로 하기 때문에 물과 관련된 음식장사를 하거나 그렇지 않으면 자신을 나타내는 글자가 나무이므로 의류관련 장사를 하면 잘 맞겠습니다.

손님 : 저는 물장사는 관심을 안가져봤고요, 학생 때 의상을 공부했는데, 천으로 패션가방을 만들어서 팔고 싶습니다.

필자 : 그것 잘 맞습니다. 지금 당장 시작하세요. 손님은 남편한테 기대하기 어려운 팔자이기 때문에 자기 직업을 가져야 합니다.

손님 : 돈은 벌겠습니까?

필자 : 내년(임진, 壬辰年)까지는 좋습니다만 계사(癸巳), 갑오(甲午), 을미년(乙未年)은 좀 어렵겠고, 2016(병신, 丙申)年부터는 돈을 벌겠습니다.

손님 : 제 남편 사주와 딸 사주를 봐주세요. 남편의 태어난 시간은 전혀 모릅니다.

남편 사주

時柱	日柱	月柱	年柱
○	辛	丁	戊	남
○	卯	巳	申	자

65	55	45	35	25	15	5	大
甲	癸	壬	辛	庚	己	戊	
子	亥	戌	酉	申	未	午	運

◉ 사주의 구조 및 핵심사항 ◉

- 이 사주는, 태어난 시(時)를 전혀 모른다고 한다.
- 이 사주의 구조는, 초여름(사월, 巳月)에 자기를 나타내는 글자를 보석 金에 비유해서 해석하는 신금(辛金)으로 태어났는데, 火가 강해서 힘이 약한 사주로 보인다.

- 신금(辛金)은 원래 가공이 완료된 보석이라서 불을 가장 싫어하고 그대신 깨끗한 물인 임수(壬水)를 좋아한다. 그래서, 성격이 깔끔하고 까칠하며, 몸을 자주 씻는다.

- 초년 대운이 나빴으며, 25 경신(庚申)대운부터 좋아지긴 했으나, 신유(辛酉)대운에 일지(日支)에 있는 묘목(卯木)을 묘유충(卯酉沖, 묘목과 유금이 만나면 충돌을 함)하므로 처(妻)와 갈등을 빚고, 이혼까지 하게 된다.

- 앞으로의 대운에서 임술(壬戌)대운이 오면 火가 강해져서 좋지 않으므로 재결합하기가 어려워 보인다.

딸 사주							時柱	日柱	月柱	年柱
69	59	49	39	29	19	9	丙	戊	辛	丙
甲	乙	丙	丁	戊	己	庚	辰	辰	卯	子
申	酉	戌	亥	子	丑	寅				
						大運				여자

● 사주의 구조 및 핵심사항 ●

- 이 사주의 구조는, 중춘(묘월, 卯月)에 자기를 나타내는 글자를 큰 산에 비유해서 해석하는 무토(戊土)로 태어났는데, 자신의 힘이 강하므로 木이 용신이고, 水가 길신이며, 火가 金을 막아주므로 약신이다.

- 관(官)을 용신으로 쓰므로 반듯하고, 총명하며, 학교에서 반장을 한다고 한다.

- 사주에 병화(丙火)가 두 개인데, 병화(丙火)는 인성(印星)이므로 엄마가 두 분과 같고, 재성(財星, 돈과 부친의 의미)인 水는 자수(子水)가 있고, 진토(辰土)속에도 계수(癸水)가 들어있는데, 진토(辰土)속에 들어있는 계수(癸水)癸水는 진진자형(辰辰自刑, 진토가 또 진토를 만나면 질투를 해서 다툼)을 해서 깨졌고, 멀리있는 자수(子水)는 신자수국(辰子水局, 진토와 자수가 만나면 물덩어리가 됨), 진자수국(辰子水局, 진토와 자수가 만나면 물덩어리가 됨)을 두 번 이루어 가상의 재(財, 재를 돈과 부친으로 동시에 해석하는데, 여시서는 부친으로만 봤음)를 만들고 있으므로 부친도

두 분일 수 있다는 것을 나타내고 있다. 따라서, 이 아이의 사주를 봐서도 부모가 이혼하고 재혼할 수 있음을 나타내고 있다.

2. 65세 初老(애 늙은이)가 무슨 일로 래방했나?

방배동에서 온 손님

71	61	51	41	31	21	11	1
庚	己	戊	丁	丙	乙	甲	癸	大
戌	酉	申	未	午	巳	辰	卯	運

時柱	日柱	月柱	年柱
丙	庚	壬	丁	여
戌	辰	寅	亥	자

天干 : 甲(갑) 乙(을) 丙(병) 丁(정) 戊(무) 己(기) 庚(경) 辛(신) 壬(임) 癸(계)
地支 : 子(자) 丑(축) 寅(인) 卯(묘) 辰(진) 巳(사) 午(오) 未(미) 申(신) 酉(유) 戌(술) 亥(해)

● 사주의 구조 및 핵심사항 ●

- 신묘년(辛卯年) 한여름에 온 여자로, 같은 년령 대의 시누이와 함께 왔다.
- 이 사주의 구조는, 초봄(인월, 寅月)에 자기를 나타내는 글자를 무쇠 金에 비유해서 해석하는 경금(庚金)으로 태어났는데, 庚金이 일지(日支, 자기를 나태는 글자의 바로 밑에 있는 글자) 진토(辰土)에 의지하고 있을 뿐 어디에도 의지할 곳이 없는 약한 사주다.
- 혹자들은, 술토(戌土)속에는 신금(辛金)이 들어있어서 토생금(土生金, 토가 금을 생해줌)을 받을 수 있으리라고 생각할지 모르지만 술토(戌土)는 화고(火庫, 불이 들어 있는 창고)라서 열을 많이 가졌기 때문에 土生金이 안된다.
- 따라서, 너무 약하기 때문에 진토(辰土)가 용신(이 사주에 가장 필요한 글자)이고,

화(火)가 병신(病神, 이 사주에 가장 나쁜 글자)이며, 수(水)가 약신(병을 치료하는 글자)이고 목(木)도 흉신(나쁜 작용을 하는 글자)이다.

필자 : (손님의 나이가 많으므로) 손님은 태어난 시간을 정확히 알고 계세요?

손님 : 저는 시골에서 태어났는데, 그 당시 시계가 없어서 태어난 시간을 잘은 모르고, 어머니가 말씀하시기를 저녁밥을 먹고 이웃집에 마실갔다와서 낳았다고 합니다.

필자 : 그 당시의 해 지는 시간을 보면, 오후 6시 30분경인데, 그 당시는 시골에 전깃불이 없기 때문에 깜깜해지기 전에 저녁식사를 했을 것이고, 이웃집에 마실갔다와서 낳았다면 저녁 9시 30분 전쯤 될 것 같은데, 만약 그 시간이 맞다면 남편과 살 수가 없습니다. (이 말은 술시(戌時)가 되면, 년상(年上, 태어난 년의 윗글자)의 정화(丁火)가 술토(戌土)에 뿌리를 하고 있고, 일지(日支, 자기를 나타내는 글자의 바로 밑에 있는 글자)가 진술충(辰戌沖, 진토와 술토는 만나면 충돌을 함)을 해서 정화(丁火)가 깨지므로 그렇게 말을 한 것이다.)

손님 : 예, 남편이 없습니다.

필자 : 그러면 술시(戌時)가 맞습니다.

손님이 철학원을 찾아오신 이유가 돈 걱정이 돼서 왔지요?

손님 : 예, 제가 혼자 자식을 키우느라고 돈이 없는데, 금년에 이사를 하면서 돈이 부족해서 고민이고요, 건강운도 좀 봐주세요.

필자 : (사주와 대운을 함께 보면서) 손님은 어려서부터 가난해서 고생이 많았고, 결혼 후에는 더 큰 고통이 따르는데, 그 기간이 50세 전후까지로 너무 긴데, 50세 이후에는 숨 좀 쉴 수 있었겠네요.

손님 : 맞습니다. 최근에는 옛날보다 조금 낳아졌습니다.

필자 : 손님은 자신을 나타내는 글자가 金으로 태어나 사주가 약한데, 자신을 도와주는 세력보다는 힘을 빼가는 세력이 많아서 힘들고, 또, 화(火)가 자신인 금(金)을 공격하고 있기 때문에 불안초조하고 정신이 산만하시겠네요.

손님 : 예, 작년부터 왠지 불안하고, 잠도 못자고 밥맛도 없어서 지금 친척 집에 임시로 머무르고 있는데, 시누이가 대치동에 잘 보는 철학원이 있다고 가자고 해서 따라오게 되었습니다.

필자 : 사주가 이렇게 생기면 대게는 신경정신과에 가야합니다만 거기에 간다고 해도 한 번에 해결이 되지않습니다. 병원보다는 차라리 종교생활을 하는 것이 좋을 듯 싶은데, 어떻습니까?

손님 : 글쎄요. 저는 아직 그것까지는 생각을 못해봤습니다.

필자 : 손님은 몇 살에 결혼했습니까?

손님 : 19살(乙巳년)에 했습니다.

필자 : 태어난 해의 윗 글자에 있는 정관(正官, 정 남편)인 정화(丁火)가 정임합(丁壬合, 정화와 임수가 만나면 합을 함)했고, 해수(亥水) 위에 앉아 있으며, 일지(日支, 자기를 나타내낸 글자의 바로 밑에 있는 글자)에 진토(辰土)와 진해원진살(辰亥怨辰殺, 진토와 해수가 만나면 원망하고 미워함)을 구성하고, 진술충(辰戌沖, 진토와 술토가 만나면 충돌을 함)도 하므로 손님 남편 덕이 없는데, 첫째 남편은 물에 빠져죽었거나 없어졌고, 재혼했다면 그 남자와도 못살겠는데, 재혼했습니까?

손님 : 재혼은 안했습니다.

필자 : 년상(年上, 태어난 해의 윗글자)의 정관(正官, 정 남편) 정화(丁火)가 정임합(丁壬合, 정화와 임수가 만나면 합을 함)했고, 해수(亥水) 위에 앉아있으며, 일지(日支, 자기를 나타내는 글자의 바로 밑에 있는 글자) 진토(辰土)와 진해원진살(辰亥怨辰殺, 진토와 해수가 만나면 원망하고 미워함)을 구성하므로, 손님은 일찍 만난 남편이 물에 빠져돌아가셨습니까? 하고 재차 물었다. (정임합거(丁壬合去, 정화와 임수가 만나 없어짐)를 확인하기 위해서.)

손님 : 남편이 물에 빠져서 죽은 것은 아니고, 애를 둘 낳아놓고, 돈을 벌려고 섬에 들어갔는데, 갑자기 몸이 아팠으나 태풍이 불어 못나오는 바람에 섬에서 죽었습니다.

필자 : 대운을 보니까 결혼하면서부터 더 힘들어졌는데, 몇 살 때 돌아가셨습니까?

손님 : 제 나이 24살(70년, 경술년(庚戌年))때 죽었습니다.

필자 : 대운을 보니까 중년에 무척 고생이 심했겠는데 남편도 없이 어떻게 사셨어요?

손님 : 시골에서 살다가 남편이 죽은 후 서울로 올라와서 이 일 저 일 닥치는대로 하며 살다가 나이가 들어서 동사무소에 하는 근로 일을 하며 살아왔는데, 작년부터는 몸이 안좋아서 그 일도 못해 폐지 줍는 일을 하다가 지금은 그 일도 못하고 있습니다.

필자 : 지지(地支, 밑에 있는 글자)가 진술충(辰戌沖, 진토와 술토가 만나면 충돌함)가 충돌을 하므로 손님은 2006년(병술년, 丙戌年)에 큰 일이 있었을 것인데, 무슨 일을 당했습니까?

손님 : 별일 없었습니다.

필자 : 잘 기억해보세요.

이 때 같이 왔던 시누이 되는 사람이 말하기를 "그 때에 몸이 아파서 죽니 사니 했잖소?, 그 때가 그 해 아니요?" 선생님, 정말 잘 보시네요.

손님 : 아, 그 때가 맞는 것 같습니다. 몸이 아파서 무척 고생을 많이 했습니다.

필자 : 손님의 이름이 "이쌍순"으로 쌍둥이였습니까?

손님 : 예, 제가 쌍둥이로 태어났습니다.

결론적으로, 이 여명(女命, 여자의 운명)이 신묘년(辛卯年)에 철학원을 찾은 이유는 세운(歲運, 한해 운) 지지(地支, 밑에 있는 글자)에 묘목(卯木)이 인묘진목국(寅卯辰木局, 인목, 묘목, 진토가 모이면 나무 덩어리가 됨)이 되어 재성(財星, 돈 글자)을 형성하여 돈 문제이고, 또, 재성(財星)이 재생살(財生殺, 돈 글자가 나쁜 작용을 하는 글자를 생해줌) 때문에 하므로 정신적으로 불안하고 초조한 심리가 발동하기 때문에 상담을 온 것이 확인되었다.

3. 이사를 가도 되겠습니까?
또, 딸이 언제 고시에 합격하겠습니까?

송파구에서 온 손님

61	51	41	31	21	11	1
乙	甲	癸	壬	辛	庚	己	大
亥	戌	酉	申	未	午	巳	運

時柱	日柱	月柱	年柱
甲	丁	戊	己	여
辰	亥	辰	亥	자

天干 : 甲(갑) 乙(을) 丙(병) 丁(정) 戊(무) 己(기) 庚(경) 辛(신) 壬(임) 癸(계)
地支 : 子(자) 丑(축) 寅(인) 卯(묘) 辰(진) 巳(사) 午(오) 未(미) 申(신) 酉(유) 戌(술) 亥(해)

● 사주의 구조 및 핵심사항 ●

- 신묘년(辛卯年) 한여름에 온 여자다.
- 사주의 구조는, 늦봄(진월, 辰月)에 자기를 나타내는 글자를 인공 화에 비유 해서 해석하는 정화(丁火)로 태어났는데, 丁火의 뿌리가 없으나, 시상(時上, 태어난 시간의 윗 글자)에 갑목(甲木)이 있는데, 사주에 土가 많아서 木으로 土를 누르면서 사는 약한 사주다.

- 여자사주에 식상(食傷)은 자식을 나타내는 글자인데, 이 자식 글자는 관성(官星, 남편을 나타내는 글자)을 극(剋, 공격함)하는 인자라서 남편과

갈등이 많게 살거나 그렇지 않으면 이혼하게 된다.

- 이 여자는 사업을 하고 있는데, 식상(食傷, 자식을 나타내는 글자)이 병(病, 가장 나쁘게 작용)이고, 진해(辰亥)로 쌍원진(双怨嗔, 진토와 해수가 만나면 서로 미워하고 원망하는 원진살인에, 이것이 쌍으로 있다는 뜻)을 이루고 있어서 2000 경진(庚辰)년에 남편과 헤어지고, 07(정해년, 丁亥年)에 회사에 근무하고 있으면서 부인과 사별한 새 남자를 만나서 동거를 하고 있는데, 자식들이 반대를 해서 혼인신고는 안하고 산다고 한다.

- 래정법(來情法)으로 보면, 이 여자한테 신묘년(辛卯年)은 문서(文書, 계약서를 의미함)운 해당하므로 첫째는 언제 이사를 가야할지가 궁금해서 왔고, 또, 한가지는 딸이 언제 고시에 합격하겠는가가 궁금해서 왔다고 하므로 래정법대로 맞다는 것이 증명 된다.

- 그러면, 딸의 사주를 보자.

K대 경영학과를 졸업한 딸

67	57	47	37	27	17	7		時柱	日柱	月柱	年柱	
己	戊	丁	丙	乙	甲	癸	大	壬	辛	壬	辛	여
亥	戌	酉	申	未	午	巳	運	辰	酉	辰	酉	자

● 사주의 구조 및 핵심사항 ●

- 사주의 구조는, 늦봄(진월, 辰月)에 자기를 나타내는 글자를 보석 金에 비유해서 해석하는 신금(辛金)으로 태어났는데, 습토(濕土)인 진토(辰土)가 진유합(辰酉合, 진토와 유금이 만나면 합을 함)해서 金이 되므로 힘이 있고, 년상(年上, 태어난 년의 윗 글자)에 신금(辛金)이 있으며, 임수(壬水)로 씻어주는 구조이므로 빼어난 미인이나 성격이 까칠하고 정확하며 아집도 강하다.

- 초년 대운이 火운이라서 저조하고, 상관(傷官, 자식글자)이 발달해서 관(官, 남편)을 공격하는 구조이므로 두뇌가 좋고 총명하나, 결혼 후 남편한테 의지하는 형이 아니다.

- K대 경영학과를 졸업하고 고시를 준비하고 있는데, 신묘년(辛卯年)에 떨어졌고, 임진년(壬辰年)에는 용신운이므로 합격하겠다고 했다.

4. 辛卯年에 여교수가 무슨 일로 래방했나?

영등포에서 온 손님

67	57	47	37	27	17	7		時柱	日柱	月柱	年柱
己	戊	丁	丙	乙	甲	癸	大	辛	己	辛	辛	여
亥	戌	酉	申	未	午	巳	運	未	未	丑	亥	자

天干 : 甲(갑) 乙(을) 丙(병) 丁(정) 戊(무) 己(기) 庚(경) 辛(신) 壬(임) 癸(계)
地支 : 子(자) 丑(축) 寅(인) 卯(묘) 辰(진) 巳(사) 午(오) 未(미) 申(신) 酉(유) 戌(술) 亥(해)

◉ 사주의 구조 및 핵심사항 ◉

- 신묘년(辛卯年) 늦 여름에 온 여자사주다.
- 사주구조를 보면, 늦겨울(축월, 丑月)에 자기를 나타내는 글자를 야산의 흙에 비유해서 해석하는 기토(己土)로 태어났는데, 일지(日支, 자기의 밑 글자)와 시지(時支, 태어난 시간의 밑 글자)에 비견(比肩, 친구나 형제)인 미토(未土)를 가졌으나, 태어난 계절이 늦겨울(축월, 丑月)이고, 신금(辛金)을 많이 가졌으며, 해수(亥水)까지 있어서 약하고 냉하므로, 土가 용신이고, 火가 길신인데, 여기서는 따뜻하게 해주는 火가 가장 유용하다.

필자 : 손님은 부부문제로 오셨지요?

손님 : 제 사주 좀 잘 봐주세요.

필자 : 사주를 자세하게 설명드릴까요, 아니면, 요점만 말씀드릴까요?

손님 : 자세하게 설명을 해주세요.

필자 : 손님은 상담을 하려고 온 이유가 남편문제인데, 일찍 결혼을 했지요? (여기서, 일찍 결혼을 했을 것이라고 말을 한 이유는 미토(未土)속에 들어있는 을목(乙木)이 남편인데, 갑(甲) 대운에 남편을 나타내는 글자인 갑목(甲木)이 나타내서 보인은 나태는 글자인 기토(己土)와 갑기합(甲己合)을 했기 때문이다.)

손님 : 대학을 졸업하자마자 25살(을해년, 乙亥年)에 결혼을 했습니다.

필자 : 손님은 남편 덕이 없는데다가 남편을 궁을 깼뜨렸기 때문에 결혼 생활을 계속하기가 어렵겠습니다. 그리고, 술(戌) 대운에 술미형(戌未刑, 술토와 미토가 만나면 상처가 남)을 맞아서 배우자궁이 깨졌기 때문에 일찍부터 갈등을 겪어왔을텐데 지금까지 이혼을 안

했다면 고통이 심하겠습니다.

손님 : 남편과 결혼하자마자 남편이 열쇠 3개를 갖고오지 않았다며 구박을하기 시작하더니 몇 년 전부터는 갖은 개망나니짓을 하고 다녀서 도저히 이제는 살 수가 없었는데, 남편이 이사를 가서 각각 살고 있습니다.

필자 : 그렇게 고통스러우면 진작 이혼을 하시지 왜 사세요?

손님 : 제 딸 아이가 엄마와 아빠가 싸운다는 것을 보고는 제발 이혼은 하지 말라고 애원을 해서 못하고 있고, 또 한 가지 이유는 제가 근무하고 있는 직장에서는 이혼을 하면 잘린다는 말을 들었기 때문에 호적정리를 안하고 있습니다. 그런데, 제가 이혼하면 좋은 남자를 만날 수 있겠습니까?

필자 : 손님 사주에는 남편이 두 명인데, 두 명 모두 나타나있지 않고, 다른 글자 속에 들어있는데, 나중에 만날 남자도 비슷합니다. (여기서, 미토(未土)속에 남자의 모습을 보면, 미토(未土)는 木의 고(庫, 나무를 보관하는 창고)이고, 비견(比肩, 친구나 형제)인 土이므로 일간(日干, 자기를 나타내는 글자)과 같은 土인데, 남자가 土 속에 들어있기 때문에 자

른 여자 속에 들어있다는 뜻과 같다.) 사주가 이런 구조가 되면, 남편이 다른 여자를 사귀고 있기 때문에 내가 남편을 독차지하기가 어렵습니다.

손님 : 그래서 그런지 남편이 하는 말이 "다른 남자들은 모두 다른 여자들을 사귀어 살고 있다면서 바람피는 것이 당연하다고 합니다. 그런데, 어떻게 부부생활을 하겠습니까?"

필자 : 손님은 五行상 火가 필요하기 때문에 교육과 인연이고, 본인이 교수라고 했는데, 어느 대학인지는 밝히기 어렵고요, 저는 영어교육과를 나와서 박사학위를 받았고, 서울 소재 모 사립 전문대학에서 학생들을 가르칩니다.

남편 사주

64	54	44	34	24	14	4		時柱	日柱	月柱	年柱
丙	丁	戊	己	庚	辛	壬	大	乙	丁	癸	丁	남
午	未	申	酉	戌	亥	子	運	巳	亥	丑	未	자

● 사주의 구조 및 핵심사항 ●

- 사주의 구조는, 늦겨울(축월, 丑月)에 자기를 나타내는 글자를 인공 火에 비유해서 해석하는 정화(丁火)로 태어나 힘이 약한데, 태어난 월의 윗 글자에 있는 계수(癸水)와 정계충(丁癸沖, 정화와 계수가 만나면 충돌함)을 하고 있어서 더욱 약하고, 사주 밑 글자에 있는 해수(亥水)와 사화(巳火)도 사해충(巳亥沖, 사화와 해수가 만나면 충돌함)을 당했으며, 미토(未土)속에 들어있는 정화(丁火)도 축토(丑土)와 충돌(축미충, 丑未沖)하여 깨졌다.

- 사주가 이렇게 약하고 깨지면 두뇌는 좋으나, 정신적으로 문제가 있기 때문에 도라이가 되기 때문에, 정신적인 치료를 받아야 하는데, 이 남자는 직업은 좋지만 정신적인 문제가 크며, 부인을 구박하는 형이라서 부부생활을 할 수가 없어서 신묘년(辛卯年) 현재 부부가 다른 곳에서 각각 살고있다.

- 부친은 회사원이었는데, 이 사주의 주인이 세 살 때 죽었다.

5. 당신은 작년부터 관재수가 생겼네요.

방배동에서 온 손님

68	58	48	38	28	18	8		時柱	日柱	月柱	年柱
己	戊	丁	丙	乙	甲	癸	大	辛	戊	壬	己	여
卯	寅	丑	子	亥	戌	酉	運	酉	辰	申	亥	자

天干 : 甲(갑) 乙(을) 丙(병) 丁(정) 戊(무) 己(기) 庚(경) 辛(신) 壬(임) 癸(계)
地支 : 子(자) 丑(축) 寅(인) 卯(묘) 辰(진) 巳(사) 午(오) 未(미) 申(신) 酉(유) 戌(술) 亥(해)

◎ 사주의 구조 및 핵심사항 ◎

- 신묘년(辛卯年) 늦여름에 옷을 잘 차려입고 온 여자 손님이다.
- 사주의 구조는, 초가을(신월, 申月)에 자기를 나타내는 글자를 근신에 비유해서 해석하는 무토(戊土)로 태어났는데, 같은 土인 기토(己土)가 도와주지만, 월상(月上, 태어난 계절의 윗 글자)에 임수(壬水)가 있고, 년지(年支, 태어난 해의 밑 글자)에 해수(亥水)가 있으며, 월지(月支, 태어난계절의 밑 글자)에 申金, 태어난 시간의 기둥에 辛酉金이 있어서 戊土의 힘을 빼서 약하므로 土가 용신이고, 金, 水가 흉신이다.

돼지띠 생(亥年生) 사주

필자 : 손님 사주를 보니까 남편 복과 돈복이 약하겠습니다. 또, 여자사주에 자식을 나타내는 글자가 많으면 많을수록 남편을 나타내는 글자가 공격을 당하여 힘을 못 쓰게 되는데, 이 사주에는 남편이 나타나 있지 않고 글자 속에 숨어있으므로 힘없는 남편이 내 남편입니다. 그래서, 손님을 기준에서 볼 때는 남편이 있어도 없는 것과 같은 남편으로, 해수(亥水)속의 갑목(甲木) 남자가 태어난 해의 윗 글자의 기토(己土)와 갑기합(甲己合, 갑목과 기토가 합을, 함)을 하므로, 처음 만난 남자는 다른 여자를 만나서 떠났겠고, 두 번째 남자는 진토(辰土) 속의 을목(乙木)인데, 신금(申金)과 유금(酉金) 속에 들어있는 경금(庚金)과 을경합(乙庚合, 을목과 경금이 만나면 합을 함)을 두 번을 해서 힘이 없는 남편이고, 바람을 필 수 있는 남편입니다.

손님 : 예, 제가 남편 복이 없는 것이 사주에 나옵니까? 실제로 남편이 능력이 없습니다.

필자 : 손님 눈에는 온통 돈이 여기저기 보이지만 그 돈이 내 돈이 아니라서 결국 모두 없애게 됩니다.

손님 : 제가 돈을 많이 벌었는데, 다 까먹었습니다.

필자 : 손님은 무슨 장사를 했습니까? (검은 돈이므로) 혹시, 물 장사를 한 것은 아닙니까?

손님 : 저는 장사를 한 게 아니고, 학교 다닐 때 경제학을 공부했기 때문에 그 인연으로 관련된 사업을 했었고, 사업을 해서 월 수천만원을 벌었습니다.

필자 : 많이 버셨네요. 운을 보니까 그 돈이 내 돈이 아니네요.

손님 : 그래서 그런지 돈이 하나도 없습니다.

필자 : 사주에서 경인년(庚寅年)은 인신충(寅申沖, 인목과 신금이 만나면 충돌함)하고, 신묘년(辛卯年)은 묘유충(卯酉沖, 묘목과 유금이 만나면 충돌)하고, 상관견관(傷官見官, 관은 상관을 가장 싫어함)하는데, 상관견관(傷官見官)하면 갖가지 흉한 일이 생기게 되고, 특히, 세운(歲運, 한 해의 운)의 인목(寅木)과 묘목(卯木)은 관성(官星, 남자문제 또는 골치아픈일)이므로, 손님은 작년(경인년, 庚寅年)부터 금년(신묘년, 辛卯年)에 남편하고 갈등이 있거나 官災(관청에 불려 갈 일)가 생길 운인데, 그 일로 오셨지요?

손님 : 관재가 뭡니까?

필자 : 경찰서 같은데 가서 조사받을 일 같은 것을 말합니다.

손님 : 사실은 제가, 사업체를 운영하면서 300억대 계주를 하다가 작년(경인년, 庚寅年)에 부도가 나서 금년(辛卯年)까지 경찰서에 조사를 받으러 다니고 있는데, 어떻게 될 것인가가 궁금해서 선생님을 찾아왔습니다.

필자 : 구속이 될 것 같습니다.

손님 : 선생님, 저는 계가 부도가 났긴 하지만 사실상 흑자 부도가 났습니다.

필자 : 흑자부도라니요, 무슨 말씀입니까?

손님 : 제가 계돈을 못낸 사람을 위해서 제 돈으로 많은 돈을 냈다는 뜻입니다. 그리고, 앞으로도 제 입장을 이해해주는 사람들이 대신해서 계돈을 내 줄 것입니다.

필자 : 서법처리문제는 경찰이나 검찰에서 판단할 문제입니다만 제가 보

기에는 사기사건으로 몰고 갈 것입니다. 그래서, 합의를 보는 것이 좋을 것 같습니다.

손님 : 제가 구속되면 얼마나 살겠습니까?

필자 : 임진년(壬辰年)은 나쁘고, 2013년부터는 계사(癸巳), 갑오(甲午), 을미년(乙未年)으로 흐르므로 좋기 때문에 제가 정확히는 모릅니다만 임진년(壬辰年) 말까지 1년 이상은 살 것 같습니다.

- 여기서, 래정법을 접고 사주원국을 분석해보자. 과연 이 여인이 300억 대를 주무를 수 있는 자격이 있는가를 .

- 이 사주는 재다신약(財多身弱, 돈 글자가 너무 많아서 자신의 힘이 약해졌다는 뜻) 사주라서 한마디로 큰 돈을 만질 수 없는 사람이다. 또, 본인은 사업을 해서 월 3천만원을 벌었다고 하지만, 불법적인 사업을 했기 때문에 월 3천만원씩을 벌었다는 것은 확인할 수 없으나 가능했을 것으로 본다. 왜냐하면, 토금상관격(土金傷官格, 사주의 격 이름)으로 수완은 좋은 사람임에 틀림없고, 水가 돈인데, 水는 검은색이므로 검은 돈을 만지는 것이 맞기 때문에 검은 사업이 맞다.

- 대게, 같은 돈이라도 火에 해당하는 돈이라면 체면을 생각해 가면서 돈을 버는 경향이 있고, 반대로 水의 돈은 검은색이므로 사채업이나 오락실업 같은 해서 검은 돈이든 뭐든 돈만 벌면 된다는 심리를 갖게 된다.

6. 41세 여인의 고민은?

구로구에서 온 손님

80	70	60	50	40	30	20	10	4		時柱	日柱	月柱	年柱
甲	癸	壬	辛	庚	己	戊	丁	大		乙	乙	丙	辛	여
辰	卯	寅	丑	子	亥	戌	酉	運		酉	丑	申	亥	자

天干 : 甲(갑) 乙(을) 丙(병) 丁(정) 戊(무) 己(기) 庚(경) 辛(신) 壬(임) 癸(계)
地支 : 子(자) 丑(축) 寅(인) 卯(묘) 辰(진) 巳(사) 午(오) 未(미) 申(신) 酉(유) 戌(술) 亥(해)

● 사주의 구조 및 핵심사항 ●

- 신묘년(辛卯年)에 한가을에 온 여자다.
- 이 사주의 구조는, 초가을(신월, 申月)에 자기를 나타내는 글자를 꽃나무에 비유해서 해석하는 을목(乙木)으로 태어났는데, 자신의 힘이 약하나 태어난 계절(월령, 月令)이 초가을로 차거워지기 시작한 계절인데, 金과 水의 기운이 강해서 더욱 차기 때문에 火가 약용신이며, 金이 病이고, 水도 흉신이다.
- 여기서, 이 사주가 약한 사주임에 틀림이 없기 때문에 혹자들은 水가 용신이라고 할 것이다. 그러나, 이 사주의 용신은 분명히 火다. 따라서, 무술(戊戌)대운 결혼하기 전이 좋았다고 한다.

필자 : 손님은 작년(경인년, 庚寅年)부터 남편과 갈등이 심해져서 금년(신묘년, 辛卯年)에 더 심해졌지요?

손님 : 네, 맞습니다.

필자 : 손님은 결혼하기 전에는 좋았는데, 결혼을 하고부터는 즐겁지 않았겠습니다.

손님 : 네, 맞습니다. 왜 그렇습니까?

필자 : 손님의 사주가 金과 水의 성분이 많아서 냉한데, 20대에서 10년간 운에서 따뜻하게 해줬기 때문에 운이 좋았던 것입니다. 따라서, 결혼을 하고부터는 水운이 와서 안좋았습니다. 火를 용신으로 쓰므로 손님은 말하는 직업과 인연인데, 결혼하기 전에 무슨 일을 하셨으며, 지금도 일을 하고 계시나요?

손님 : 결혼하기 전에는 기간제 교사로 근무를 하다가 결혼을 하고부터는 그만두고 지금은 살림만 하고 있는 주부입니다.

필자 : 손님은 사주에 남편을 나타내는 글자가 3개나 있어서 나쁜 기능

을 하기 때문에 남편 덕이 없는 팔자인데, 몇살 때 결혼했나요?

손님 : 28살(무인년, 戊寅年)에 결혼했습니다.

필자 : 손님은 결혼생활이 고달프실텐데 어떠하십니까?

손님 : 선생님, 남편 때문에 스트레스를 많이 받습니다.

필자 : 그러면, 남편사주를 보면서 이야기합니다.

남편사주

69	59	49	39	29	19	9		時柱	日柱	月柱	年柱
辛	壬	癸	甲	乙	丙	丁	大	甲	戊	戊	己	남
酉	戌	亥	子	丑	寅	卯	運	寅	寅	辰	酉	자

🌀 사주의 구조 및 핵심사항 🌀

— 이 사주의 구조는, 늦봄(진월, 辰月)에 자기를 나타내는 글자를 큰 산에 비유해서 해석하는 무토(戊土)로 태어났는데, 자신의 힘이 강한 듯하지만 진유합(辰酉合, 진토와 유금이 합)이 되고, 인진반목국(寅辰半木局, 인목과 진토가 합을 해서

절반의 나무다발이 됨)을 이루어 약하므로, 비겁(比劫, 친구와 형제 등)인 土가 용신이고, 火가 길신이며, 木이 많아서 病이므로 金은 약신이다.

필자 : 손님의 남편 사주를 보니까 봄 산이 면적은 작은데 너무 많은 나무를 기르고 있어서 힘이 듭니다. 운에서도 水운이 와서 나무에 물을 주고 있기 때문에 더욱 木이 자라서 土를 공격하므로 스트레스가 심합니다. 사주가 이렇게 되면, 성격이 예민하고 이루지못할 꿈을 꾸는, 다시 말해서 망상에 젖어있게 됩니다.

손님 : 그래서 그런지 남편이 지금 살고 있는 구로구에 있는 집을 팔고 경기도 성남으로 이사를 가자고 합니다. 아이가 초등학교에 다니는데, 그 아이를 날마다 저보고 지금 다니고 있는 서울 학교에 통학을 시키라고 합니다. 그게 말이나 됩니까?

필자 : 그것 보세요? 그 생각 자체가 불합리한 생각으로 망상입니다. 남편을 잘 설득하세요.

손님 : 그리고, 제 남편이 승진도 안되고, 해외지사 발령도 캔슬되었습니다. 언제 좋은 일이 있겠습니까?

필자 : 신묘년(辛卯年)은 병(病)운이고, 금년운에서 오는 묘목(卯木)과 원국(元局, 사주 8글자를 말함)에 있는 유금(酉金)이 충돌을 하므로, 금년은 안되겠고, 빨라도 내년(임진년, 壬辰年)은 진유합(辰酉合, 진토와 유금이 합을 함)되어 병(病)을 치유하게 되므로 내년은 되어야 겠습니다. 사주 원국(元局, 사주 틀)에 편관(編官, 자신을 공격하는 인자)인 갑목(甲木)이 있는 상태에서 신묘년(辛卯年)에 상관(傷官, 여기서 상관은 남편을 공격하는 인자)인 신금(辛金)이 와서 상관견관(傷官見官, 상관은 남편을 공격하므로 나쁨)하므로, 지금 남편운은 승진이나 영전이 문제가 아니고, 회사를 다니기가 싫을 것입니다.

손님 : 한 때 그런적이 있었습니다.

필자 : 관(官, 직업을 의미)이 병(病)이므로 남편의 직업은 직장생활이 맞지만, 그 직장은 자기 마음에 안들거나 월급이 적거나, 직책이 낮거나 해서 불만이 많은 직장이 자기 직장입니다. 남편은 무슨 직업을 가졌습니까?

손님 : 남편은 재수를 해서 지방대학에 들어가 수학을 전공했으며, 현재 반도체회사에서 전산관련 일을 하고 있는데, 직장에 불만이 많습니다.

필자 : 그런데, 묘신귀문살(卯申鬼門殺, 귀문살은 주로 정신적인 나쁜 작용을 함)이 작동하므로 금년운이 손님한테는 우울증이 생기는 운입니다. 집에만 있지말고 시간 날 때마다 산이라도 가서 운동을 하세요?

손님 : 그렇지 않아도 이미 우울증이 왔습니다. 저의 돈 복은 어떻습니까?

필자 : 남편운이나 손님의 운을 볼 때 돈 복이 많지 않습니다. 평범하게 살 팔자입니다. 그러나, 말년운이 좋기 때문에 편안한 노후를 보내게 될 것입니다.

손님 : 제 자식운은 어떻습니까?

필자 : 자식을 나타내는 상관(傷官, 자식 글자로도 쓰임)이 용신이므로 손님 사주에는 자식을 남편삼아 사는 팔자라서 자식 덕이 있습니다.

7. 41세 동생은 辛卯年에 무슨 일일이 궁금한가?

영등포에서 온 손님

61	51	41	31	21	11	1		時柱	日柱	月柱	年柱
甲	癸	壬	辛	庚	己	戊	大	丙	癸	丁	辛	여
辰	卯	寅	丑	子	亥	戌	運	辰	亥	酉	亥	자

天干: 甲(갑) 乙(을) 丙(병) 丁(정) 戊(무) 己(기) 庚(경) 辛(신) 壬(임) 癸(계)
地支: 子(자) 丑(축) 寅(인) 卯(묘) 辰(진) 巳(사) 午(오) 未(미) 申(신) 酉(유) 戌(술) 亥(해)

🌀 **사주의 구조 및 핵심사항** 🌀

- 신묘년(辛卯年) 한가을에 언니와 함께 온 여자다.
- 이 사주의 구조는, 한가을(유월, 酉月)에 자기를 나타내는 글자를 빗물에 비유해서 해석하는 계수(癸水)로 태어났는데, 비겁(比劫, 친구나 형제)인 水가 많고, 金도 많아서 힘이 너무 강한 사주이므로 火가 용신이며, 水가 병신(病神)이다.
- 가을은 곡식이 익는 계절이고, 또, 거둔 곡식을 말리는 계절이기 때문에 날씨가 청명하고 火가 충분해야 좋은데, 이 사주는 가을 장마가 진 것과 같은 형상이라서 운이 나쁘고, 일지(日支) 남편궁에 병신(病神, 가장 나쁘게 작용)이 앉아 있다.

필자 : 신묘년(辛卯年)에 신금(辛金)은 인수(印綬, 문서를 나타내는 글자)이고, 묘목(卯木)은 식상(食傷, 진로를 나타내는 글자)이므로 손님은 문서 줄 일이 있습니까 아니면 무슨 일을 해 보실려고 합니까?

손님 : 예, 집을 신축해볼까도 하고요, 남편이 곧 직장에서 퇴직을 하게 될 것 같아서 무슨 일을 해야하나 해서 왔습니다.

필자 : 손님 사주에는 돈이 많지 않습니다. 강하고 돈 글자인 정화(丁火)를 자신을 나타내는 계수(癸水)가 정계충(丁癸沖)으로 끄고, 대운이 좋지 않았으므로 돈을 많이 만질 기회도 없었을 것이고, 사주에 돈도 많지 않습니다. 또, 손님의 성격은 자아가 강해서 남의 말에 휘둘리는 성격이 아니 고, 자기 색깔이 확실합니다. (자신의 힘이 강하므로)

손님 : 같이 온 언니와 함께 파안대소하면서 큰 소리로 웃으면서 "맞습니다."하면서 맞장구를 쳤다.

필자 : 일지(日支) 남편궁이 병신(病神, 가장 나쁘게 작용)이고, 진토(辰土) 남편과 진해원진살(辰亥怨嗔殺, 진토와 해수가 만나면 원망 하고 미워함)이므로, 손님은 남편과 사이가 별로 안좋을 것인데, 어떻습니까?

손님: 40세 전까지는 많이 싸웠습니다. (대운이 나빠서)

필자: 손님의 남편은 무슨 일을 합니까?

손님: 직업군인입니다.

필자: 내년(임진년, 壬辰年)의 세운(歲運, 한해의 운)이 남편과 진해원진살(辰亥怨辰殺, 서로 미워하고 원망하는 살)이 형성되므로 남편한테 내년에 좋지 않은 일이 생길 것 같습니다.

손님: 남편이 진급이 완돼서 내년이나 내후년에 퇴직을 할 것 같습니다.

필자: 아, 그래서 무슨 일을 해보려고 하는 거군요?

손님: 그렇습니다. 남편이 직장에서 퇴직하면 새로운 일을 해야 하는데, 만약, 잘 안 되면 저라도 나서서 일을 해야 하니까요? 무슨 일을 하면 좋겠습니까?

필자: 지금 일을 한다면 장사밖에 더 있겠습니까? 장사를 한번 해보세요. 언니하고 같이 해보는 것도 괜찮겠습니다.

손님 : 어묵장사를 해보면 어떻겠습니까?

필자 : 손님은 사주에 돈이 많지 않고, 그 동안 돈도 많이 벌지못했을 것이기 때문에 시장부근이나 버스 정류장 부근에 조그맣게 가게를 내서 같이 해보는 것도 괜찮겠습니다.
손님은 올해 신수에 문서문제가 있는데, 무슨 문서문제입니까?

손님 : 제가, 언니하고 집을 한 채 공동소유하고 있는데, 그 집을 새로 지어볼까 계획하고 있습니다. 언제 지으면 좋겠습니까?

필자 : 손님의 용신이 火이므로, 내 후년에 지으면 좋겠습니다만 언니운도 참고해야 하니까 내년 말이나 내 후년 초가 좋겠습니다.

손님 : 알겠습니다. 그렇지 않아도 지금 살고 있는 세입자가 내년 말이나 비워줄 것 같습니다. 그 사람들이 비워줘야 집을 짓겠지요. 이제부터는 제 남편 사주 좀 봐주세요?

남편 사주

62	52	42	32	22	12	2		時柱	日柱	月柱	年柱	
壬	癸	甲	乙	丙	丁	戊	大	辛	丙	己	己	남
戌	亥	子	丑	寅	卯	辰	運	卯	戌	巳	酉	자

● 사주의 구조 및 핵심사항 ●

- 이 사주의 구조는, 초여름(사월, 巳月)에 자기를 나타내는 글자를 태양 火에 비유해서 해석하는 병화(丙火)로 태어났는데, 시지(時支, 태어난 시간의 밑 글자)에 묘목(卯木)이 있고, 일지(日支, 자기 밑 글자)에 술토(戌土)가 있어서 언뜻 보면 강해 보이지만, 자세히 보면, 日干(자신을 의미) 丙火는 辛金과 丙辛合을 했고, 태어난 年과, 月의 윗 글자에 있는 기토(己土)가 힘을 빼고 있으며, 태어난 年의 밑 글자에 있는 유금(年支 酉金)과 태어난 月의 밑 글자에 있는 사화(月支 巳火)가 사유금국(巳酉金局, 사화와 유금이 합하여 쇳덩이가 됨)을 해서 약한 사주다. 그래서, 火가 용신이고, 木이 길신이며, 金과 土는 흉신이다.

- 이런 구조의 사주가 용신을 잡는데, 헷갈리는 사주다.

- 초년 운이 좋아서 ROTC 장교 생활을 했으며, 32 乙丑대운부터 나빠져서 더 이상 진급이 안되므로 임진년(壬辰年)에 퇴직할 예정이다.

8. 남편과 애인중 어느 남자를 택할까요?

종로구에 사는 손님

66	56	46	36	26	16	6		時柱	日柱	月柱	年柱
甲	癸	壬	辛	庚	己	戊	大	甲	甲	丁	己	여
申	未	午	巳	辰	卯	寅	運	戌	辰	丑	亥	자

天干 : 甲(갑) 乙(을) 丙(병) 丁(정) 戊(무) 己(기) 庚(경) 辛(신) 壬(임) 癸(계)
地支 : 子(자) 丑(축) 寅(인) 卯(묘) 辰(진) 巳(사) 午(오) 未(미) 申(신) 酉(유) 戌(술) 亥(해)

◉ 사주의 구조 및 핵심사항 ◉

- 신묘년(辛卯年) 초겨울에 온 여자로, 남편과 애인중 어느 남자를 택할까 고민이 되어 왔다고 했다.
- 이 사주의 구조는, 늦겨울(축월, 丑月)에 자기를 나타내는 글자를 큰 나무에 비유해서 해석하는 갑목(甲木)으로 태어났는데, 자신의 힘이 약하지만 추운계절이기 때문에 따뜻하게 해주는 火가 용신이고, 水가 병신(病神)이며, 습토(濕土, 습기를 가진 토)는 흉신이고, 乾土는 길신이다.

- 이 여자의 관성(官星)인 남자는 축토(丑土)속에 들어있는 신금(辛金)이

고, 술토(戌土)속에도 신금(辛金)이 들어있어서 두 남자와 인연인데, 진술충(辰戌沖, 진토와 술토가 만나면 충돌함)되어 부부궁이 깨졌으므로 재혼하거나 애인두고 살팔자다.

필자 : 손님사주는 남자가 두 명이라서 두 남자와 인연이고, 더군다나 부부궁이 깨져있기 때문에 더욱 확실합니다. 맞습니까?

손님 : 남편과 그동안 잘 지내왔었는데, 제가 작년(경인년, 庚寅年)에 뇌출혈이 있어서 수술을 한 후부터 남편과 섹스를 해도 아무 재미가 없습니다.

필자 : 손님은 몇 살 때 결혼을 했나요?

손님 : 21살 때 결혼을 했고, 22살에 첫 애를 낳았습니다.

필자 : 자식을 몇 명을 두었나요?

손님 : 남매를 두었는데, 모두 결혼을 시켰습니다.

필자 : 손님 사주를 보면 가깝게는 06 병술년(丙戌年)에 남편궁에 있는 진

토(辰土)와 그해의 운에서 온 술토(戌土)가 충돌(진술충, 辰戌沖)으로 부부궁이 깨졌는데, 실제는 어떻했습니까?

손님 : 그 때는 크게 문제가 없었습니다.

필자 : 그러면, 언제부터 남편과 갈등이 있었습니까?

손님 : 재작년(기축년, 己丑年)까지는 큰 문제가 없었는데, 작년(경인년, 庚寅年)에 제가 뇌출혈로 수술을 받고 난후 남편과 섹스를 해보니까 아무 재미가 없어졌습니다. 그런데, 약 7년 전부터 알고만 지내오던 나이 어린 남자가 하나 있었는데, 이 남자하고도 섹스를 하면 재미가 없나 싶어서 섹스를 해봤더니 재미가 있었고, 아픈 것도 전혀 없어지는 것 같았는데, 상대 남자도 저와 똑같은 감정을 갖고 있어서 요즘은 더욱 가깝게 지내고 있습니다.

필자 : 그동안 그 남자와 애인관계였습니까?

손님 : 지금까지는 그냥 알고만 지내오던 사이였는데, 작년(경인년, 庚寅年)에 처음으로 성관계를 했습니다.

필자 : 사주에는 그 사람이 임자가 있었던 사람이었는데요?

손님 : 예, 결혼을 하긴 했는데, 호적은 안올린 상태에서 헤어졌기 때문에 서류상은 총각입니다.

필자 : 남편이 손님(본인)한테 안좋게 대해주나요?

손님 : 아닙니다. 남편도 저한테 무척 잘해줍니다만 남자친구가 더 좋습니다.

필자 : 남편하고의 섹스 관계는 지금도 재미없나요?

손님 : 지금은 남편하고의 섹스도 재미있지만 남자친구하고의 섹스가 더 재미있습니다.

필자 : 손님사주에는 26세부터 35세 사이에 부부궁이 辰戌沖으로 충돌이 생겼었는데, 아무 일도 없었나요?

손님 : 25세경에 시어머니 때문에 한 때 집을 나갔던 적이 있었습니다.

필자 : 손님은 내년(임진년, 壬辰年)만 잘 지내면 좋아질 것이니까 내년을 잘 참아 내세요.

손님 : 그렇습니까?

필자 : 손님은 30대 후반이후부터 쭉 잘 살아오셨네요?

손님 : 예, 그냥, 잘 살아왔습니다.

필자 : 손님은 남편하고 이혼을 할 특별한 사유가 있나요?

손님 : 특별한 사유는 없고, 그냥 남자친구가 좋습니다.

필자 : 손님은 남편과 애인중 누구를 선택하려고 합니까? 두 사람 모두 잘해줍니다만 애인이 더 좋기 때문에 그 남자와 혹시 궁합이 잘 맞나 싶어서 왔습니다.

남편 사주

61	51	41	31	21	11	1		時柱	日柱	月柱	年柱
癸	甲	乙	丙	丁	戊	己	大	己	甲	庚	丁	남
卯	辰	巳	午	未	申	酉	運	巳	寅	戌	酉	자

● 사주의 구조 및 핵심사항 ●

- 이 사주의 구조는, 늦가을(술월, 戌月)에 자기를 나타내는 글자를 큰나무에 비유해서 해석하는 甲木으로 태어났는데, 자신의 힘이 약하므로 도와주는 木이 용신이고, 金이 病이라서 火가 약신이며, 습토(濕土)는 흉신이고, 건토(乾土)는 길신이다.

- 초년 대운이 나빴으며, 21대운부터 火運이었으므로 좋았으나, 51 갑진(甲辰)대운에 습토(濕土, 습한 토)인 진토(辰土)가 등장해서 진술충(辰戌沖)을 하고, 火氣를 흡수하므로 나빠졌는데, 특히, 2012년 임진년(壬辰年)이 나쁘다.

남자친구(애인) 사주

64	54	44	34	24	14	4		時柱	日柱	月柱	年柱
己	戊	丁	丙	乙	甲	癸	大	○	丙	壬	壬	남
未	午	巳	辰	卯	寅	丑	運	○	申	子	寅	자

● 사주의 구조 및 핵심사항 ●

- 이 사주의 구조는, 한겨울(子月)에 자기를 나타내는 글자를 태양 火에 비유해서 해석하는 丙火로 태어났는데, 자신의 힘이 약하고, 추우므로 비겁(친구나 형제)인 火가 용신이고, 木이 길신이며, 水가 병신(病神)이고, 金이 흉신이다.

- 자식을 나타내는 관성(官星)인 子水가 병(病)이므로 자식이 없거나, 아들을 두면 더 어렵다.

- 태어난 年의 밑 글자인 인목(年支 寅木)과 자기의 밑 글자이면서 배우자궁인 신금(申金)이 충돌(인신충, 寅申沖)을 하고 있어서 부부관계가 나쁘다.

- 운의 흐름은 좋다.

9. 官이 흉신이므로 官運이 없다.

분당에서 온 손님

62	52	42	32	22	12	2		時柱	日柱	月柱	年柱	
壬	辛	庚	己	戊	丁	丙	大	乙	戊	乙	己	여
午	巳	辰	卯	寅	丑	子	運	卯	午	亥	亥	자

天干 : 甲(갑) 乙(을) 丙(병) 丁(정) 戊(무) 己(기) 庚(경) 辛(신) 壬(임) 癸(계)
地支 : 子(자) 丑(축) 寅(인) 卯(묘) 辰(진) 巳(사) 午(오) 未(미) 申(신) 酉(유) 戌(술) 亥(해)

☯ 사주의 구조 및 핵심사항 ☯

- 신묘년(辛卯年) 늦겨울에 온 여자 사주다.
- 사주의 구조는, 초겨울(해월, 亥月)에 자기를 나타내는 글자를 큰 산에 비유해서 해석하는 무토(戊土)로 태어났는데, 자신의 힘이 약하므로 도와주는 火가 용신이고, 무토(戊土)가 길신이며, 木이 病이고, 水가 흉신이고, 운에서 오는 金이 약신이다.
- 사주 밑 글자에는 해해자형(亥亥自刑, 해수와 해수가 만나면 서로 상처를 줌)이 있다.

돼지띠 생(亥年生) 사주 451

필자 : 손님은 몇 시에 태어났습니까?

손님 : 엄마가 그러시는데, 저를 낳고 한 참 있으니까 날이 환하게 밝았다고 합니다.

필자 : 그 당시의 일출시간이 07:33분이었는데, 일출시간 전으로 봐야하니까 묘시(卯時, 05:30~07:30)로 봐야겠습니다. 사주가 이렇게되면, 처음 만난 남자와는 인연이 멀고, 두 번째 만난 남자와 인연인데, 지금의 남편과 결혼하기 전에 헤어진 남자는 있습니까?

손님 : 지금 남편과 결혼하기 전에 결혼을 하려고 했던 남자가 있었는데, 집안의 반대로 결혼하지 못하고, 지금의 남편을 만나서 결혼했습니다.

필자 : 지금의 남편을 나타내는 시주(時柱, 태어난 시간)에 있는 을묘목(乙卯木)은 성격이 부드럽고, 튼튼하면서 능력이 있는 남편이고, 일지(日支)이 용신이므로 남편의 외조가 좋겠네요?

손님 : 예, 공무원으로 근무를 하고 있는데, 자기가 잘났다고 생각하고 있고, 저한테 잘해줍니다.

필자 : 손님은 일반직장인이나 의료계통에 인연이 있겠는데, 직업을 갖고 계십니까?

손님 : 보건분야에 근무를 하다가 丁亥년(경진(庚辰)대운, 49세)에 그만두고 쉬고 있다.

필자 : 손님은 말년이 좋은 사주입니다. 우리 딸 사주를 봐주세요.

딸 사주

63	53	43	33	23	13	3		時柱	日柱	月柱	年柱
庚	辛	壬	癸	甲	乙	丙	大	辛	己	丁	甲
申	酉	戌	亥	子	丑	寅	運	未	亥	卯	戌

● **사주의 구조 및 핵심사항** ●

- 신묘년(辛卯年)에 엄마가 가지고 온 여자 사주로, 사주의 구조는, 중춘(묘월, 卯月)에 자기를 나타내는 글자를 야산의 흙에 비유해서 해석하는 기토(己土)로 태어났는데, 자신의 힘이 약하므로 火가 용신이고, 土가 길신이며, 木이 병이고, 水가 흉신이며, 金은 약신이다.
- 사주 밑 글자에는 해묘미목국(亥卯未木局, 해수, 묘목, 미토가 만나면 나무 다발을 만듬)이 있으나, 木은 관성(官星)으로 남자를 나타내는데, 아직 어리기 때문

에 남자문제는 나타나지 않았으나, 이런 구조가 되면, 나중에 재혼하기 쉬우며, 남편 덕을 볼 수 없기 때문에 본인이 벌어서 먹고 살아야 하며, 성격이 예민하게 나타난다.

필자 : 이 아이는 평소에는 얌전합니다만 관살(官殺, 자신을 공격하는 인자)이 너무 많아서 성격이 예민하겠습니다.

손님 : 좀 예민합니다. 우리 딸은 진로를 어디로 선택하는 것이 좋겠습니까?

필자 : 이 아이는 인성(印星, 어머니, 또는 교육인자와 같은 성분)을 쓰므로 교육계통이나, 의료계통으로 가면 좋겠습니다. 왜냐하면, 이 사주에 의료와 관련한 인연인 글자가 5개나 있기 때문입니다. 딸은 어떤 공부를 하고 싶어하던가요?

손님 : 그렇지 않아도 본인이 의대를 가려고 합니다.

필자 : 밀어주세요. 인연에 맞습니다. 그런데, 올해가 3학년인데, 올해의 운이 만족스럽지를 못합니다. 또, 이 아이는 중학교 때인 정해(丁亥), 무자(戊子), 己丑年에 용신의 반대성분이 왔으므로 공부를 안 했겠고, 고등학교 들어가서 2010년(경인년, 庚寅年)부터 철이 들었

으니까 공부를 하기 시작했겠네요.

손님 : 맞습니다. 고 1때부터 공부를 하기 시작했습니다.

필자 : 이 아이는 나중에 남편 덕이 없기 때문에 자기가 벌어서 먹고 살아야 하므로 수입이 확실한 안정된 직업을 가져야 합니다. 그래서, 의사가 되면 더욱 좋겠습니다.

부록. 각종 도표

1. 용어 해설
2. 出生 干支 照見表(출생간지 조견표)
3. 出生時間 早見表(출생시간 조견표)
4. 육친(六親)관계
5. 절기 및 일출과 일몰
6. 12운성 조견표
7. 썸머타임(일광 절약 시간제)일람표
8. 공망(空亡)표
9. 많이 쓰는 신살(神殺)
10. 12신살 조견표
11. 현행 표준시와 지방의 시차표
12. 12띠와 계절의 변화
13. 오행의 상생 및 상극

1. 용어설명

- **용신** : 사주에서 가장 필요하게 작용하는 인자.

- **길신** : 사주에서 좋게 작용하는 인자.

- **병신** : 사주에서 가장 나쁘게 작용하는 인자.

- **약신** : 사주에서 병을 치유해서 좋게 작용하는 인자.

- **흉신** : 사주에서 나쁘게 작용하는 인자.

- **약길신** : 약신과 길신을 겸하는 인자.

- **여명(女命)** : 여자를 의미함.

- **남명(男命)** : 남자를 의미함.

- **대운(大運)** : 10년간씩 보는 운으로, 현재 년령 대의 숫자를 적색으로 표시했음.

- **계절(季節)** : 사주학에서는 입춘일(立春日)이 1월 1일임.

    寅(초봄), 卯(중봄), 辰(늦봄),
    巳(초여름), 午(한여름), 未(늦가을),
    申(초가을), 酉(한가을), 戌(늦가을),
    亥(초겨울), 子(한겨울), 丑(늦겨울)

2. 出生 干支 照見表

甲年生	乙年生	丙年生	丁年生	戊年生	己年生	庚年生	申年生	壬年生	癸年生
1914 甲寅	15 乙卯	16 丙辰	17 丁巳	18 戊午	19 己未	20 庚申	21 辛酉	22 壬戌	23 癸亥
24 甲子	25 乙丑	26 丙寅	27 丁卯	28 戊辰	29 己巳	30 庚午	31 辛未	32 壬申	33 癸酉
34 甲戌	35 乙亥	36 丙子	37 丁丑	38 戊寅	39 己卯	40 庚辰	41 辛巳	42 壬午	43 癸未
44 甲申	45 乙酉	46 丙戌	47 丁亥	48 戊子	49 己丑	50 庚寅	51 辛卯	52 壬辰	53 癸巳
54 甲午	55 乙未	56 丙申	57 丁酉	58 戊戌	59 己亥	60 庚子	61 辛丑	62 壬寅	63 癸卯
64 甲辰	65 乙巳	66 丙午	67 丁未	68 戊申	69 己酉	70 庚戌	71 辛亥	72 壬子	73 癸丑
74 甲寅	75 乙卯	76 丙辰	77 丁巳	78 戊午	79 己未	80 庚申	81 辛酉	82 壬戌	83 癸亥
84 甲子	85 乙丑	86 丙寅	87 丁卯	88 戊辰	89 己巳	90 庚午	91 辛未	92 壬申	93 癸酉
94 甲戌	95 乙亥	96 丙子	97 丁丑	98 戊寅	99 己卯	2000 庚辰	2001 辛巳	2002 壬午	2003 癸未
2004 甲申	2005 乙酉	2006 丙戌	2007 丁亥	2008 戊子	2009 己丑	2010 庚寅	2011 辛卯	2012 壬辰	2013 癸巳
2014 甲午	2015 乙未	2016 丙申	2017 丁酉	2018 戊戌	2019 己亥	2010 庚子	2021 辛丑	2022 壬寅	2013 癸卯
2024 甲辰	2025 乙巳	2026 丙午	2027 丁未	2028 戊申	2029 己酉	2030 庚戌	2031 辛亥	2032 壬子	2033 癸丑

3. 出生時間 早見表

		甲己日	乙庚日	丙辛日	丁壬日	戊癸日
子 時	전일 11:30 오전 1:30	甲子	丙子	戊子	庚子	壬子
丑 時	1:30 3:30	乙丑	丁丑	己丑	辛丑	癸丑
寅 時	3:30 5:30	丙寅	戊寅	庚寅	壬寅	甲寅
卯 時	오 전 5:30 7:30	丁卯	己卯	辛卯	癸卯	乙卯
辰 時	7:30 9:30	戊辰	庚辰	壬辰	甲辰	丙辰
巳 時	9:30 11:30	己巳	辛巳	癸巳	乙巳	丁巳
午 時	오전 11:30 오후 1:30	庚午	壬午	甲午	丙午	戊午
未 時	1:30 3:30	辛未	癸未	乙未	丁未	己未
申 時	3:30 5:30	壬申	甲申	丙申	戊申	庚申
酉 時	오 후 5:30 7:30	癸酉	乙酉	丁酉	己酉	辛酉
戌 時	7:30 9:30	甲戌	丙戌	戊戌	庚戌	壬戌
亥 時	9:30 11:30	乙亥	丁亥	己亥	辛亥	癸亥

4. 六親 關係

	남 자	여 자
比肩	형제	형제. 남편의 첩
劫財	이복형제. 며느리	시아버지. 이복형제. 남편의 첩
食神	할머니. 증조부. 장인. 사위. 장모	할머니. 딸
傷官	할머니. 장모. 손자.	아들. 손녀
正財	처. 고모. 처제. 의붓아버지	고모. 외손자.
偏財	아버지. 첩. 애인.	아버지. 시어머니. 외손녀. (시댁)
正官	딸. 고조부.	남편. 아들의 첩
偏官	아들. 고조부. 조상. 외할머니	며느리. 애인. 남편형제. 외할머니.
正印	어머니. 장인	어머니. 사위. (친정).
偏印	계모. 이모. 父의 첩. 할아버지.	할아버지. 父의 첩. 이모.

5. 절기 및 일출과 일몰

24절기		계절	음력	양력	일출 시각	일몰 시각
입춘	봄이 시작	봄	1월 절	2월 3, 4, 5	7:33	17:58
우수	비가 내림		1월 중	2월 18,19,20	7:17	18:15
경칩	개구리 나옴		2월 절	3월 5, 6	6:57	18:30
춘분	봄의 분기점		2월 중	3월 20,21,22	6:35	18:44
청명	날씨가 맑음		3월 절	4월 4, 5	6:13	18:58
곡우	곡식에 좋은 비		3월 중	4월 20, 21	5:51	19:11
입하	여름이 시작	여름	4월 절	5월 5, 6	5:52	19:26
소만	보리알이 굵어짐		4월 중	5월 21,22, 23	5:19	19:39
망종	보리베는 시기		5월 절	6월 5, 6	5:11	19:50
하지	여름 분기점		5월 중	6월 21,22,23	5:11	19:56
소서	점점 더워짐		6월 절	7월 6, 7, 8	5:17	19:56
대서	매우더운절기		6월 중	7월 22, 23	5:28	19:48
입추	가을이 시작	가을	7월 절	8월 7, 8	5:41	19:33
처서	더위가 물러감		7월 중	8월 22, 23	5:44	19:55
백로	흰이슬이 내림		8월 절	9월 7, 8,	6:07	18:52
추분	가을의 분기점		8월 중	9월 22,24,24	6:20	18:29
한로	찬이슬이 내림		9월 절	10월 7, 8, 9	6:33	18:06
상강	서리가 내림		9월 중	10월 23, 24	6:48	17:44
입동	겨울이 시작	겨울	10월 절	11월 7, 8	7:03	17:27
소설	눈이 조금 옴		10월 중	11월 22, 23	7:18	17:17
대설	눈이 많이 옴		11월 절	12월 6, 7	7:33	17:13
동지	가을의 분기점		11월 중	12월 21,22,23	7:43	17:17
소한	조금추운절기		12월 절	1월 5, 6, 7	7:47	17:28
대한	매우추운절기		12월 중	1월 20, 21	7:44	17:42

6. 十二運星 早見表

	長生	沐浴	冠帶	建祿	帝王	衰	病	死	墓	絕	胎	養
甲 (亥卯未)	亥	子	丑	寅	卯	辰	巳	午	未	申	酉	戌
乙 (午寅戌)	午	巳	辰	卯	寅	丑	子	亥	戌	酉	申	未
丙戊 (寅午戌)	寅	卯	辰	巳	午	未	申	酉	戌	亥	子	丑
丁己 (酉巳丑)	酉	申	未	午	巳	辰	卯	寅	丑	子	亥	戌
庚 (巳酉丑)	巳	午	未	申	酉	戌	亥	子	丑	寅	卯	辰
辛 (子申辰)	子	亥	戌	酉	申	未	午	巳	辰	卯	寅	丑
壬 (申子辰)	申	酉	戌	亥	子	丑	寅	卯	辰	巳	午	未
癸 (卯亥未)	卯	寅	丑	子	亥	戌	酉	申	未	午	巳	辰

亥甲, 乙午, 丙寅, 庚巳, 壬申, 癸卯, 辛子, 酉, 戊寅
해갑으로(을오) 병인이 경사라서 임신한 계묘, 신자가 유정터라

계절별 포태 암기법: 앞 계절 = 생, 욕, 대
　　　　　　　　　자기계절 = 녹, 왕, 쇠
　　　　　　　　　다음계절 = 병, 사, 묘
　　　　　　　　　반대계절 = 절, 태, 양

7. 썸머타임(일광 절약 시간제)일람표

년도	구 분	기 간	내 용
48	썸머타임	5.31–9.12	0시를 1시로 1시간 앞당겨 사용
49	〃	4.1–9.23	〃
50	〃	〃	〃
51	〃	5. 6–9.8	〃
54	시간변경	3. 21–	낮 12 : 30을 12시로 조정 사용
55	썸머타임	5.20–9.29	0시를 1시로 1시간 앞당겨 사용
57	〃	5.5.–9.21	〃
58	〃	〃	〃
59	〃	5. 4–9.19	〃
60	〃	5.1–9.17	〃
61	시간조정	8.10부터 낮 12시를 12 ; 30분으로 30분 앞 당겨 사용	
87	썸머타임	5.10 오전 1시를 2시로 맞춰 10.11 오전 1시까지 앞당겨 사용	
88	〃	5. 8 오전 1시를 2시로 맞춰 10.9 오전 1시까지 앞당겨 사용	

8. 空亡표

空은 부실하고 亡은 부존재라는 뜻으로, 사주에 공망이 있으면 그 오행이 무력하게 된다는 의미이며, 고질병에 걸리거나 인덕이 좋지 않은 것을 의미한다. 사주에 空亡이 두 개 이상 있으면 더욱더 그 작용이 강하게 나타난다고 한다.

日干에 따른 空亡표									空亡
甲子	乙丑	丙寅	丁卯	戊辰	己巳	庚午	辛未	壬申	癸酉	戌亥
甲戌	乙亥	丙子	丁丑	戊寅	己卯	庚辰	辛巳	壬午	癸未	申酉
甲申	乙酉	丙戌	丁亥	戊子	己丑	庚寅	辛卯	壬辰	癸巳	午未
甲午	乙未	丙申	丁酉	戊戌	己亥	庚子	辛丑	壬寅	癸卯	辰巳
甲辰	乙巳	丙午	丁未	戊申	己酉	庚戌	辛亥	壬子	癸丑	寅卯
甲寅	乙卯	丙辰	丁巳	戊午	己未	庚申	辛酉	壬戌	癸亥	子丑

*일지를 기준하여 日支위에 日干을 붙여 순행해서 癸가지 간 후 다음 두자가 空亡이다.

예) 乙일주라면 酉金위에다 乙木을 얹어놓고 乙丙丁戊己庚辛壬癸
酉　　　　　　　　　　　　　　　酉戌亥子丑寅卯辰巳
까지 간후 다음에 오는 지지글자 午未가 空亡이다.

9. 많이 쓰는 神殺

1	孤鸞殺 (일지)	甲寅	乙巳	丁巳	戊申	辛亥		일주기준 女子에 해당. 고독하다는 뜻으로 과부

		年支	亥子丑	寅卯辰	巳午未	申酉戌	
2	孤神殺		寅	巳	申	亥	다음 계절 첫 글자
	寡宿殺		戌	丑	辰	未	전 계절 끝 글자

3	魁罡殺	戊戌 壬辰 庚辰 庚戌	신왕을 뜻함. 남자는 대부대귀, 여자는 부부 궁이 나쁨.

4	急脚殺 (월,시지)	春 = 亥子, 夏 = 卯未 秋 = 寅戌, 冬 = 丑辰	月이나 時에 있으면 手足이상

5	鬼門殺	辰亥 子酉 未寅 午丑 巳戌 乙卯申	남자 = 의처증 여자 = 의부증, 정신이상, 변태, 신경통

6	文昌星	甲	乙	丙	丁	戊	己	庚	辛	壬	癸
		巳	午	申	酉	申	酉	亥	子	寅	卯

7	文曲星 음악장생촌	甲	乙	丙	丁	戊	己	庚	辛	壬	癸
		巳亥	子午	寅申	卯酉	寅申	卯酉	巳亥	辰戌	寅申	卯酉

	白虎殺	甲辰 戊辰 丙戌 壬戌 丁丑 癸丑 乙未	지장간의 작용을 중점으로 본다.

8	囚獄殺 (년,월)	亥卯未생 = 酉, 寅午戌생 = 子 巳酉丑생 = 卯, 申子辰생 = 午	형무소 생활, 천재지변 병원입원.

9	三災	亥卯未 생 = 巳午未 년 寅午戌 생 = 申酉戌 년 巳酉丑 생 = 亥子丑 년 申子辰 생 = 寅卯辰 년	三合生이 다음 계절 方合年을 만날 때 작용 : 전란, 병란, 기아.

	地支	子	丑	寅	卯	辰	巳	午	未	申	酉	戌	亥
10	喪門殺	寅	卯	辰	巳	午	未	申	酉	戌	亥	子	丑
11	弔客殺	戌	亥	子	丑	寅	卯	辰	巳	午	未	申	酉

12	怨嗔殺	子 未, 丑 午, 寅 酉, 卯 申, 辰 亥, 巳 戌				원수처럼 미워함. 귀문과 같이 있으면 정신병	
13	天羅地網	男 = 辰 巳, 女 = 戌 亥				매사가 침체, 변화가 심하여 파란곡절	
14	天乙貴人 天貴乙人	甲戊庚	乙己	丙丁	辛	壬癸	천을귀인 일주 丁 丁 癸 癸 亥 酉 巳 卯
		丑 未	申 子	酉 亥	寅 午	卯 巳	
15	湯火殺 湯火殺	甲 丙 戊 庚 壬 = 寅 午				日干기준, 寅丑午는 음독, 화상, 독극물 취급, 특히, 丑 午는 강하게 작용	
		乙 丁 己 辛 癸 = 丑					
16	紅艶殺 (일주)	甲, 丙 = 午, 乙, 丁 = 未, 戊, 己 = 辰,				각 일주가 해당, 방탕, 호색가로 바람기	
17	活人星	月支 전월				주로 의사 직업	
18	懸針殺	천간 : 甲, 辛				地支 : 卯, 午, 申, 酉, 戌	

10. 12신살 조견표

살 \ 년지	劫殺 (삼합의 다음 글자)	災殺 숙옥 (제왕을 충)	天殺	地殺 (삼합의 첫글자)	年殺 도화	月殺 곳조	亡身	獎星 제왕 (제왕)	攀鞍 출세	驛馬 (삼합의 첫글자와 충)	六害	華蓋 고장 (삼합의 끝글자)
申子辰 (겨울)	巳 여름시작	午 한여름	未 늦여름	申 가을시작	酉 도화	戌 고장충	亥 겨울시작	子 한겨울	丑 늦겨울	寅 申과충	卯	辰
寅午戌 (여름)	亥 겨울시작	子 한겨울	丑 늦겨울	寅 봄시작	卯 도화	辰 고장충	巳 여름시작	午 한여름	未 늦여름	申 寅과충	酉	戌
巳酉丑 (가을)	寅 봄시작	卯 중봄	辰 늦봄	巳 여름시작	午 도화	未 고장충	申 가을시작	酉 한강	戌 늦강	亥 巳와충	子	丑
亥卯未 (봄)	申 가을시작	酉 중추	戌 늦강	亥 겨울시작	子 도화	丑 고장충	寅 봄시작	卯 한봄	辰 늦봄	巳 亥와충	午	未

11. 현행 표준시와 지방의 시차표

지방명	경 도 : E			동일권 지역
	127도 : 가평기준		135도 : 동경	동일권 지역
가 평	127도 (동경보다 30분 늦다)	12:30 (정오)	12:00 (정오)	
서 울	126도 58분 46초	+ 2분 05초 (12:32분05초)	02분 05초	평택, 이리, 광주
울릉도	130도 50분	− 13분 20초 (12:16분40초)	16분 40초	
청 진	129도 50분	− 9분 20초 (12:20분40초)	20분 40초	
포 항	129도 21분 42초	− 7분 27초 (12:23분33초)	22분 33초	구룡포
경 주	129도 13분 18초	− 6분 53초 (12:23분17초)	23분 07초	
부 산	129도 02분 53초	− 6분 12초 (12:23분48초)	23분 48초	묵호, 삼척, 성진
강 릉	128도 54분 11초	− 5분 37초 (12:24분23초)	24분 23초	영천, 김해
대 구	128도 37분 05초	− 4분 28초 (12:25분32초)	25분 32초	마산, 영월
춘 천	127도 44분 02초	− 0분 56초 (12:29분04초)	29분 04초	삼천포, 음성, 여수
대 전	127도 25분 23초	− 0분 41초 (12:29분19초)	29분 19초	천주, 양평, 순천, 원산
전 주	127도 08분 55초	− 1분 24초 (12:28분32초)	29분 36초	
광 주	126도 55분 39초	+ 2분 17초 (12:32분17초)	32분 17초	중강진
인 천	126도 37분 07초	+ 3분 32초 (12:33분32초)	33분 32초	홍성, 군산
제 주	126도 31분 56초	+ 3분 52초 (12:33분52초)	33분 52초	강화
목 포	126도 23분 27초	+ 4분 26초 (12:34분26초)	34분 26초	태안
평 양	125도 45분	+ 7분 00초 (12:37분00초)	37분 00초	
신의주	124도 30분	+ 12분 00초 (12:42분00초)	42분 00초	

일본 동경은 135도가 기준이고, 한국은 가평기준 127도가 기준인데, 예를 들면, 서울에서 12시00분에 출생한 사람의 실제 출생시간은 02분05초를 추가한 12시32분05초가 되고, 울릉도에서 12:00에 출생한 사람의 출생시간은 13분 20초를 뺀 12시26분 40초가 된다.

12. 12 띠와 계절의 변화

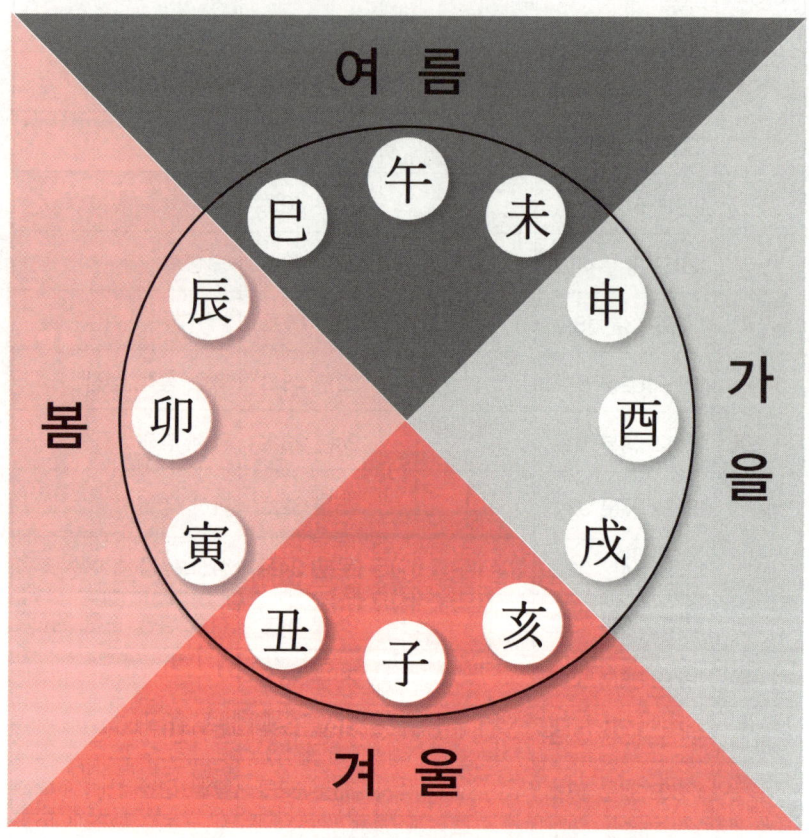

寅 : 초봄,	卯 : 중봄,	辰 : 늦봄
巳 : 초여름,	午 : 한여름,	未 : 늦여름
申 : 초가을,	酉 : 한가을,	戌 : 늦가을
亥 : 초겨울,	子 : 한겨울,	丑 : 늦겨울

13. 오행의 상생상극

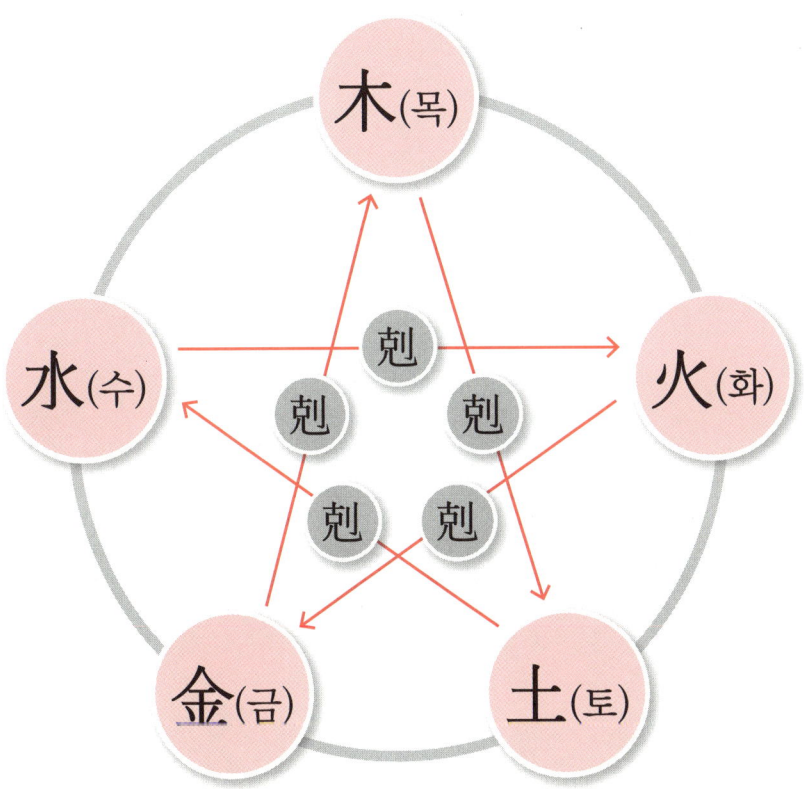